ALFONSO GUILLÉN ZELAYA

LOS ESENCIAL DEL RELOJERO
(ARTÍCULOS DE PRENSA 1922—1947)

ERANDIQUE
COLECCIÓN

LO ESENCIAL DEL RELOJERO
(ARTÍCULOS DE PRENSA 1922—1947)
ALFONSO GUILLÉN ZELAYA

©Colección Erandique
Supervisión Editorial: Óscar Flores López
Diseño de portada: Andrea Rodríguez—Mariana Turcios
Administración: Tesla Rodas—Jessica Cordero
Director Ejecutivo: José Azcona Bocock

Primera Edición
Tegucigalpa, Honduras—Febrero 2025

LO ESENCIAL.

Lo esencial no está en ser poeta, ni artista, ni filósofo. Lo esencial está en que cada uno tenga la dignidad de su trabajo, la alegría de su trabajo, la conciencia de su trabajo.

El orgullo de hacer las cosas bien, el entusiasmo de sentirse satisfecho, de querer lo suyo, es la sana recompensa de los fuertes, de los que tienen el corazón robusto y el espíritu límpido.

Dentro de los sagrados números de la naturaleza, ninguna labor bién hecha vale menos, ninguna vale más. Todos somos algo necesario y valioso en la marcha del mundo. El que construye la torre y el que construye la cabaña; el que teje los mantos imperiales y el que costura el traje humilde del obrero; el que fabrica la sandalia de seda imponderable y el que teje la ruda suela que defiende en la heredad el pié del trabajador. Todos somos algo, todos estamos nivelados por esa fuerza reguladora que reparte los dones e impulsa las actividades.

Un grano de arena desquicia y sostiene una pirámide; un mendrugo salva y destruye una vida; una gota de agua marchita y hace reverdecer un laurel. Todos somos algo, representamos algo, hacemos vivir algo, asesinamos algo.

El que siembra el grano que sustenta nuestro cuerpo vale tanto como el que siembra la semilla que nutre nuestro espíritu: como que en ambas labores va envuelto algo trascendental, noble y humano: dilatar la vida.

Tallar una estatua, pulir una joya, aprisionar un ritmo, animar un lienzo, son cosas admirables. Hacer fecunda la heredad estéril y poblarla de florestas y de manantiales, tener un hijo inteligente y bello, y luego pulirle y amarle, enseñarle a desnudarse el corazón y a vivir a tono con la armonía del mundo, esas son cosas eternas.

Nadie se avergüence de su labor, nadie repudie su obra, si en ella ha puesto el afecto diligente y el entusiasmo fecundo. Nadie envidie a nadie, que ninguno podrá regalarle el don ajeno ni restarle el propio. La envidia es una carcoma de las maderas podridas, nunca de los árboles lozanos. Ensanche y eleve cada uno lo suyo, defiéndase y escúdese contra toda mala tentación, que si en la palabra religión, Dios nos dá el pan nuestro de cada día, en la satisfacción del esfuerzo legítimo nos brinda la actividad y el sosiego.

Lo triste, lo malo, lo dañino, es el conjunto del alma, el que lo niega todo, el incapaz de admirar y de querer. Lo nocivo es el necio, el inmodesto, el tonto, el que nunca ha hecho nada y lo censura todo; el que jamás ha sido amado y repudia el amor; pero el que trabaja, el que gana su pan y nutre su alegría, el justo, el noble, el bueno, para ese sacudirá el porvenir sus ramajes cuajados de flores y de rocío, ya tale montes o cincele poemas.

Nadie se sienta menos. Nadie maldiga a nadie. Nadie desdeñe a nadie. La cumbre espiritual del hombre ha sido el retorno al abrazo de las cosas humildes.

A. GUILLÉN ZELAYA.

La Revista Ateneo de Honduras de Froylán Turcios publicó Lo Esencial de Alfonso Guillén Zelaya en su edición del 1 de octubre de 1922.

5

LO ESENCIAL: LOS MEJORES ARTÍCULOS DE PRENSA DE ALFONSO GUILLÉN ZELAYA

De las palabras más bellas que se han escrito en Honduras está Lo Esencial de Alfonso Guillén Zelaya.

Lo Esencial dignifica al ser humano en cualquier actividad que realice, siempre y cuando no atente contra el bienestar común.

No importa, nos dice Guillén Zelaya, si se es poeta, artista, filósofo… A lo que le podemos agregar: si es soldado, conductor de autobús, periodista, comerciante, albañil, futbolista, vendedor del mercado, tortillera, cocinera, sastre, abogado…

Alfonso Guillén Zelaya fue, ante todo, periodista, pacifista y patriota. Como un hechicero de la palabra, juntó las tres actividades y las convirtió en el pan suyo de cada día, hasta que falleció.

En este libro, que recoge sus mejores artículos de prensa publicados en los diarios El Cronista y El Pueblo de Honduras, y El Popular de México, queda evidenciado que su pluma periodística fue de altos quilates, y que se encuentra entre las mejores que ha dado este país, junto a Juan Ramón Molina, Froylán Turcios, Luis Andrés Zúñiga, Julián López Pineda, Paulino Valladares y Ventura Ramos, solo por mencionar algunos…

Dispersos en el tiempo (y en el olvido), muchos de los artículos fueron rescatados a finales del siglo pasado por Medardo Mejía, Julio Rodríguez Ayestas, Tomás Erazo Peña y Ramón Oquelí.

En la edición del 1 de diciembre de 1922 de la Revista Ateneo de Honduras, dirigida por Froylán Turcios, encontramos un artículo de Guillén Zelaya titulado "Impresiones sobre el libro Tierra Maternal".

La obra es, precisamente, de Froylán Turcios.

Para COLECCIÓN ERANDIQUE es un privilegio que los mismos vuelvan a las librerías después de un cuarto de siglo.

Ramón Oquelí rescató varios aspectos de la personalidad de Guillén Zelaya. Uno de mis favoritos es:

"El abogado y notario Juan Valladares Rodríguez, quien no comulgaba con algunas de las ideas políticas de Guillén Zelaya, lo recordaba así: 'Usaba un gran sombrero, era muy inteligente, escribía con gran facilidad y no sudaba soberbia como muchos'".

Por su parte, Rafael Heliodoro Valle (inmenso, inmortal) dijo:

"Alfonso amó la vida sin esperar sus recompensas, la amó como un trabajador que sabía que hay que conquistarla diariamente sin desfallecer, sin buscar los vanos honores, sino porque es una disciplina y en ella estamos para darle lo más acendrado de nuestra pasión... Con la mente y con la pluma peleó al servicio del hombre, del hombre que está humillado por siglos de superstición y de iniquidad y que tiene mala levadura en el espíritu. Hizo su tarea y ha caído al fin, sobre el áureo escudo...".

Aprendiz de carpintero y relojero, y fracasado estudiante de la Facultad de Derecho, de joven viajó a Guatemala, después a Nueva York (trabajó en el consulado hondureño por un sueldo inicial de 75 dólares).

Posteriormente —expuso Ramón Oquelí—, al finalizar la Primera Guerra Mundial, Alfonso Guillén Zelaya integra, junto a Rafael Heliodoro Valle, la delegación hondureña en la Conferencia de Versalles, presidida por Policarpo Bonilla, cuyo gobierno se consideraba más de libertades que de administración pública.

Guillén Zelaya vuelve al periodismo, su gran amor. Escribe en Guatemala artículos que publica en la prensa de ese país; otros los envía a Honduras.

Regresa a su país para participar en las elecciones de 1923, sin imaginar que un año más tarde ocurriría la peor guerra civil en la historia de Honduras.

¡Qué puñalada recibió su alma pacifista!

A pesar de eso, Guillén Zelaya no deja de escribir. Primero en el Boletín de la Defensa Nacional, donde critica la invasión de 200 marines "gringos" en suelo hondureño.

Al fallecer Paulino Valladares, se hace cargo de El Cronista de 1926 a 1929.

Desde ese diario, además, continúa su campaña por la paz y la unidad de Honduras. En 1933, todo se vendría abajo con el inicio de la dictadura del general Carías Andino, a quien Guillén Zelaya pidió, por el bien del pueblo, abandonar el poder.

"El general Carías ha dicho siempre que él es un defensor inquebrantable de la paz y que solo su profundo amor a la paz le arrastró al establecimiento de la dictadura. Aunque ningún hombre libre puede justificar los procedimientos empleados por el presidente

Carías para mantener la paz, aceptemos su explicación", escribe el 6 de junio de 1944 en el Diario El Popular de México.

Convengamos —agrega— en que su régimen dictatorial fue necesario para llevar a la mente de los hondureños la convicción de que deben unirse para restaurar sus instituciones democráticas. Pero esa finalidad está cumplida. Ahora la inmensa mayoría de nuestros compatriotas adversan la dictadura y, a excepción de unos pocos, todos comprenden que la unidad es la única forma que puede salvarlos.

Carías Andino responde un mes más tarde, el 6 de julio, con la masacre de San Pedro Sula. La cifra de muertos, según los cálculos más conservadores, fue de cien. Otros hablarían de doscientos acribillados por las balas de la dictadura.

Desde el exilio en México, Alfonso Guillén Zelaya sufría. En medio de ese sufrimiento, rechazó apoyar la candidatura presidencial de Juan Manuel Gálvez, ministro de Guerra de Carías Andino.

Su corazón no aguantó más y falleció en 1947. A pesar de la distancia, desde México podía observar la oscuridad que cubría a Honduras. No pudo vivir para ver el final de la dictadura cariísta.

En este libro aparecerán semblanzas de personajes, opiniones sobre diversos temas, llamados a la paz, a la unidad y a la reflexión. En este libro, Guillén Zelaya expone ideas valiosas sobre economía y política. Incluso, algunas ideas que parecerán extrañas (leer "Protección a los nacionales").

Es una recopilación valiosa que nos permite descubrir a uno de los intelectuales hondureños que trascendió más allá de las fronteras.

Mi agradecimiento especial a los amigos de Colección Hondureña de la Universidad Nacional Autónoma de Honduras por facilitarnos parte del material que hoy publicamos.

La obra de portada es parte de la pintura Los Mineros del maestro Álvaro Canales (1919-1983). Puede ser admirada en la colección del Banco Central de Honduras, en Tegucigalpa.

Y recordemos que "Lo esencial está en el orgullo de hacer las cosas bien".

Óscar Flores López
Editor Colección Erandique

LO ESENCIAL

Lo esencial no está en ser poeta, ni artista, ni filósofo. Lo esencial es que cada uno tenga la dignidad de su trabajo, la alegría de su trabajo, la conciencia de su trabajo.

El orgullo de hacer las cosas bien, el entusiasmo de sentirse transitoriamente satisfecho de su obra, de quererla, de admirarla, es la sana recompensa de los fuertes, de los que tienen el corazón robusto y el espíritu limpio.

Dentro de los sagrados números de la naturaleza ninguna labor bien hecha vale menos, ninguna vale más. Todos representamos fuerzas capaces de crear. Todos somos algo necesario y valioso en la marcha del mundo, desde el momento en que entramos a librar la batalla del porvenir.

El que construye la torre y el que construye la cabaña; el que siembra ideas y el que siembra trigo; el que teje los mantos imperiales y el que cose el traje humilde del obrero; el que fabrica la sandalia de sedas imponderables y el que fabrica la ruda suela que protege en la heredad el pie del jornalero, son elementos de progreso, factores de superación, expresiones fecundas y honrosas del trabajo.

Dentro de la justicia no pueden existir aristocracias del trabajo. Dentro de la acción laboriosa, todos estamos nivelados por esa fuerza reguladora de la vida que reparte los dones e impulsa actividades. Solamente la organización inicua del mundo estanca y provoca el fracaso transitorio del esfuerzo humano.

El que siembra el grano que sustenta nuestro cuerpo vale tanto como el que siembra la semilla que nutre nuestro espíritu. Ambos son sembradores, y en la labor de ambos va in vivo algo trascendental, noble y humano: dilatar y engrandecer la vida.

Tallar una estatua, pulir una joya, aprisionar un ritmo, animar un lienzo, hacer fecunda la heredad estéril, todas son cosas admirables. Tener un hijo y luego cultivarlo y amarlo, enseñándole a desnudarse el corazón y a vivir a tono con la armonía del mundo, es también algo magnífico y eterno. Tiene toda la eternidad que es dable conquistar al hombre, cualquiera que sea su capacidad.

Nadie tiene derecho de avergonzarse de su labor, ninguno de repudiar su obra, si en ella ha puesto el afecto diligente y el entusiasmo creador.

Nadie envidie a nadie, que ninguno podrá regalarle el don ajeno. Lo único necesario es batallar porque las condiciones del mundo sean propicias a todos nuestros semejantes y a nosotros mismos, para hacer que florezca y fructifique cuanto hay en ellos y en nosotros.

La envidia es una carcoma de las maderas podridas, nunca de los árboles lozanos. Ensanche y eleve cada uno lo suyo, defiéndase y luche contra la injusticia predominante; en la batalla están la satisfacción y la victoria.

Lo triste, lo malo, lo criminal es el enjuto del alma, el parásito, el incapaz de admirar y querer, el inmodesto, el necio, el tonto, el que nunca ha hecho nada y niega todo, el que obstinado y torpe cierra a la vida sus caminos; pero el que trabaja, el que gana su pan y nutre con su esfuerzo su alegría y la de los suyos, el noble, el bueno, para esa clase de hombres tarde o temprano dirá su palabra de justicia el porvenir, ya talle mentes y cincele estatuas.

No tenemos derecho a sentirnos abatidos por lo que somos. Abatirse es perecer, dejar que la maldad nos arrastre impune al desprecio, a la miseria y a la muerte. Necesitamos vivir en pie de lucha, sin desfallecimientos ni cobardías. Ese es nuestro deber y esa es la mayor gloria del hombre.

No maldigamos, no desdeñemos a nadie. No es esa la misión de nuestra especie; pero no tengamos tampoco la flaqueza de considerarnos impotentes.

Nuestra humildad no debe ser conformidad, ni renunciamiento, ni claudicación, sino grandeza de nuestra pequeñez, que tiene la valentía de sentirse útil y grande frente a la magnitud del Universo. Esa es la cumbre espiritual del hombre.

Revista El Ateneo de Honduras, 1 de octubre de 1922.

IMPRESIONES SOBRE EL LIBRO TIERRA MATERNAL DE FROYLÁN TURCIOS

He abierto este estuche de rimas y de prosas sanificantes, refrescado con olores de verdura y bañado con las limpideces de mi cielo nativo.

Tierra Maternal es un nido de zorzales y mirlos amansados por la sutil delicadeza de Turcios, quien lleva en cada mano una flor de arte y de ensueño.

Con el advenimiento de este libro, los pájaros de mi selva escucharán de nuevo el canto melifluo de su jilguero hermano, que acaso imaginaban emponzoñado y triste.

Turcios ha vaciado en estos versos y en estas prosas —como en nevada copa de ensueño— ya la savia joven y aromática de mis cedros y de mis caobas obesas, ya el sabor matinal de mis bosques de rosas que arrullaron sus idilios eglógicos; ya el aroma romántico de mis aldeas, donde en un pasado lejano gozaron refrescantes mirajes sus ojos infantiles; ya el cristalino murmullo de mis ríos; ya la paz perfumada del campesino dichoso.

Yo me imaginaba de Turcios una azucena ensangrentada que, a través de culturas dolorosas y venenosas, hubiese guillotinado el hacha de las civilizaciones. Pero no. Ni su espinosa cruzada por las caldeadas llanuras del diarismo, ni sus terribles sacudidas amorosas, ni la difícil solución de las ecuaciones de la vida, han podido marchitarlo. Todavía persiste fresco como una flor y escribe con savia de montaña.

En Tierra Maternal se presenta a los ojos de los que leen un rinconcillo del mundo cálido y edénico por donde este panida virgiliano enderezara hacia los duros bancos del dómine rutinario sus pies escolares. Sí. El que en un ayer lejano volara barriletes y jugara a la rayuela y a los trompos, es el mismo que, bebiéndose y viviendo toda su naturaleza nativa, la ha dejado prisionera en este libro.

Es Olancho una tierra de pereza y de sol, propicia a la dulce indolencia del ensueño. Por eso, en aquellos esteros de verdura han de saborear eternamente el campesino tempranero y el labriego sudoroso, la muchacha de la sierra y el pájaro de la selva, esta cesta de frutos y de rosas agrestes.

Felices los que, como Turcios, conquistan a fuerza de alma y de cerebro la gloriosa deserción del Olvido. Que es mucho vivir en el corazón y en el pensamiento de los pájaros humanos y plantar en el lugar donde nacimos un rosal florecido de recuerdos.

Gratitud por haberme regalado, con la lectura de su libro, un sorbo de leche cálida y humeante y suavizado con frescores campesinos la penumbra de mi espíritu.

Revista El Ateneo de Honduras, 1 de diciembre de 1922

HAGAMOS CONCIENCIA NACIONAL

Cuando los marinos norteamericanos desembarcaron en Santo Domingo, se hallaba aquella República bajo una sucesión de guerras civiles que cambiaban continuamente de caudillo. Comparado con aquello, lo que aquí ocurre ofrece toda la gratitud de una paz conventual. Pero así y todo, en el centro de un torbellino de pasiones y de metralla, los dominicanos supieron ser dominicanos, y ante la ofensa común les encontró el invasor asumiendo la actitud viril de los patriotas enteros.

En el momento del desembarco, un joven dominicano, una noble vida de veinte años, llegaba hasta los soldados extranjeros.

—¿Quién es el jefe de esta fuerza? —interrogó con tranquilidad insospechable.

—Es aquel —le respondieron.

Fue hacia él sin vacilar y le saludó con dos balas en el cráneo.

Las descargas menudearon sobre el joven héroe que se alejaba defendiéndose. Marchaba ileso bajo la lluvia de balas. De pronto, ya para perderse en una calleja vecina, hizo el último disparo y, volviéndose hacia la soldadesca usurpadora que le perseguía enfurecida, gritó sonriendo:

—Tiráis muy mal... ¡No mataréis a la patria!

Aquel joven constituye un símbolo y, a su vez, una síntesis de la conciencia nacional dominicana, a excepción de la de México, la más vigorosa y heroica con que se enorgullece nuestra América de habla española.

En Honduras, reclamo que esa ferocidad de que hacemos alarde para asesinarnos los unos a los otros, que ese despilfarro de valor con que glorificamos la serranía, se concrete en factor útil, en energía creadora para exaltar los ideales y provocar la fraternidad de los hondureños.

Pudor, rudimentario pudor siquiera, es lo que necesitamos nosotros para producir esa homogeneidad de aspiraciones, esa vinculación de intereses, esa necesidad de orden y de elevación de miras que cambia los pueblos débiles en respetados y respetuosos.

Es así como se construye la conciencia de una Nación. Así, a base de respeto a la vida, a base, en síntesis, de fuerza moral; pero nunca en la montonera sangrienta de hermanos contra hermanos.

Promuévase, pues, entre nosotros mismos, sin mediaciones extrañas ni dilación alguna, la manera de poner término a esta mutua degollina. Que, a falta de derecho, no encuentre el señor Morales pretexto siquiera para escudar su agravio a la integridad de Honduras.

La patria está sobre todo. Y frente al peligro común, solo cabe la unidad de los hondureños.

Boletín de la Defensa Nacional, viernes 28 de marzo de 1924.

LOS PERIÓDICOS DE PARTIDO

Ven aquí, lector amigo; quédate un momento con nosotros, que deseamos conversarte. No te arrepentirás. Lo que vamos a decirte no lo hemos leído, es algo mejor, lo hemos vivido. Son unas cuantas frases sencillas que, si las lees con atención y simpatía —ya sabes que estas dos virtudes nos ayudan a comprender—, te serán provechosas. No importa que seas unionista, liberal o cachureco. Olvídate de eso y piensa simplemente que eres esa cosa noble y alta, un ciudadano que viene andando a la vida sin un fondo de cosas hechas, sin ideas aprendidas, limpio, generoso y alegre. Eso basta.

Escúchanos.

No creas en los periódicos de partido porque son apasionados, y la pasión oscurece el entendimiento, y sin entendimiento no se puede ser tolerante, ni sincero, ni justo.

No creas en los periódicos de partido, porque los periódicos de partido solo encuentran virtud en el amigo y perversidad en el adversario.

No creas en los periódicos de partido, porque cuando sus correligionarios yerran, violan las leyes y desgarran las instituciones, se apresuran a justificarlos, y apenas si los más discretos, los menos impúdicos, se refugian en el silencio.

No creas en los periódicos de partido, porque son unilaterales, no ven la vida desde otro punto de vista que el de su partido. No tienen el horizonte inconmensurable de la independencia, del aire libre, del noble sol.

No creas en los periódicos de partido, porque los periódicos de partido no defienden intereses nacionales, ni generosos, ni buenos, defienden simplemente intereses de partido.

No creas en los periódicos de partido, porque los periódicos de partido no piensan, son fotógrafos de un programa que les están mandando recitar todos los días y al cual tienen que circunscribirse como los peces en el estanque.

No creas en los periódicos de partido, porque son ciegos, intransigentes y rencorosos; y tú quieres ser amable, luminoso y alegre.

No creas en los periódicos de partido, porque los periódicos de partido son un anacronismo en la civilización. Para ser partidario se necesita renunciar a la voluntad de la independencia, a la individualidad.

No creas en los periódicos de partido, porque los periódicos de partido son una fábrica de esclavos; y tú quieres ser libre, ser consciente, ser hombre.

No creas en los periódicos de partido, porque en la oposición atacan al Gobierno, y en el Gobierno atacan a la oposición.

No creas en los periódicos de partido, porque los periódicos de partido habrán de convertirse en el peldaño despreciable e irrecompensado por donde pasarán, camino del Poder, inundándose en el lodo de la victoria la Ambición, la Mentira, la Ingratitud, sacudiéndose todo ese cortejo apolillado y repugnante que deja a las familias sin pan, sin libertad y sin patria.

No creas en los periódicos de partido porque los periódicos de partido son el obstáculo para que la opinión pública se manifieste de modo consciente y libre. No creas en ellos, porque son la Muralla China opuesta a la conquista de los Gobiernos legítimamente representativos y legítimamente nacionales.

No creas en los periódicos de partido, porque los periódicos de partido son una maquinaria absorbente y destructiva, y una vez cogido en sus engranajes, te arrojan como un bagazo inútil, después de haberte extraído el jugo, que en este caso significa la dignidad, la virilidad, la independencia.

Y ahora, lector amable, lector inteligente, lector liberal, lector cachureco, lector unionista, tienes la palabra. Absuélvenos o condénanos, pues tú eres el juez supremo de los periódicos independientes.

Ariel No. 10, julio 30,1925.

EMPLEADOS PÚBLICOS Y LA POLÍTICA MILITANTE

Las actividades políticas de uno a otro bando se multiplican. Se nota en el ambiente movimientos de atracción y parece que se quieren multiplicar los antagonismos del momento.

Nosotros observamos y nada más. Nuestra misión es otra. No vale la pena el hecho de participar en la política regional. Aquí todo lo subvierten y mistifican; no hay un concepto claro de lo que significa la función política de las democracias. En Honduras la política se reduce a seguir a tal o cual caudillo, aunque este lleve por delante todos los errores del pasado y la ignorancia supina.

No vale la pena politiquear en Honduras, mientras haya caudillismo.

La única política que debe hacerse, por necesaria y salvadora, es la política de la paz. A esa función debe propender el patriotismo, si todavía existe en realidad ese vocablo en la sinceridad de los hondureños. Y para cultivar el sentido de la paz, haciéndole verdadero culto, deben los empleados del gobierno abstenerse de la politicalla y entrar de lleno a cumplir con sus deberes administrativos; porque no se compagina el hecho de que, mientras el Presidente de la República encamina sus pasos por el sendero de la conciliación y armonía de la familia nacional, un porcentaje de empleados esté haciendo lo contrario, es decir, fomentando pasiones y haciendo labor de conspiraciones.

La solidaridad debe ser una si se quiere servir con lealtad al ciudadano que manda y a la patria, que es la que necesita de reposo para reponerse y entrar al verdadero reinado de la democracia.

La posición geográfica de Honduras también demanda un gran cuidado en su política interna, que es la que lleva el reflejo a la política externa, que traducida en buen romance quiere decir crédito internacional, respeto internacional y cooperación internacional.

LA RIQUEZA NATURAL DEL PAÍS

Pocos son los hondureños que piensan seriamente en lo que sería Honduras si todos sus hijos se dedicaran al trabajo. Si en vez de la política pensaran en cultivar un pedazo de tierra, sembrándola de cualquier cereal, otra sería la suerte de la nación y otro su modo de resolver sus problemas públicos.

Los hombres del trabajo no pensamos más que en que la paz sea una realidad permanente. No pedimos nada, ni esperamos de nadie nada. Confiamos en las fuerzas de nuestra acción provechosa. Y nada más.

En el mes pasado de octubre, Honduras exportó por sus puertos, entre otros productos, los siguientes:

Plata en barras: 16,095 libras
Bananos: 36,278 racimos
Cocos: 2,243,172 unidades
Novillos: 232 cabezas
Azúcar: 14,339,920 libras
Calzado: 1,154 pares
Cerveza: 250 docenas
Naranjas: 29 barriles
Toronjas: 7 barriles
Madera de cedro: 200,000 pies
Melaza: 1,499,811 galones
Afrecho: 20,000 libras
Madera de caoba: 1,140 trozas
Cuero de lagarto: 1,045 libras
Zarzaparrilla: 2,749 libras
Etc., etc.

País sumamente rico, inmensamente bello, prodigiosamente saludable es el nuestro. Y ni con todas estas bendiciones naturales acabamos para siempre con las guerras fratricidas.

Es tiempo ya de reflexionar en el porvenir de esta tierra. Es tiempo de que condenemos a los instigadores de las masas, imponiéndoles el freno salvador del desprecio. Seamos egoístas en eso.

Es tanta la benevolencia de Natura para con nosotros, que allí no más, por las montañas del Sur, tenemos, sin quererlo, plantaciones de morera, que cultivándolas nos daría una industria nueva; el gusano de seda.

Brazos para la industria quiere Honduras. El músculo que labra la tierra y deposita la simiente. Ese es el mejor socialismo que pueden cultivar nuestros trabajadores. Y la mejor política que pueden propogar nuestros hombres de pro. Así habremos hecho patria y legado a las generaciones futuras una Honduras joven, próspera y trabajadora.

El Cronista, noviembre 20,1926.

LA SITUACIÓN POLÍTICA DEL ISTMO ES DE TRANSICIÓN

El gobierno de Costa Rica acaba de dar un decreto por el cual quedan amnistiados todos los ciudadanos que, por uno u otro motivo, participaron en el movimiento que quiso encabezar el simpático cura y general Volio. Y como es natural, en Costa Rica reina la tranquilidad social, y el pueblo, netamente trabajador, ama y defiende la paz.

Nicaragua atraviesa una época tan difícil como la de 1912, quizá más complicada por la participación que se le atribuye a México en la guerra que encabezaron los liberales.

En la prensa que nos llega, nos encontramos con noticiones de gran trascendencia, si fueran ciertas, como la de que sería conveniente declarar la guerra a México. Por supuesto que todo esto encierra su sal pinolera.

Lo esencial, real y verdadero es que don Adolfo Díaz ha iniciado su gobierno con muy buenos augurios, casi de antemano reconocido por los gobiernos de Estados Unidos, Inglaterra, Honduras, El Salvador y demás países que se hicieron presentes en la toma de posesión del señor Díaz.

Solo desconociendo la política internacional con relación a estos países, no se puede llegar a la conclusión de lo que tenía que quedar definitivamente en nuestra hermana del sur. Intereses formidables de por medio, posición inapreciable de geografía, arraigo de sus hombres con la política yanqui y mil motivos más desconocidos para la generalidad, y que tal vez en el futuro se pongan de manifiesto.

El señor Presidente Díaz terminará el período de don Carlos Solórzano, que abarca hasta 1928. Y lo terminará en paz, y es probable que la paz perdure por muchos años más en la tierra de los lagos.

El Salvador está en plena gesta electoral. En breves días elegirá el sustituto del Dr. Quiñónez Molina. Este mandatario deja obras importantes que acreditarán su administración como una de las mejores. En El Salvador, por razones conocidas, la paz no se altera con la sucesión presidencial. Allá son distintos los procedimientos a los que se practican en Honduras.

En Guatemala creemos que el candidato que triunfará será el general Lázaro Chacón, actual encargado de la presidencia en su carácter de primer designado. Hay efervescencia política en Guatemala, pero es natural después de un suceso como el de la muerte repentina del presidente general Orellana. La prensa de aquella República está candente, y leemos en ella cosas que aquí en Honduras dejarían muertos a nuestros políticos caudillistas.

Honduras empieza a reposar en el seno de la paz. Hay sus ambioncillas retozando de un confín a otro, pero aquí llegamos al río de las verdades cuando la creciente está muy alta. Y tampoco es patriótico ni honorable continuar con las viejas prácticas del caudillismo hediondo y retardatario.

Hombres nuevos, capacitados y amantes de su patria necesita Honduras.

El Cronista, noviembre 23,1926.

EL CULTO A LOS POLÍTICOS

En nuestro país no hay interés por el trabajo. En cambio, interesan de un modo exclusivo y anacrónico los políticos. La verdadera política, consiste en una lucha de ideas. Aquí entre nosotros la lucha de ideas no existe; lo que existe es un culto al caudillismo, a ese caciquismo que empuja a la matanza y hace a los hombres esclavos de una pasión enfermiza y dislocada. El verdadero político representa un alto valor dentro de las jerarquías espirituales e intelectuales. Es un creador, como lo es el hombre de ciencia o el artista.

El gobernante que da vida a una institución nueva puede ser parangonado con el filósofo que expone una nueva doctrina o con el escritor que introduce en la literatura su modo personal y original de ver la vida y de interpretarla. Pero es claro que, tanto el político como el pensador o el artista, no representan un valor positivo sino cuando son originales. En política no se estima lo suficiente al hombre de más ideas. Más se admira al caudillo, al sugestionador de hombres, al valiente, al que está siempre con sus amigos.

El culto al caudillo, al gritón de comité y al que ha pasado por los cargos sin otra obra que la de haber distribuido empleos, desaparecerá cuando las grandes agrupaciones tengan ideas.

Debemos terminar con esa veneración insolente. No más culto a los que tienen las manos rojas con la sangre de nuestros hermanos. Rindamos el culto de nuestra admiración a los hombres de ideas, que solo esos pueden salvar las instituciones del país y reformar lo anticuado que tenemos desde hace cien años.

Busquemos la redención donde la hallemos. No creamos en los que hoy abajo son mansos corderos y mañana arriba se tornan intransigentes, olvidando que lo único que vale y perdura en la indefinida rotación del tiempo es la idea, pero la idea que fecunda la inteligencia creando conciencias libres, respetuosas y cívicas.

Antes que dedicar nuestras energías a la política caudillista, dediquémoslas al trabajo, al bien de la humanidad y a la redención de nuestra patria, que así habremos salvado nuestras responsabilidades históricas y asegurado el porvenir de nuestros hijos.

El Cronista, noviembre 24, 1926.

EL ETERNO PROBLEMA DE LAS VÍAS DE COMUNICACIÓN

Nadie duda ya, ni por un momento, de la importancia vital de nuestras arterias principales, la carretera del Norte y la carretera del Sur.

La prensa ha repetido hasta la saciedad que, ante todo y sobre todo, debemos tener buenos caminos. Y esa ha sido la preocupación del gobierno en el ramo de Fomento.

El progreso y desarrollo de la vida misma de nuestro riquísimo país dependen, en primer término, de nuestra ruta interoceánica. Resuelto este problema, el país forzosamente tiene que prosperar y los demás problemas de la nación se simplificarían, poniéndose al mismo tiempo en contacto íntimo con la inmigración civilizada que está a las puertas de Honduras.

De ahí que nos preocupemos tanto por tener buenos caminos, vías construidas con solidez y estabilidad, de acuerdo con las prácticas modernas de ese ramo tan imp ortante de la ingeniería civil.

En la administración del Dr. don Francisco Bertrand se dio gran preferencia a la reparación y conservación de la carretera del Sur. Se consumieron grandes cantidades de dinero en su estabilidad, pero entonces había dinero y la paz reinaba inalterable en el cielo de la Patria.

Ahora, desgraciadamente, el país está pobre y en alarmante crisis económica, debido a la constante lucha civil en que hemos vivido desde 1919. Por otra razón, toda obra pública que se emprenda es un sacrificio para el erario.

En la actualidad, se están reparando los caminos carreteros. La vía del Sur está en pésimo estado a pesar de los gastos que se hacen en su reparación. Y, según lo tenemos entendido, las reparaciones que se le hacen parecen hechas a la ligera. Los zanjas, hoyos y demás imperfecciones producidas por las fuertes lluvias y por el tráfico pesado son rellenados con tierra, malamente, y no en la forma que manda la técnica, a pesar de que tales trabajos son dirigidos por uno que se supone ser experto ingeniero y que fue traído del exterior.

También deja mucho que desear la organización de los trabajadores. Estos trabajan tal como los tienen distribuidos, es decir, sin un plan adecuado. Se está, pues, reparando la carretera, pero se está reparando mal, gastando dinero inútilmente.

Poco nos gusta señalar pautas, pero en este caso creemos que el viejo problema de las carreteras se resolverá bien, de una manera práctica, directa y adecuada, en consecuencia con los intereses del país, cuando todos, haciendo a un lado los intereses creados, nos importe de verdad lo nuestro, que es lo de la nación.

El Cronista, noviembre 25,1926

POLITICA NACIONALISTA, GOBIERNO NACIONAL

El doctor don Carlos Cuadra Pasos, Ministro de Relaciones del Gobierno que preside en Nicaragua don Adolfo Díaz, acaba de hacer importantes declaraciones a la prensa en relación con la política que desarrollará el nuevo orden de cosas que se inició el domingo 14 de este mes.

Dice el canciller nicaragüense que los partidos liberal primero y después el conservador han fracasado en aquella República. Y esta es la verdad desnuda.

Aquí en Honduras, en idénticas condiciones, han fracasado los rojos y los azules. Su única ambición es y ha sido apoderarse del poder, reteniéndolo a costa de todo sacrificio. Nada importa la sangre que se derrame. El poder antes y primero que todo. Esa es la bandera de nuestros partidos y de nuestros caciques.

Si en cien años de luchas no hemos acariciado buenos ideales, justo es que, reflexionando un poco, busquemos en estos tiempos senderos mejores. Que la costra del pasado desaparezca de nuestra contextura moral y que los hombres nuevos revolucionen, acabando para siempre con esas denominaciones arcaicas de liberales y conservadores. Porque solo han servido para dividir la familia y lapidar el tesoro nacional.

"Vamos a la rectificación", dice el doctor Cuadra Pasos, "y para ello estoy autorizado por el señor Presidente Díaz. Política nacionalista quiere decir Gobierno nacional, donde todas las energías preparadas y batalladoras tengan acción, apartadas del caudillismo histórico y cimentando la paz como único fin de conseguir el progreso general".

Este cambio de frente en la política del vecino país es significativo y trascendental. Los hombres que allá gobiernan saben que la mejor política es la conciliadora, que suma voluntades y nivela capacidades.

En Honduras, felizmente, tenemos en el poder un ciudadano tolerante y amante de su patria. Un ciudadano que ha sabido resistir las embestidas que la intransigencia se propuso darle desde el principio de su administración. Y como muy bien lo expresa el doctor Cuadra Pasos, el éxito no solo radica en la conservación del poder, sino en que del ejercicio de este se deriven verdaderos frutos de bien para la nación entera.

Así, pues, para el mandatario no debe haber más que hondureños, y para los hondureños no debe haber más que gobierno constitucional, sin colores partidistas, si se quiere hacer obra perdurable y benéfica.

Los cantos de sirena de los partidos políticos suenan dulcemente al oído del mandatario cuando quieren que este se ponga a la orden. No lo hacen con sinceridad ni patriotismo, sino que van tras un fin: atrapar el poder con maquiavelismo.

El concepto claro, definido y terminante que debe privar en los mandatarios es aquel que la ley les señala: gobernar con la nación y para la nación. Los entendimientos con las facciones siempre son desastrosos para el país. Así nos lo enseña la historia y así lo hemos predicado nosotros.

El Cronista, noviembre 26,1926.

EL DESARME PÚBLICO

La Dirección General de Policía ha empezado a desarmar a todos los que portan arma prohibida.

En un país como el nuestro, netamente revolucionario, la tarea es algo difícil, máxime cuando aquí casi todos son militares y han andado de cerro en cerro, con el trabuco al hombro, matando a sus hermanos.

En los países más cultos que el nuestro, es una rareza que los ciudadanos lleven al cinto tamaños pistolones. Y la misma autoridad civil, la que guarda el orden y se encarga de la vigilancia social, esa solo porta una insignia que consiste en un palo llamado clava. No necesita del fusil ni de la pistola para hacerse respetar. Con solo elevar aquella clava, todo se paraliza y se entrega a la autoridad.

Aquí entre nosotros, nada de eso se observa. El respeto a la autoridad se tiene de menos por la falta de enseñanza cívica. Se irrespeta todo y nada nos importa porque somos una entidad dislocada. Se llega hasta la inconsciencia en los deberes ciudadanos. Se confunde todo, hasta lo más elemental de la vida democrática.

En nuestras observaciones y con honda pesadumbre, hemos constatado el hecho de que algunos pretendan, en su obcecación partidarista, sobreponer la figura de un caudillo a la personalidad del mandatario.

La ignorancia primero o la maldad después nos hace desconocer que, sobre todas las cosas, está la majestad de la ley representada en el primer jefe de la nación. No concebimos la idea de que cualquier jefe de facción o de partido supedite a la autoridad suprema del país. Es por esta razón que ningún gobierno debe sujetarse a los caprichos estrictos de grupo o facción. Antes que todo, el imperio de la ley, que reparte derechos y deberes para todos los componentes del conglomerado social.

Volviendo a nuestro punto de partida, creemos que la policía debe desarmar a chicos y grandes y que solo debe respetar a los que, por un mandato legal, están capacitados para portar armas.

Siempre que la policía ha pretendido desarmar a los que se lucen con la vanidad de andar armados, ha tropezado con los intereses creados. La tolerancia en este sentido ha sido siempre perjudicial para la tranquilidad común. Véase si no la prensa diaria, que cada día de Dios registra en sus columnas algún hecho delictivo. Y la causa principal es, en primer término, nuestro estado psicológico y, después, que todo hijo de vecino camina armado.

En esta labor necesaria, cuente la Dirección de Policía con nuestra cooperación decidida. Somos amigos del orden público y defensores de la tranquilidad general.

El Cronista, noviembre 27, 1926.

ELECCIÓN MUNICIPAL

En todos los municipios de la República se eligieron el día de ayer las personas que renovarán en 1927 las municipalidades de 1926. Aquí, en la capital y su vecina ciudad, hubo lucha entre los grupos partidaristas. En esta triunfó la candidatura azul y en Comayagüela la roja. La libertad del sufragio brilló en ambas ciudades. Las prerrogativas del pueblo no fueron ultrajadas en forma alguna.

Y solo falta, para completar los sagrados atributos que nos da la ley, que la elección municipal sea motivo para una justa de méritos, una exhibición de programas viables, un acrisolamiento verídico de capacidades, de energías, de virtudes; no como antaño, una confabulación de intereses bastardos, una vejación a la voluntad popular, un capricho de caciques sin más norma que la concupiscencia individualista y utilitarista, y sin más base que el irrespeto al pueblo y a las instituciones. Creer que puede ser munícipe lo mismo el hombre prostituido que el hombre honorable, lo mismo el ignorante que el civilizado, es echar por tierra las aspiraciones de progreso y hacer de la democracia un antro de felonía y desbarajuste.

Precisamente porque la prostitución y la ignorancia han primado casi siempre en los municipios, la vida de nuestras poblaciones ha sido enteca, servil e inmunda. No ha habido iniciativas civilizadoras, no se han resuelto los más sencillos problemas locales: la higiene, los caminos, el ornato, el agua, la luz, están poco más o menos lo mismo que antes. Su variación ha sido precaria, y apenas uno que otro alcalde ha dado pasitos hacia el progreso. A la égida de la libertad política no serían explicables el conformismo lesivo y la indiferencia que sirven a la prosperidad de la audacia, de la inercia y de la vagancia.

Discútanse los hombres así como se discuten los principios, pues hay que entender que es un absurdo la verdad hecha de que la alusión personal es ineficaz para la regeneración de las sociedades. De hombres íntegros hay que esperar gobiernos íntegros. La actual Municipalidad de Tegucigalpa deja buenos recuerdos. Ha hecho lo que ha podido, y la que fungirá en 1927 debe también hacer labor para poder superar a su anterior.

El Cronista, noviembre 29, 1926.

LA EDUCACIÓN CÍVICA ES NECESARIA

En el cantar popular se dice: "Cada pueblo se da el gobierno que merece". Y esta dolorosa aseveración es una realidad cuando los pueblos se tornan ineptos y serviles. Pero no sucede lo mismo con los pueblos civilizados como Estados Unidos, la Argentina, y aquí no más en Centroamérica, Costa Rica.

Para establecer un juicio acusatorio sin reserva alguna en este sentido, sería necesario haber profundizado la psicología de esos pueblos que se dan el gobierno que merecen; conocer a fondo su historia, sobre todo la contemporánea; saber de las palpitaciones de su vida en las distintas esferas, partidos y castas.

Honduras, para el caso, es un pueblo de espíritu levantisco. Su historia de más de cien años confirma nuestro modo de pensar. El caudillo militar, con todas sus defecciones, estimulado por el aguijón de los bajos apetitos, ha primado en todos los momentos y en todas las ocasiones, azuzando a las masas a la insurrección para que mañana, después del triunfo, levanten pedestal a pichingos de cera, los que, con un sol ardiente y purificador, quedan reducidos a lo que eran: nulidades en la paz.

Cuando los pueblos conozcan su verdadera situación y sepan que la única manera de redimirnos es la del trabajo, entonces buscarán la forma más adecuada para hacer la delegación de su autonomía en quienes sean verdaderos exponentes de cultura, responsabilidad y civilización.

La evolución natural de las cosas traerá tarde o temprano la enseñanza de que los pueblos necesitan la educación cívica para darse buenos gobiernos. Sin educación no habrá jamás ciudadanos amantes de su patria ni buenos gobernantes.

El otro aspecto de nuestra vida democrática estriba en el hecho de no confundir a los pueblos con sus gobernantes. Hay que distinguir lo uno de lo otro. Cuando arriba hay maldad, ignorancia e incapacidad, abajo, como resultado inmediato, tiene que haber descomposición y relajamiento de ideas.

También las tiranías, entronizadas como sistema de gobierno, son en muchos casos las causas principales de la dislocación de las sociedades. No puede haber ciudadanía cuando el derecho es suplantado por la fuerza. Y la libertad es un árbol mustio que languidece en pleno invierno.

Así pues, el concepto que afuera se tiene de estos países tropicales es erróneo. Creen que vivimos en una esfera desorbitada y que por eso no sabemos escoger nuestros representantes. No. No es eso. Es el pasado el que todavía retoza en nuestro modo de ser. La rectificación tendrá que llegar, y entonces diremos, como el héroe de la jornada épica: "Todo se ha salvado".

El Cronista, noviembre 30,1926.

LAS TESORERÍAS ESPECIALES DEBEN DESAPARECER

El competente contabilista don Pío Uclés ha tocado un punto especial en materia de economía nacional. Se trata de las tesorerías especiales del Estado. Sobre este particular, el Congreso Nacional, en sus próximas sesiones, debe meditar la mejor forma de darle una solución al mencionado problema.

Los hechos están demostrando, dada nuestra situación económica actual, que las tesorerías vivirán casi siempre incautadas porque las rentas no alcanzan para cubrir los gastos que ocasionan los servicios de la administración pública. La Tesorería de Justicia es constitucional por aquello de que nuestros legisladores quisieron establecer la verdadera independencia económica entre los poderes judicial y ejecutivo. Las demás son organismos creados y, aunque se mencionan en la Carta Fundamental, pueden perfectamente suprimirse como un medio de salvar dificultades y economizar un promedio de... $41,600.00.

El señor Uclés escribe en la revista El Economista Hondureño lo que sigue:

Vamos a ocuparnos, con toda imparcialidad y con la mejor intención, de las razones fundamentales que hay para la supresión de las tesorerías que, para atender a gastos del servicio público, se han establecido. No nos referiremos al fracaso del objeto primordial para el que fueron creadas, por ser esto del dominio público.

Dando por sentada, pues, la ineficacia de tales oficinas, las examinaremos bajo el punto de vista de la economía nacional y de la centralización de las operaciones que practican.

Se gasta anualmente en sueldos del personal de las principales tesorerías, útiles de escritorio, etc., un promedio de $41,600.00, distribuidos así:

Tesorería General de Caminos: $6,500.00

Tesorería General de Instrucción P. y Departamentales: $22,500.00

Tesorería General de Salubridad: $3,600.00

Tesorería General de Justicia: $6,000.00

Tesorería del Asilo de Indigentes: $3,000.00

Esta respetable suma debe dejar de gastarse y aplicarse a equilibrar nuestro Presupuesto General. La Caja Nacional puede atender perfectamente al pago de los ramos a cargo de esas tesorerías sin aumentarle ningún empleado —decimos esto por el conocimiento que tenemos del movimiento de cada una de ellas—. En el ramo de Instrucción Pública, que hay pagos departamentales, pueden efectuarlos las Administraciones de Rentas sin que con ello se les cargue mucho el trabajo.

Como bien se comprende, esta economía sería de gran provecho aun para los empleados de los ramos que atienden dichas tesorerías y para la Nación. Todos los financistas del mundo recomiendan la economía como base de la prosperidad de la Hacienda Pública. Y este país, que se encuentra agobiado de deudas y con déficit muy notable en su presupuesto, es el llamado a procurar la mayor economía posible.

Esta es una tarea que debe emprenderse sin demora para salir del caos económico en que está la Nación. Hemos empezado por las tesorerías especiales por ser este el punto de partida más visible.

En cuanto a la descentralización que ocasiona el establecimiento de oficinas innecesarias, es palmaria. Para la fiscalización de tantas tesorerías no alcanza el personal del Tribunal de Cuentas, ya que la glosa que se haría de las operaciones, estando centralizados los ingresos y egresos de esas tesorerías en una sola oficina, no es comparable con la glosa de las cuentas de cada tesorería.

Es decir, que el trabajo que bien puede hacer un solo contador hay que distribuirlo entre dos o más, con perjuicio de la pronta revisión de las cuentas de la Administración de Rentas y de las Rentas y Aduanas, que es de más importancia y necesidad administrativa.

El Cronista, diciembre 1,1926.

EQUILIBRIO DE ENTRADAS Y GASTOS

Ha sido tendencia constante del gobierno del doctor Paz Baraona el arreglo de las finanzas del país, para estimularlas en un sentido que permita la mejor organización del Erario Público. El Congreso Nacional, a su vez, debe consagrarse más detenidamente a este importante asunto, tan importante, como que es la base de todo el mecanismo administrativo.

La observación de las modalidades nacionales, de las necesidades del país y del gobierno, de los vicios inveterados que hay que corregir para mejorar los servicios nacionales y atender con mayor resultado las varias obras de desenvolvimiento progresivo que el gobierno ha acometido, todo eso hay que tenerlo presente y estudiarlo desde ahora para que el nuevo presupuesto sea la consecuencia del exacto balance de las posibilidades y necesidades de la nación, a fin de hacer una ley que pueda ser cumplida, formulada y resuelta sin la festinación que, desgraciadamente, se ha erigido en sistema casi en toda Centroamérica, siempre que los respectivos Secretarios de Hacienda someten a las cámaras los proyectos de presupuestos con plazos tan perentorios para su estudio, que los representantes los aprueban globalmente, sin analizarlos sino superficialmente, aumentando las partidas sin conocimiento de las cosas, por lo cual, ya en la aplicación efectiva de tales presupuestos, se tropieza con mil dificultades que embarazan todo, tal como ha sucedido con la ley que rige actualmente.

Hoy que está frente al Despacho de Hacienda un ciudadano económico, enérgico y previsor como lo es el ingeniero Díaz Chávez, es de esperarse que el proyecto de presupuesto, tasado estrictamente sobre la capacidad de las rentas y de conformidad con los requerimientos esenciales de cada ramo, será sometido en los primeros días de enero al conocimiento del Congreso Nacional, para que pueda ser discutido ampliamente y no sea su aprobación un desastre para el país.

Los ramos de policía, instrucción pública y fomento deben merecer especialísima atención. El cuerpo de funcionarios y empleados debe ser reducido a lo necesario. Vale más un policía —se entiende, un policía educado y fiel guardián de la seguridad pública—que un empleado de oficina inútil.

Y sobre todas estas cosas está el arreglo de la contratación de un empréstito. Porque mientras no regulemos nuestras entradas y gastos, no vendrá ese capital extranjero. Los banqueros de fuera observan y comparan; y si no estamos acordes a sus deseos, no dan un centavo en préstamo. Debemos, pues, limpiar la casa.

Que el nuevo presupuesto sea, como lo hemos dicho, el fruto de un estudio sereno, de la ponderación consciente, de las capacidades y necesidades de Honduras. Que no vaya a ser como el actual, en el que la producción calculada es de 8,000,000 de pesos y el presupuesto tiene asignados once millones de gastos. Tres millones de déficit, y sobre eso el recargo de las partidas agotadas y sobrepasadas también.

El Cronista, diciembre 2, 1926.

HA MUERTO EL MÁS ILUSTRE DE LOS HONDURENOS

El radio nos trajo anoche la infausta noticia del fallecimiento, en Panamá, del Dr. don Paulino Valladares, director de este diario.

No es posible escribir en estos momentos la biografía del más ilustre de los hondureños. No podemos, porque nuestro pensamiento se ha perdido en el inmenso valle del dolor. Estamos perplejos en presencia de un hecho irremediable y fatal.

Ha muerto el Dr. Valladares a la edad de 45 años. Ha muerto en plena juventud, cuando todavía tenía por delante el porvenir, con todas sus promesas y con todas sus más bellas aspiraciones.

El día 18 de noviembre recién pasado, escribía el Dr. Valladares, en nuestra presencia, el último editorial, como si fuera su despedida. Anunciaba su viaje de salud para el día siguiente, 19 de noviembre, a un hospital de Panamá.

Justamente ayer hizo 43 días que el distinguido periodista dejara Tegucigalpa para jamás volverla a ver.

¡Quién iba a creer que su muerte se aproximaba! Si todos sus amigos esperábamos su regreso a su patria, lleno de salud y dispuesto siempre a dejar oír su palabra convincente y sabia. Pero el destino fue cruel y de un solo tajo derribó el frondoso árbol en que palpitaba la vida de un hombre útil.

Ahora que ha muerto, comprenderán mejor los hondureños lo que valía aquel hombre de carácter acerado, de criterio afirmativo, de talento superior y de gran visión política.

Honduras pierde la primera y última de sus glorias contemporáneas. La juventud pierde al más formidable de sus mentores en el amplio campo del civismo. Las instituciones, a su más franco defensor. Las letras, a su más alto representante. Y el pueblo, a su más desinteresado consejero. Porque Paulino Valladares, dígase lo que se quiera, fue el hombre mejor preparado que tuvo Honduras en el presente siglo.

Brillante con la pluma, su palabra escrita hizo temblar a los presidentes, a los caciques y a los incomprensivos. La incapacidad lo difamó hasta la calumnia. Y tuvo malquerientes en todos aquellos que no supieron comprenderlo. Era el hombre superior, que forzosamente tenía que ser mordido por la víbora de la envidia.

Su actuación en la política arranca desde 1902, cuando empezó a escribir en el periódico de propaganda que fundaron los amigos del Dr. Marco Aurelio Soto, cuando este vino al país a lanzar su candidatura para la presidencia de la República. Era todavía un estudiante de Derecho. Perdió el Dr. Soto la partida, y Valladares, poco tiempo después, a los 21 años de edad, obtuvo el título de licenciado en nuestra Universidad Central.

En 1904, después del golpe de Estado y siendo juez de paz de este municipio, salió para Nicaragua, donde se doctoró y supo darle prestigio a su patria como profesor y como redactor del periódico La Estrella, que también redactaba el Dr. don Carlos García. Vivió en Nicaragua varios años y fue amigo de los principales hombres de la época del Gral. José Santos Zelaya. Quería el Dr. Valladares tanto a Nicaragua como a su patria.

Triunfante la revolución de 1907, la cual derrocó al gobierno del Gral. Manuel Bonilla, vino a Tegucigalpa en compañía de los generales Tiburcio Carías A., Máximo B. Rosales, Dionisio Gutiérrez, Calixto Carías, Miguel Oquelí Bustillo; de los ingenieros Constantino Fiallos, Rafael Díaz Chávez y de los doctores Marcos Carías A. y Manuel Ugarte H. Su actuación decidida e inteligente lo llevó a ocupar la Secretaría Privada del señor Presidente Gral. don Miguel R. Dávila, a quien sirvió lealmente y con quien en 1911 cayó del poder. Acompañó a Dávila hasta el último momento de su presidencia.

El hombre talentoso, el pensador caído y malquerido de todos, se fue a Güinope, su pueblo natal.

Allá pasó dos años en compañía de los suyos y de su joven esposa, doña Carlota Bernhard. Hasta aquel apartado rincón le llegaban los vientos de calumnia por la negociación fracasada del empréstito Paredes-Knox. El Dr. Valladares, tranquilo y sereno, despreciaba a sus inconscientes difamadores.

El tiempo tendría que justificarlo y el tiempo ha cumplido con su misión, justificándolo. El empréstito combatido ayer se hará mañana, decía el hombre calumniado. Y los hechos actuales confirman su predicción. El empréstito vendrá por una razón de Estado y de conservación institucional.

En 1913 regresó a la capital el Dr. Valladares. Formó sociedad industrial con don Manuel M. Calderón y empezó a dirigir El Cronista, y ya saben los hondureños lo que vale este diario y lo que ha hecho.

Combatió el régimen del presidente Bertrand y, en combinación política con el Dr. don Alberto Membreño, le dio vuelta a aquel orden de cosas, el cual, desgraciadamente, cayó en poder del general don Rafael López Gutiérrez.

La partida se perdió, pero el hombre convencido quedó en la arena de la lucha con la pluma en la diestra, fulminando aquella situación hasta que llegó el momento de la combinación salvadora.

Y un día de 1922, en la residencia del Dr. Valladares, reunidos los señores Dr. Marcos Carías A., don Manuel M. Calderón, don Ramón Landa y don Fernando Zepeda Durón, se convino, a iniciativa del Dr. Valladares, lanzar al general don Tiburcio Carías A. como candidato a la presidencia de la República para el período de 1924 a 1928. Y así fue.

Al día siguiente El Cronista dio el chispazo. Y pronto se fue organizando el partido hasta llegar, debido al tacto inteligente del Dr. Valladares, a un bloque formidable que se llama nacionalismo y el cual, en la lucha armada, venció al régimen pasado. Por todo esto, el Dr. Valladares fue recluido en las cárceles de Omoa y después proscrito de su tierra; pero triunfó en sus proyectos, dejando organizado un partido y un nuevo orden de cosas en su patria.

Retirado de la política y pagado con la ingratitud, el hombre superior volvió a la vida del periódico, en donde solo una idealidad acarició: la de la paz. Por la paz y solo por ella, ayudaba sinceramente al Dr. Miguel Paz Baraona, en quien estimó siempre al hombre honrado y al mandatario justo para todos los hondureños. En estas circunstancias lo encontró la muerte, sirviendo a su patria en el afianzamiento de la paz.

La paz primero que todo, decía a sus amigos. Y hasta en su último editorial escribió en pro de la paz.

En la actualidad, el Dr. Valladares era diputado al Congreso Nacional y presidente de la Asociación de la Prensa Nacional. Fue secretario de Estado en un lapso transitorio en el gobierno del general

Tosta. Y allí también triunfó en la comprensión exacta de la política norteamericana. Lo que él dijo, eso fue.

Mañana, cuando nuestro espíritu esté sereno y las lágrimas estén secas en nuestros párpados, escribiremos con más tiempo, calma y estudio la biografía de este periodista insigne, político visionario y estadista preclaro.

Y que su inconsolable viuda, doña Carlota, sus hijos Germán y Alejandro y demás familia, crean que El Cronista, todo, llora con ellos la muerte de su querido director y amigo, el Dr. don Paulino Valladares.

Y para Honduras, nuestro pésame, por la muerte del glorioso escritor.

El Cronista, diciembre 3,1926.

HONDURAS ESTÁ RECOBRANDO SU CRÉDITO

Son halagadoras para Honduras las noticias que llegan sobre la condición de crédito en que la tiene colocada la palabra seria del actual Ministro de Hacienda.

Para un país como el nuestro, que vive en perenne pugilato, que ha faltado, por motivos de su misma situación desastrosa, a sus más delicados compromisos, es alentador el hecho de que su crédito se esté recobrando en los mercados financieros del exterior.

Con el arreglo de nuestra Deuda Externa hemos caminado mucho, y el Gobierno se encuentra en posibilidades de entrar en convenios con cualquier bolsa financiera que quiera invertir capitales en Honduras.

Para el caso, aunque no estemos muy satisfechos del contrato, está en buen pie, según lo tenemos informado, la negociación de los dineros para invertirlos en la apertura y reparaciones de los caminos nacionales.

Algunas casas de comercio, de fuerte capital en el extranjero, le ofrecen al Gobierno sus productos. Antes de hoy, cualquier pedido que se hacía para el servicio debía ir acompañado con el importe de su valor. De lo contrario, no solo no despachaban las mercaderías, sino que ni siquiera contestaban la demanda. Esas eran las condiciones tristísimas del país.

Hoy, afortunadamente, el camino se va despejando, y Honduras pronto estará a la altura de las naciones que saben cumplir con sus deberes y obligaciones.

En el mes recién pasado se canceló el préstamo que la Central Union Trust Company, de New Orleans, le hizo al Gobierno por valor de cuatrocientos mil dólares. Se pagó esa cantidad y sus respectivos intereses con toda puntualidad.

Si en estas condiciones seguimos adelante, el crédito de la nación flotará, indiscutiblemente, en los mercados financieros del mundo. Y podremos salir del apuro económico en que se encuentra el país de modo fácil, si hay inteligencia en aprovecharse de las condiciones favorables en que se halla el país en materia de crédito.

En la actualidad, el Gobierno de Honduras, cumpliendo con sus compromisos internacionales, ha comprado en Bonos de la Deuda

Externa más de trece mil libras esterlinas. Las mensualidades correspondientes a agosto, septiembre, octubre y noviembre están liquidadas, causando con ello sorpresa y buena impresión en los tenedores de bonos.

El nuevo contrato de los timbres consulares celebrado por nuestro Agente Financiero con el National City Bank de New York, fue aprobado ya por el Poder Ejecutivo y solo se espera que el Congreso se reúna para someterlo a su consideración.

Honduras, con crédito y estabilidad social, será el emporio de la riqueza centroamericana.

El Cronista, diciembre 6,1926.

LA BATALLA DE AYACUCHO

El día 8 de diciembre de 1824 llegó el general Antonio José de Sucre, a la cabeza de su ejército, al histórico campo de Ayacucho, donde tendría que librarse la famosa jornada de la libertad sudamericana, de la que Sucre fue el genio y Córdoba el héroe: última escena del drama de trescientos años de dominación española en América. A ese lugar también había llegado el ejército realista, dirigido por el virrey La Serna y los mejores generales españoles.

Ayacucho está situado en una llanura casi cuadrilátera de cerca de una legua de extensión, flanqueada a derecha e izquierda por ásperos y profundos barrancos, dominada por una montaña que extiende de norte a sur su dorso enorme, cuyas últimas ondulaciones se pierden hacia el sur en el confín lejano del horizonte. Ahí está el histórico campo de Ayacucho, ya ensangrentado por la discordia intestina en los primeros tiempos de la conquista.

Los españoles ocupan las alturas, atisbando desde allí el menor movimiento de los americanos, que acampan en el llano. Solo la distancia de una escasa media milla separa los ejércitos contendientes. ¡Y cuánta desproporción numérica! Nueve mil trescientos hombres tiene a sus órdenes el virrey La Serna, y cinco mil ochocientos los abanderados de la libertad.

Presenciemos la gran lucha. Son las cuatro de la tarde del mencionado 8 de diciembre. Un pálido sol oculta sus rojizos fulgores tras la cumbre de un cerro, bañando en luz vespertina el hormiguero humano que se agita en las escabrosidades del cerro y sobre el solitario verdor de la llanura. Masas informes de humanas nubes avanzan por el sur y por el oriente; y un silencio profundo, una expectativa mortal como de ansiedad suprema, reina en torno. Los dos ejércitos se miran y se contemplan.

El momento es crítico.

Es la mañana del gran día.

El día 9 de diciembre, a las diez de la mañana, se pusieron los dos ejércitos en actitud de trabar la batalla. Sucre, colocado frente a su ejército, y con un tono de voz que parecía inspirado, dijo:

—De los esfuerzos del presente día pende la suerte de la América del Sur.

Enseguida, el jefe patriota mandó atacar al enemigo y, con grito estentóreo, de aquella voz de mando que desde aquel mismo punto había de ser legendaria, dijo:

—¡División! ¡De frente! ¡Armas a discreción! ¡Paso de vencedores! ¡Marchen!

Si tremendo fue el ataque, no fue menos bizarra la resistencia. Impetuoso como un torrente, el ejército de Sucre vence:

La batalla de Ayacucho está ganada, y la independencia de América conquistada.

Cuando el historiador vuelve la mirada a los tiempos heroicos de nuestra independencia, y considera en la miseria y pequeñez de las guerras intestinas que hoy nos devoran, no puede menos que, extrañado, lamentar la degeneración de los hombres y las cosas. Antes había un ideal generoso que empujaba a los guerreros y patriotas a la batalla y al martirio. Hoy, empequeñecido todo: los ingenios y los caracteres, la ilusión y el valor corren disparados entre arroyos de sangre y odios fecundos solamente para el mal, a la consecución de míseras granjerías, en las cuales la ambición plebeya se aconseja con la sórdida codicia.

Por eso es que todavía se oyen voces destempladas defendiendo el caudillismo retardatario y hediondo. Por la codicia del poder para repartirse la hacienda como si fuera cosa propia. Eso es el patriotismo y las ideas de los grupos de hoy. Y esa es la perdición de la patria.

El Cronista, diciembre 8,1926.

COMPLICACIONES EN LA POLÍTICA NICARAGÜENSE

Managua, 7 de diciembre de 1926.—Señor Ministro de Nicaragua.—Tegucigalpa.—Particípole que la instalación del Gobierno revolucionario del Dr. Sacasa, en Puerto Cabezas, no afecta ni afectará en lo más mínimo al Gobierno legítimo del Presidente Díaz, quien es el único reconocido por el Departamento de Estado americano y por la mayoría de los países de América y Europa, reconocimientos que aumentan cada día. El Gobierno dispone de ejército suficiente, que no empleará, porque la paz quedará cimentada en todo el país de un momento a otro con la cooperación moral de los Estados Unidos de América.— Carlos Cuadra Pasos.

En nuestro editorial de antier sentamos los dos puntos de vista falsos en que se ha colocado el liberalismo pinolero. Aceptan la constitucionalidad del gobierno a base de Sacasa, que en buen romance quiere decir: el poder debe ser nuestro a toda costa, de lo contrario no hay constitucionalidad ni cumplimiento de los Pactos de Washington.

En la edición de ayer de este diario publicamos la nota que el Dr. Rodolfo Espinosa dirigió al Departamento de Estado, pidiendo el reconocimiento del «gobierno» que acaba de inaugurar en Puerto Cabezas el Dr. Sacasa.

Al herir el Dr. Espinosa la cuestión del reconocimiento americano a la situación que en Nicaragua encabeza don Adolfo Díaz, expresa que el reconocimiento que el Gobierno de Estados Unidos hizo al de don Adolfo Díaz obedeció, sin duda, a la interpretación que el Gobierno americano hizo de que en "ausencia del Presidente y el Vicepresidente, corresponde el ejercicio del poder al primer designado que el Congreso nombre."

La propia palabra oficial del Dr. Espinosa, en su carácter de Ministro de Relaciones del Gobierno de Puerto Cabezas, destruye de un solo golpe la legalidad que le atribuye al pretendiente Dr. Sacasa, ya que la designación del Congreso de Nicaragua en donde Adolfo Díaz para el ejercicio de la Presidencia es considerada también dentro del orden constitucional; y ese mismo Congreso fue el que admitió la renuncia del Presidente Solórzano, declaró inhibido al Dr. Sacasa y eligió a don Adolfo para que terminara el período de estos. El caso, pues, no admite discusión, y los liberales, por su propia culpa, desde las conferencias de Corinto, se han enmarañado en su propia red.

Ahora bien, si el doctor Espinosa, como órgano del Dr. Sacasa, ha reconocido la legalidad de procedimientos verificados por el Congreso para poner en manos de don Adolfo Díaz la presidencia de la República, lo lógico sería esperar, para someterse a las normas constitucionales, que ese mismo Congreso, cuya capacidad se reconoce, eligiera al doctor Sacasa Presidente de Nicaragua, en lugar del designado don Adolfo Díaz.

Ese es el camino recto, fácil y legal que debe seguir el liberalismo; porque de lo contrario no llegará al poder, aunque los medios revolucionarios le sean propicios. Están de por medio los Pactos de Washington, que son el freno para los golpes de Estado, revoluciones y cuartelazos.

Y sobre todo está el ofrecimiento hecho por el Gobierno Americano de su cooperación moral para cimentar la paz en todo el país de los lagos.

El Cronista, diciembre 9,1926.

LA POLÍTICA DE CONCILIACIÓN

"La solución está en manos de ustedes los nicaragüenses; pero ustedes no quieren la conciliación, no quieren gozar de los beneficios de la paz".
— Mr. Dennis.

De un reportaje que dio recientemente a la prensa de Managua el representante diplomático de los Estados Unidos, Mr. Lawrence Dennis, copiamos el párrafo que nos sirve de epígrafe.

El señor Dennis está en lo cierto al expresar un reproche de esta manera: "Ustedes no quieren la conciliación, ni gozar de los beneficios de la paz", les dice a los nicaragüenses. Y efectivamente, solo la conciliación puede producir la paz. Esa misma tesis es la nuestra en lo que se relaciona con nuestro estado anárquico. Solo la conciliación nos puede salvar a nosotros los hondureños, pues desde aquí estamos observando con tristeza lo que pasa en la tierra de los lagos.

El señor Presidente Díaz, en una exposición que hizo publicar, dice: "Para formar el gobierno nacional solo espero que la paz renazca en Nicaragua", y en esa actitud se encuentra aún después de la llegada del Dr. Sacasa a Puerto Cabezas. Quiere, pues, el actual Presidente de nuestra vecina del sur entrar en pláticas con el liberalismo de su patria; quiere que las divisiones desaparezcan en aquella tierra y que las ambiciones depongan sus intereses de llegar al poder por medio de la fuerza.

Aquí en Honduras, cuando la intransigencia oye hablar de gobierno nacional, tiembla de pura ira o de puro miedo. Algunos creen que para llegar al gobierno nacional es necesario entregar el poder al bando contrario. No.

Esa es una equivocación o una verdadera ignorancia.

El gobierno nacional quiere decir amplitud de procedimientos, darle participación a todos los elementos aptos, inteligentes y comprensivos de la nación, siempre bajo un sello de política uniforme y encaminada al engrandecimiento de la patria. Ese es el gobierno nacional.

1. Los puntos de vista del señor Presidente Díaz y de su canciller, Dr. Cuadra Pasos, se condensan en estas conclusiones:
2. Reforma de la Constitución Política para darle representación en el Congreso Nacional a las minorías.
3. Supervigilancia de la Hacienda Pública, en la forma siguiente: un delegado prominente del Partido Conservador y otro del Partido Liberal, para que estos, de acuerdo con el Ministro de Hacienda, sean árbitros en la distribución de las rentas nacionales.
4. Darle participación a los dos grupos en la diplomacia y en algunos ministerios.
5. Política uniforme, imprimiéndole las ideas que informan al Partido Conservador.
6. Franca cordialidad nacionalista con los pueblos y poderes de Centroamérica, en consonancia con la política americana.

Esos son los deseos del Presidente de Nicaragua, y los ha externado para entrar en un completo acuerdo con el Dr. Sacasa, si este quiere que su patria entre por un verdadero encarrilamiento de paz y conciliación.

El Cronista, diciembre 10,1926.

PARA ENSEÑANZAS VIEJAS, IDEAS NUEVAS

La historia es un libro abierto, de eternas y fecundas enseñanzas. Ni los gobiernos ni los pueblos pueden prescindir de ella, porque es allí donde se encuentra condensada la profunda psicología de la humanidad. Los hechos sensatos que los hombres promovieron para encontrar la clave de su porvenir, allí están, lo mismo que los errores que los condujeron a las dolorosas hecatombes.

Esta América de Colón no puede sustraerse de esa ley general. Naciones coetáneas, surgidas de una necesidad común y persiguiendo los mismos ideales, tienen que ver hacia atrás con frecuencia para orientar mejor sus destinos en la búsqueda de su felicidad.

Centroamérica no puede ser la excepción en esa ley inmutable trazada por el espíritu de Clío. Pueblos surgidos sin preparación a la vida de la libertad han errado durante un siglo por todas las veredas de la ignorancia, de la ambición y del engaño, hasta formar estas falsas democracias que son materia prima propicia para la vida del bochinche y la matanza.

Y han sido la politiquería, el machetismo y el ocio los factores esenciales de nuestra vida nacional. Los partidos históricos han estimulado esos males, sin que hasta la fecha nos den consuelo de la rectificación.

¿Seremos rebeldes a las nuevas corrientes que actualmente agitan la vida del mundo y modifican el punto de vista de su existencia política y social? Cuando todas las naciones buscan nuevos planos y derroteros para orientar mejor sus destinos, ¿formaremos nosotros la penosa excepción de vivir abrazados al pasado estéril y bochornoso? El porvenir y el sentido práctico contestarán a estas preguntas.

Los hondureños no necesitamos de vida política ni de facciones políticas. La vida política es combustible propicio para el incendio de la guerra civil, y los partidos políticos impreparados han demostrado que, si no triunfan en las elecciones presidenciales, se arman del trabuco homicida y se encaminan a los cerros en son bélico, arrastrando en pos de sus egoísmos criminales a nuestras masas inocentes e incomprensivas.

Los hondureños necesitamos en primer término de la paz; esta es el fundamento de todos nuestros problemas. Sobre esta plataforma, el trabajo, el dinero, el respeto al principio de autoridad y la efectividad de todas las garantías que otorgan las leyes vendrán a operar el milagro de nuestra reconstrucción nacional.

El meridiano de los tiempos nos está enseñando que la hora es de rectificaciones y de mejores enseñanzas.

El pasado se opone a todo lo que es renovador, pero el pasado solo queda retozando en aquellos que, siendo mediodía, duermen el sueño de la medianoche.

EL ANIVERSARIO DE LA CIUDAD HEROICA

Hoy cumple 105 años la ciudad de Tegucigalpa. Este rango lo conquistó en los albores de la Patria Grande, el 11 de diciembre de 1821, por sus sacrificios y su adhesión a la causa centroamericana.

Ese espíritu amante de la libertad que reveló Tegucigalpa en sus orígenes se ha mantenido vivo a través del tiempo, y así lo ha manifestado en las diferentes páginas que le ha tocado escribir en la historia del Istmo.

Su adhesión franca y decidida por la reconstrucción nacionalista se cristalizó en el representativo más alto que ha tenido la Patria Grande, en el mártir que cayó un día fecundándola con su sangre y dignificándola con su idea.

En ningún momento de su vida se ha visto en otro puesto que en aquel en donde la libertad la reclamaba o siguiendo, siempre compacta y nunca desilusionada, la Bandera de la Unión, cuyos sagrados pliegues recogió de las manos del Héroe.

En estos últimos tiempos, Tegucigalpa ha sido considerada como una ciudad empleomaniaca y haragana. Y eso es una aseveración injusta. Tegucigalpa, sus propios naturales, esos no están empleados, y los más viven de sus rentas o negocios.

Tegucigalpa es el lugar de la República que más hijos de los departamentos tiene, y esos son, realmente, los que forman el batallón de los empleados. Es cosa igual como si dijéramos que en la Costa Norte solo hay trabajadores hondureños, cuando estos, en su mayor porcentaje, son de los otros estados hermanos.

Lo que sí cultiva Tegucigalpa es mucha política, al grado que hasta los advenedizos vienen a esta pobre metrópoli a politiquear, confundiéndose en promiscuidad escandalosa con los nacionales, que los toleran con tal de que sean partidaristas.

El Cronista, diciembre 11,1926.

COMPLICADA SITUACIÓN INTERNACIONAL

No de otra manera podemos considerar la de nuestra hermana de allende el río Negro. Washington y algunos estados centroamericanos han reconocido el gobierno de don Adolfo Díaz. México, y se dice que varias naciones suramericanas, reconocen el gobierno del doctor Sacasa inaugurado en Puerto Cabezas.

¡Cuál de las dos fuerzas prevalecerá? El reconocimiento de México y de naciones de Suramérica representa una fuerza de vida puramente metafísica, en tanto que las relaciones con Washington y con Centroamérica significan una fuerza real, por la vida de relación comercial y social que sostiene Nicaragua con estas últimas naciones. Por un lado, se ofrece al gobierno de Sacasa la buena voluntad de convivencia internacional. Por otro, se presenta el de Adolfo Díaz, la efectividad de esa convivencia, fortalecida con lazos morales y materiales que ponen en sus manos grandes e inagotables recursos.

Yo deseo el triunfo de la conveniencia general. Tal es el sentido de las últimas noticias procedentes de Washington y de Managua, y que el Presidente Díaz trata de iniciar mediante un gobierno nacional.

Si los liberales que encabeza el Dr. Sacasa tienen visión, y la obsesión política no ha ofuscado su inteligencia ni enervado su corazón, deben prescindir de su plataforma exclusiva y tener como único punto de vista la paz y la prosperidad de su patria. Ambos bienes solo se pueden conseguir con un avenimiento con el gobierno de Díaz, es decir, cooperando con amplitud y patriotismo al implantamiento de un gobierno nacional.

Los exclusivismos políticos en Centroamérica nunca han dado los resultados que se pretendieron. Los partidos históricos, en cien años de vida emancipada que llevamos, se han deturpado y degollado sin piedad, y ninguno de ellos ha hecho obra perdurable y patriótica ni ha formado capital político que lo recomiende decorosamente.

Siempre hemos abogado por la política de conciliación y por el gobierno nacional, y los benéficos resultados los estamos presenciando los hondureños desde que el Dr. Paz Baraona inauguró esa política, que no otra es la que conviene a esta patria morazánica.

El Cronista, diciembre 21, 1926.

EL PACTO DE LA PAZ

No nos cansaremos de predicar que la paz es la única base posible para resolver todos nuestros problemas nacionales. Ningún paso se puede llevar adelante si no descansa sobre esa plataforma fundamental.

Pero la paz que nosotros predicamos no es solamente el silencio del grito bélico en la agreste serranía. Esa la conquistan los gobiernos fuertes por medio de sus armamentos y del sacrificio sangriento de sus defensores. Cuando pasa la victoria, quedan el temor o el terror en los vencidos y la opresión y la altanería en los vencedores. No se obtiene la paz humana y decorosa en tales condiciones.

La paz que nosotros deseamos es aquella que descansa en el respeto mutuo de gobernantes y gobernados, y es estimulada permanentemente por recíprocas concesiones de unos y de otros en orden a la autoridad y a la libertad. Esa paz es fecunda y decorosa, porque se afianza en la fe, la buena voluntad y el respeto al derecho de cada quien.

Se nota en estos momentos una ola de paz que recorre todos los ámbitos de la nación. Es la consecuencia inmediata de la libertad que el gobierno del Dr. Paz Baraona da a los actos de su administración. Esa ola ha ido a tocar los sentimientos de todos los hondureños y ha llegado a interesar la plataforma de los partidos políticos en formación.

La prensa del Partido Liberal invoca la paz como cuestión básica para su organización. La prensa del Partido Nacional habla de ella también con frecuencia. Y en todos los cerebros de la nación vibra el anhelo ferviente por ese supremo bien llamado a salvarnos de todos nuestros males. La paz, pues, es una aspiración nacional que está en el camino de las realidades. ¡Por qué no la pactamos todos los hondureños comprometiendo nuestro honor! Dejemos la palabra a los partidos en gesta, que son los llamados a marchar a la cabeza de esta hermosa cruzada.

Nosotros, en todo tiempo, inspirándonos en el bien de la nación, hemos combatido la existencia de los partidos históricos. Porque precisamente ellos han sido, desde 1921 hasta nuestros días, los peores factores contra la paz. Llámense liberal o federalista, moderado o servil, verde o coquimbo, azul o colorado, la historia y la responsabilidad son las mismas. Los dos bandos tradicionales siempre se han organizado para disputarse el poder público; estas disputas rarísimas veces se han verificado en paz. Por lo general, han ido a la guerra a demostrar con el instinto salvaje quién es el más fuerte, porque en los comicios ninguno quiso resignarse con la derrota.

Pues bien, si los partidos históricos han de continuar en el mismo plano de existencia y de descrédito del pasado, es preferible que desaparezcan. Si esos organismos, durante un siglo, no hicieron nada en favor del derecho, de la paz ni de la libertad de la nación, ¿qué hacen en estos momentos y qué piensan para el futuro?

Pero, si por el contrario, esos partidos se proponen trabajar por la paz y asegurarla, como lo predica su prensa, ese solo hecho bastaría para admitir su existencia en el mecanismo vital de la nación. No ir a la guerra por ninguna causa ni circunstancia. Esa sería una base honorable de vida, una nueva orientación de sensatez y patriotismo, que están reclamando imperativamente las nuevas corrientes culturales del tiempo y las angustias y necesidades de la República.

¿Por qué no pactan la paz los partidos y facciones políticas de Honduras? ¡Qué grande y noble sería ante el mundo ese gesto de honradez patriótica!

El Cronista, diciembre 22, 1926

AMENAZA DEL ACRIDIO ES UN PELIGRO NACIONAL[1]

Por personas venidas recientemente de nuestro litoral atlántico, estamos en conocimiento de los males inmensos que está causando en los trabajos agrícolas de aquella rica sección del país esta plaga temible, que se ha convertido en un peligro nacional.

Las mismas personas nos informan que el chapulín ha destruido el 75% de la producción total del banano, que, como todos sabemos, constituye nuestra fuente principal de riqueza agrícola. Y eso no es todo, porque si solo destruyera la cosecha, quedaría la esperanza de que, al alejarse la plaga, se lograría la nueva; pero es el caso que el famélico insecto no solo está destruyendo las cosechas, sino también las plantaciones y, por ende, la fuente total de la riqueza bananera.

Las compañías agrícolas, que son las principales víctimas en esta calamidad aflictiva, han venido estudiando desde hace algún tiempo la manera de combatir con eficacia esta plaga devastadora; pero, según parece, por el vasto desarrollo que ha venido adquiriendo la propagación, hasta culminar en la situación desesperante del momento, han fracasado todos los esfuerzos, y las perspectivas que se presentan para el futuro son harto desconsoladoras.

Nuestra producción bananera oscila entre 14 a 15,000,000 de racimos. Según estadísticas mundiales, Honduras ocupa el primer lugar en la exportación de esta fruta, teniendo además la ventaja de que está reputada como de la mejor clase en sabor y riqueza nutritiva en los mercados norteamericanos y europeos.

Esa exportación produce al país, por el impuesto respectivo que paga, alrededor de $800,000.00 plata anuales, cuya renta, si queda reducida a un 25% por la devastación del chapulín, afectará sensiblemente los ingresos posibles y, por ende, nuestro presupuesto general de gastos.

A eso hay que agregar que todo el movimiento comercial e industrial de nuestra Costa Norte depende directamente de la exportación de la fruta. Por consiguiente, la existencia de un azote tan temible como el acridio, que, ya sea volador o saltón, se ha extendido

---

[1] Acridio: sinónimo de langosta.

en un área que comprende muchos miles de kilómetros cuadrados, tiene que afectar, o mejor dicho, está afectando en forma considerable el comercio y la industria costeños y, por consiguiente, la renta de importación.

Los señores representantes al Congreso, que abrirá sus sesiones el 1° de enero entrante, deben tomar muy en cuenta esa aflictiva situación de nuestro litoral atlántico cuando discutan el Presupuesto General de Ingresos y Egresos. El sentido común indica que cuando disminuyen los ingresos o son muy problemáticos, los gastos deben reducirse también. De no proceder así, se va directamente al déficit y a la bancarrota.

Los representantes de los departamentos de Cortés, Atlántida, Colón e Islas de la Bahía son los llamados a poner en conocimiento del Congreso aquella horrible situación y los llamados igualmente a proponer medidas salvadoras que, de acuerdo con las que han tomado las compañías y los agricultores del país, destruyan o atenúen siquiera, en forma consoladora, los efectos destructores de aquella calamidad.

"El Cronista", que siempre está al servicio de los bien entendidos intereses del país, ofrece sus columnas a todos aquellos que, por medio de la prensa, quieran prestar su contingente patriótico y científico en esta obra de salvación de una de nuestras mejores fuentes de riqueza.

El Cronista, diciembre 24, 1926

LOS VOTOS DE CENSURA

La Constitución Política de Honduras establece como un jalón del parlamentarismo los votos de censura para el presidente y sus ministros de Estado.

La mente del legislador, al establecer esa prerrogativa del Congreso, se basó en los casos de gobiernos anteriores que han tolerado y sostenido Secretarios de Estado que eran una amenaza para la paz nacional.

Los votos de censura servirán, indudablemente, para botar un ministerio, pero nunca serán lo suficiente para establecer responsabilidades cuando se haya faltado a los deberes que implican tan elevados cargos.

El voto de censura es también un cargo indirecto contra el mandatario, y no solo se molestaría el ministro censurado, sino que se lastimaría muy hondo la actuación del presidente de la República.

En los últimos tiempos, Francia, la dulce Francia, es la que más ha tenido que ver con los votos de censura. La representación nacional francesa botó a Caillaux, y este enorme estadista volvió a levantarse, llegando a la cumbre de nuevo y organizando otro gabinete para ser, por un momento, árbitro de la invicta Lutecia.

En Francia y en todos los lugares donde el parlamentarismo es una realidad eficiente, el voto de censura es muy común; pero se entiende, un voto de censura alejado del prejuicio partidista y del feo espectáculo del capricho caciquista.

Aquí, en nuestra tierra, los votos de censura serán siempre, salvo en casos muy concretos, provocados por la politicalla o por la intransigencia de los grupos estrechos e ineducados.

Pero no se crea, ni por asomo, que los votos de censura serán matadores de personalidades. Servirán para levantar pedestales y nada más que para eso.

Todavía no hemos presenciado un voto de censura. No hemos ensayado esa práctica usual en los parlamentarismos europeos. Y es probable que no la ensayemos por muchos años, mientras tengamos un gobierno respetuoso, amante de la paz y dispuesto a cumplir con la ley.

Después, con mayor tiempo, trataremos este tópico nacional para expresar nuestro modo de pensar en relación con los votos de censura. Por ahora, solo deseamos que la armonía reine en todos y que el nuevo año nos encuentre en condiciones de hacer patria, ajenos de toda codicia, rodeando sinceramente al Doctor Paz Baraona, con el único fin de conseguir la estabilidad social de Honduras.

No cabe, pues, otra norma que la política de la paz.

El Cronista, diciembre 27,1926

EL BALANCE DE SANGRE DE UN SIGLO

No nos cansaremos de leer nuestra historia para conocer mejor nuestros errores y sacar de ellos las más saludables enseñanzas. Los pueblos en formación siempre iniciaron, con el pugilato de la fuerza, sus primeros ensayos de organización, pero al salir de esa etapa y practicar la liquidación de los esfuerzos desarrollados, entraron de lleno en la etapa de su construcción política y social, pero a base de una plataforma económica firme y previsora.

Los centroamericanos hemos procedido en sentido inverso. Durante un siglo hemos derrochado nuestro tiempo y nuestras energías en ensayos estériles sobre organizaciones políticas y sociales; pero, como nos faltó la base, es decir, la organización y constitución económica, todos los esfuerzos desarrollados fueron infructuosos.

El error es profundo y trascendental, pues consecuencia inmediata de él son las revoluciones que hemos tenido y los millares de montoneras que incubaron en sus entrañas profundas todos los males y descréditos que hemos sufrido. Hemos vivido en plena edad heroica, rindiendo tributo al guerrero, al héroe y al cacique matasiete, sin importarnos pasar en criminal inadvertencia por sobre los valores positivos que hemos tenido, como exponentes legítimos de la virtud y del mérito verdadero.

Hojeando Vida Militar de Centroamérica, del Gral. Pedro Zamora Castellanos, obra histórica de mérito positivo publicada bajo los auspicios del general José María Orellana, como presidente de Guatemala, nos encontramos con una estadística espeluznante de sangre, como resultado de todos los cuartelazos, campañas y revoluciones que hemos tenido desde la independencia hasta 1921.

Esa estadística señala a Guatemala 21 años y 25 días de haber tenido su ejército en pie de guerra.

A El Salvador, 10 años y 15 días.

A Honduras, 11 años y 10 meses. Nosotros le agregamos 4 años más, desde 1921 hasta nuestros días.

A Nicaragua, 12 años de estar en pie de guerra.

A Costa Rica, nuestra hermana más seria y pacífica, 1 año y siete meses.

Los datos del general Zamora Castellanos quizá adolezcan de inexactitud en alguna parte, pero en lo general son aceptables. El resumen nos lleva a la dolorosa realidad de que Centroamérica ha vivido durante 60 años en plena convulsión bélica, armados los hombres hasta los dientes, solamente por satisfacer las ambiciones de unos pocos politiqueros y machetones y por sostener el capricho inconsciente de las mayorías estultas.

Sesenta años de epilepsia, de destrucción y de hemorragia han causado la ruina y el descrédito de estos países. El balance de sangre es abrumador para la vida general del istmo. ¿Hasta cuándo liquidaremos, ante el mundo civilizado y ante el recuerdo de las generaciones idas que victimamos, esa deuda maldita que pesa sobre todos como una montaña de oprobio?

Algunos Estados centroamericanos, como El Salvador y Guatemala, han empezado ya una era nueva de rectificaciones honorables. La paz, el trabajo y el progreso forman su programa de vida nacional. Costa Rica es un modelo que debemos imitar siempre, porque tiempos ha que su conducta está orientada por ese sendero. Solo quedan dos Estados hermanos al borde del abismo: Nicaragua y Honduras. La primera se desangra en estos momentos en una matanza despiadada entre conservadores y liberales. Honduras ha hecho un alto; vacila y reflexiona en estos momentos sobre el derrotero que más le conviene; echa una mirada retrospectiva a su pasado de luchas entre partidos que nada han construido y contempla en el porvenir los claros horizontes de la paz, de la conciliación y del trabajo, que son los factores que traerán su salvación.

El porvenir dirá si los hondureños somos capaces de la cordura o necesitamos el grillete del esclavo.

El Cronista, diciembre 18, 1926

CONDICIONES ESENCIALES DE UN BUEN GOBIERNO

Estas falsas democracias, que en un siglo de pugilato permanente no han aprendido todavía a ser libres, tienen entre sus muchos errores el de no haber sabido escoger a sus hombres en las grandes crisis de su historia. El mérito positivo, la honradez, el talento y la experiencia, que son factores capitales para enfrentar y resolver los problemas de la nación, no fueron siempre los que se tomaron en cuenta, sino otros que no respondían a las necesidades de la República ni a los imperativos del momento histórico.

El caso no es solo nuestro; su radio se extiende a la mayor parte de las naciones del continente, que rinden homenaje todavía al cacique y al ídolo político, productos naturales de nuestro medio convulsivo y esporádico. En tales ambientes, la audacia y lo imprevisto han jugado un papel casi permanente, y los acontecimientos y el destino mismo de estos pueblos han sido influenciados fatalmente por aquellas causas generatrices.

Los países de vida organizada no proceden así; ellos escogen a sus más altos y legítimos representantes después de un estudio sereno y comprensivo de sus antecedentes. Es decir, teniendo el firme propósito de llegar a un efecto deseado para bien del procomún, preparan primero la causa mediante la escogencia de un auténtico exponente honroso de la nación.

Pero en todo caso, tanto en los países organizados como en los que llevan vida bochinchera, siempre se ha creído, y así lo confirman las enseñanzas de la historia, que los hombres que fueron fuertes, inteligentes y honrados solucionaron situaciones muy difíciles en el ejercicio del gobierno, salvaron los destinos de su patria y se conquistaron un nombre inmortal en las páginas de la historia.

Energía, inteligencia y honradez son las condiciones primordiales de todo buen gobierno. Pero tales condiciones deben ser de aplicación simultánea; ellas constituyen un triángulo equilátero como símbolo de la felicidad nacional. Prescindir con intención o sin ella de cualquiera de dichos factores equivale a menguar la eficacia material y moral de dicho simbolismo y, por consiguiente, a disminuir la integridad y prestigio del gobierno.

Seamos más claros. La energía sola no resuelve ninguna situación difícil si no la asisten la inteligencia y la hombría de bien; así aislada, sería genitora de toda clase de errores y de males. La honradez es igualmente estéril para el bien y fecunda para el mal si no la acompañan la inteligencia y la energía. Y la inteligencia de cualquier gobernante será siempre una cualidad negativa si la energía y la honradez no le prestan su indispensable cooperación.

El gobernante que reúna las tres condiciones enumeradas dará a la República buena suma de felicidad. La historia de Honduras nos señala, de medio siglo para acá, entre los gobernantes fallecidos, los nombres ilustres de Marco Aurelio Soto y Policarpo Bonilla, que reunieron en lógica armonía aquellas tres grandes cualidades. El primero hizo una administración sabia y fecunda; y el segundo, aunque no logró hacer tanto por los compromisos de su gobierno con una revolución sangrienta y dilatada, entregó el poder en paz y dentro de la ley, y legó a la nación, por este solo hecho, un capital de felicidad y de progreso. La historia nos presenta también el caso del general López Gutiérrez, que, siendo de una honradez notoria en la nación, pero carente de las otras dos condiciones, fue un fracaso completo y una hecatombe pavorosa que todavía deploramos.

Energía, inteligencia y honradez debían ser, en el dinamismo de nuestra vida política y social, los tres factores ineludibles. Los pueblos deben exigirlos en aquellos que van a ser sus gobernantes; estos no deben descuidarlos en quienes han de ser sus funcionarios; y toda la jerarquía de la administración pública debiera estar sujeta a la misma pauta de salvación nacional.

NUESTROS CONGRESOS LEGISLATIVOS

Han sido famosos los Congresos en esta tierra clásica del oro, del pino y del banano. En la época del gobierno del Dr. Marco Aurelio Soto, que fue el Pericles hondureño, nos refieren testimonios dignos de toda fe que prevalecía una aristocracia intelectual. Los nombres de Céleo Arias, Román Meza, Francisco Cruz, Jesús Inestroza, Manuel Gamero, Liberato Moncada, Manuel Colindres, José Ma. Bustamante, Adolfo Zúñiga, Rafael Padilla, Francisco Bográn, Alberto Membreño, Remigio Díaz y otras más esclarecidas mentalidades de aquella época figuraban en las labores del Congreso. La labor de aquellos ilustres hijos conscriptos resultaba próxima y beneficiosa para la colectividad nacional.

De aquella época para acá, la categoría y consideración del diputado han disminuido en forma apreciable; y el desprestigio ha llegado a tal grado en ciertas épocas de triste recordación, que los ciudadanos honorables se han considerado ofendidos o rebajados cuando agentes palatinos o líderes de bandos sectarios les han ofrecido nominarlos como candidatos para servir sus parciales intereses.

No es extraño el fenómeno. Cuando los pueblos llevan vida normal y buscan en el trabajo, en la paz y en la cultura la clave de su prosperidad y grandeza, la capacidad y la virtud de los hombres son su mejor ejecutoria ante el criterio de sus conciudadanos. El mérito auténtico se abre paso entonces, como una onda de luz resplandeciente. Pero cuando, por el contrario, esos pueblos viven una vida de lucha brutal, sin ideales ni emulaciones, y dando pábulo a los bajos apetitos, todos se creen capaces, y la audacia y el chafarote son las mejores recomendaciones para todas las altas jerarquías del gobierno.

Hemos tenido Congresos que han sido tiranizados. Otros que se han anulado, permaneciendo en constante postración oficial. Pero los hemos tenido, en ciertas épocas, tan altos, independientes y puros, que han hecho con su actuación verdadero honor a la República.

Un Congreso Legislativo que quiera hacer verdadera labor patriótica y constructiva solo necesita de imparcialidad, criterio honrado y sincero amor a Honduras para conseguirlo. Los intereses políticos sectarios son incompatibles con los intereses generales de la nación, y quienes se olviden de estos por atender aquellos, no solo no cumplirán con su deber ni con el mandato de sus representados, sino que serán cómplices y responsables de las graves consecuencias que sobrevengan.

El Congreso de 1923 a 1924 obró con libertinaje colectivamente y con pasión partidista individualmente. La Constituyente de 1924, no obstante haberse elevado en algunos casos a un liberalismo avanzado, tuvo inmensos desahogos sectarios que han afectado el mecanismo político y democrático de la nación. Los diputados de 1925, no obstante estar influenciados la mayor parte por el fulanismo, trabajaron con inteligencia y verdadero celo patriótico, que los hizo acreedores a la gratitud y al aplauso de la nación.

¿Cuál irá a ser la conducta del Congreso que se instalará el 1° de enero entrante? Hay criterios pesimistas que piensan que el fulanismo desorientará el sendero recto y honorable de los señores representantes del pueblo. Otros se muestran perplejos por carecer de datos para prejuzgar. Nosotros no estamos de acuerdo con los unos ni con los otros; creemos firmemente que el Congreso de 1927 sabrá cumplir con su deber, procediendo con absoluta honradez y con espíritu de justicia e imparcialidad en los asuntos que tenga que resolver. Y creemos más todavía: el Congreso de 1927, en el cual figurarán jóvenes de clara inteligencia de todos los departamentos, a pesar de las influencias sectaristas que se trate de desarrollar, sabrán elevar todos los asuntos y problemas que se lleven a su conocimiento a la altura que demandan los sagrados intereses de la patria.

Armonía política y social y apoyo amplio y firme a las labores del gobierno, principalmente en los aspectos hacendario y financiero, son dos factores capitales del momento para encaminar el país hacia una solución patriótica y salvadora.

El Cronista, diciembre 1936

FUE SUSPENDIDO EL DIARIO OFICIAL "RECONCILIACIÓN"

El diario Reconciliación publicó el miércoles pasado una nota editorial bajo el título La Política del Gobierno, afirmando que el Dr. Paz Baraona se encuentra en una plataforma de imparcialidad y que quien dude de ella o la niegue tiene que ser un mal hondureño.

Dice también que hay hombres malos, hondureños incomprensivos, que por mero partidarismo no quieren reconocer la obra realizada en este pequeño período turbulento en que le ha tocado actuar al Dr. Paz Baraona, y asegura que habrá uno o dos periódicos que llamen al Jefe de la Nación intransigente, violador de la ley.

Agrega que solo la cobardía de los incapacitados y los que se hacen llamar apóstoles del patriotismo, o los que gritan en nombre de una libertad de imprenta o de elecciones mancilladas, se atreverán a lanzar tales dicterios contra el Jefe de la Nación.

Concluye con este párrafo:

Pensar en que el actual Gobernante no es imparcial en la actual contienda cívica es criminal... y quienes así lo aseguran pertenecen a las galerías de Lombroso para figurar en ellas como TRAIDORES A LA PATRIA y como MALOS HONDUREÑOS... INSPIRADOS ÚNICAMENTE EN UNA AMBICIÓN PERSONAL.

El diario La Tribuna, después de algunas consideraciones alusivas al sistema democrático en que vivimos, a la Constitución Política y a la Ley Constitutiva de Imprenta, sintetiza su reprobación al editorial de Reconciliación en estos párrafos:

Jamás ningún gobierno que se llame civilizado ha sustentado semejante doctrina. Su efectividad sería la anulación completa de la democracia y del sistema representativo. El gobernante y todos los empleados de la Nación son simples mandatarios y, como tales, están sujetos a la censura pública, sin que sea jamás ilícito, y mucho menos traición, que se ponga en duda su conducta. El pueblo es el dueño de la cosa pública y el único soberano, y a él hay que rendirle estrictas cuentas.

Por el buen nombre de Honduras y de su gobierno, si se afirma la teoría retrógrada de la infalibilidad del Presidente de la República, no hubiera sido escrito nunca. Donde la prensa oficial hace semejantes declaraciones, nadie podrá creer que hay ciudadanos y que es un país libre.

Considerando que los conceptos publicados en Reconciliación desdicen de la seriedad que debe caracterizar el órgano del Gobierno, y que fueron difundidos sin el conocimiento ni autorización del Jefe del Estado, quien no puede tolerar tales incorrecciones, el Presidente de la República acordó suspender el diario citado y presentar las excusas por los conceptos emitidos, que el Gobierno censura y desaprueba, a las personas agraviadas.

No quedaba otra solución al Presidente de la República para sostener su buen nombre. Un artículo como el que apareció en Reconciliación es algo incalificable. Quien lo haya escrito, estamos seguros de que no tuvo tiempo para medir su trascendencia. Con la práctica de ideas semejantes, no solamente inauguraríamos la autocracia más cruda, sino que, retrocediendo una montaña de siglos, entraríamos en las edades oscuras que no sospechaban siquiera el alba del derecho.

Reconciliación debió haber muerto mucho antes. Ese periódico no servía para nada, como no fuese para gastar el dinero y el crédito del país. En Honduras, la prensa oficial, aun la que dirigieron en épocas de esplendor gubernativo algunos de nuestros ilustres varones, no inclinó jamás el criterio público en favor del Gobierno. Ha existido siempre, y existe todavía en el ciudadano hondureño, una manifiesta propensión a poner en cuarentena la palabra del Gobierno, propensión justificada por quien, como nuestro pueblo, se ha visto defraudado durante más de un siglo por los partidos y por sus gobernantes.

Felicitamos al Presidente de la República por ese acto de reparación a la sociedad, al derecho y a la prensa, y hacemos votos porque no vuelva a invertirse el dinero de la Nación en el sostenimiento de periódicos de esa naturaleza. Para prensa oficial sobra con La Gaceta.

El Cronista, enero 17, 1927

EL OBRERISMO Y LA POLITICA

El manifiesto del obrerismo hondureño declarando su adhesión al gobierno constituido y retirándose del partidarismo rezagado ha causado serias inquietudes y opuestos comentarios.

Uno de ellos, quizá el más interesante, es el que hace en su brillante editorial nuestro compañero y amigo, doctor Heriberto Castillo.

Quiere él que nuestros obreros tomen parte activa en la política del país, que luchen, que piensen, porque la libertad y el derecho de elegir son tan inherentes a su personalidad, que no puede coartarlos una ley interna del Consejo.

Y nada más justo que este comentario, si así fueran las cosas. Pero abstenerse de formar en las filas de nuestros viejos bandos políticos no es renunciar a un derecho irrenunciable como el del sufragio. Es, antes bien, dar cumplimiento con criterio libre, con entera independencia, a la obligación que emana de ese derecho, que es precisamente lo que reclaman el sentido de nuestras leyes.

El obrerismo hondureño ha decidido retirarse de nuestro pandillismo político para volver efectivos la libertad y el derecho de elegir, votando de acuerdo con su conciencia y no bajo la imposición del caudillismo irresponsable. De este modo servirá sus propios intereses y los del país:

Los suyos, porque escogerá sus elementos por sí mismo y en su propio seno.

Los del país, porque con su retiro de los viejos grupos asegurará la paz. Y la paz es el mejor negocio de Honduras.

Pero si estas consideraciones no bastan y se considera que los obreros falsean con su decisión el principio democrático, entonces que entren de lleno en la política y organicen su partido para dar impulso a sus propias ideas, salvarse de continuar pagando la contribución de sangre que ha hecho la fortuna de los oportunistas y triunfar en la próxima lucha electoral sobre el partidarismo fracasado, a fin de que el gobierno sea —como justamente dice el doctor Castillo— no exclusivo de la minoría directora, sino del acuerdo de la mayoría de las clases laborantes del país.

Tiene razón el doctor Castillo. El obrerismo debe tomar parte activa en la política del país. Y para eso solo necesita organizar el partido laborista y lanzar su programa de gobierno.

El rechazo de la vieja política no es política. Trabajar por la paz no es política. La verdadera política consiste en continuar por el viejo camino rico en las desventuras nacionales y preparar el futuro zafarrancho.

El Cronista, julio 2, 1927.

LA AGITACIÓN POLÍTICA

Ya comienzan los servidores de los ambiciosos al Poder su funesta labor de caldear el sentimiento público con insinuaciones, no tan embozadas que se diga, sobre la próxima lucha electoral de Autoridades Supremas. No es que se hayan lanzado todavía candidaturas determinadas, pero como hablar del amor es hacer el amor, lo mismo da que salgan a relucir nombres propios, como tratar únicamente de organización de partidos y de preparativos electorales.

Tarea inicua es esa de inquietar prematuramente los ánimos; y además de inicua, innecesaria, porque virtualmente ya está todo preparado y solo falta que, llegada la hora, comience el debate apasionado y violento de la propaganda manifiesta de los campeones que han de disputar el Poder.

¿Y en qué consisten los trabajos de propaganda? Decía Bonaparte que la mejor figura retórica es la repetición, y a esta sola faena se reduce la lucha por la prensa de candidaturas.

No hay cosa más parecida que la brega periodística entre las opuestas candidaturas y el anuncio insistente, porfiado, de drogas y específicos. En fuerza de repetirlo y no más, resulta para los crédulos que las píldoras de tal o cual droguista sirven para aliviar toda clase de males; y las casas explotadoras, como prueba irrecusable de la eficacia de las medicinas que expenden, tienen cuidado de publicar las cartas de gratitud que los cándidos les dirigen, asegurando haberse curado de vieja enfermedad que los aquejaba con las píldoras purgantes que, para bien de la humanidad, aquellos han preparado.

Con riesgo de empequeñecer nuestro razonamiento, nos atrevemos a aludir a una carta de una señora de Maraita en que aseguraba al doctor Rosa, en medio de transportes de gratitud, haberse curado de reumatismo con las píldoras por él preparadas y ofrecidas al consumo de la América Española. El elemento psicológico que en la terapéutica popular como en la existencia de los candidatos campea y persevera es la fe ciega, la necedad o la candidez de las multitudes.

Si, pues, como la experiencia lo demuestra, la labor de propaganda es tan sencilla, ¿por qué no esperar más tiempo y dedicarse, por ahora, en silencio, al trabajo de tejer y destejer? Porque lo principal y sustantivo en esta clase de negocios es el esfuerzo realizado con absoluta discreción, es la callada intriga y la mentira propagada malignamente y sin estruendo.

Organícense en buena hora los partidos, átense las voluntades y establézcase la disciplina entre los adherentes; la mezquindad política puede ir trabajando con éxito y sin ruido; pero, ¡Dios Santo!, que no se inquiete por la prensa con tanta anticipación a los pueblos; déjeseles un momento de reposo y no se les invite a una lucha que casi siempre resulta desastrosa.

Como la politiquería es ya una industria, los que han presenciado la pugna electoral conocen al dedillo las etapas de las candidaturas, y estas, hasta ahora, se encuentran en la que debía llamarse su primera infancia, es decir, la edad del reparto de botones.

Limítense, pues, los interesados a esos esparcimientos fotográficos; pero no traten aún de conmover las masas populares.

Ha sido funesto el influjo de propaganda entre nosotros. La violencia de Sufragio Libre y Los Sucesos, y el veneno que destilaban sus columnas, se infiltraron en el corazón de las almas simples; el torneo político se transformó después en guerra sin cuartel y, hasta el presente, hemos de lamentar las terribles consecuencias del antagonismo y de las iras políticas.

A toda luz son malos patriotas los impacientes que en la prensa hacen, desde ahora, insinuaciones políticas que siempre entrañan el tumulto.

El Cronista, agosto 20, 1927.

CULTURA FEMENINA

Por iniciativa y esfuerzos de la señorita Visitación Padilla, Profesora de Estado y persona bien conocida por su intelectualidad sobresaliente y por su ingenio literario, se ha fundado en esta capital la sociedad denominada "Cultura Femenina", cuyo más elevado propósito es trabajar por el afianzamiento de la paz de la República.

Dicho Centro, así por la elevación de sus miras como por la distinción de todas las personas que lo forman, es un conjunto simpático de obreras del bien y de la felicidad social; y de él puede decirse, sin que ello implique una lisonja obligada, sino más bien un motivo de patriótico orgullo, que viene a ser el contrapeso de nuestros viciados gremios políticos y compensación bastante para las almas que, aquejadas por el abatimiento de nuestras costumbres públicas, desean reintegrar nuestro patrimonio moral, tan menguado ya por los desastres de la guerra civil.

"Cultura Femenina" es una asociación respetable de personas que llevan, digámoslo así, en su corazón los sufrimientos populares; y la labor de esa sociedad viene a ser la protesta más vehemente contra los falsos personajes de una política negativa y de disociación.

Es en el hogar donde con mayor crudeza y siniestra magnitud se reflejan los desastres nacionales; y cuando la medida del sufrimiento ha llegado a su colmo, la mujer consciente forma presurosa en las líneas de batalla contra los fabricantes de catástrofes y contra los hombres desatentados y sin labor honesta.

Cuando los búlgaros, en la guerra balcánica, arreciaron en su crueldad tradicional contra los turcos, la mujer musulmana clamó a gritos contra la ferocidad del vencedor, y la Europa escuchó esa queja y la pleamar de la barbarie descendió.

Tal es el caso de "Cultura Femenina", empeñada en desterrar la revuelta, que nos ha sumido en total descrédito exterior y en una postración de que no hubo ejemplo, jamás, en nuestra historia.

Con gran sentido práctico, la Sociedad en referencia ha solicitado la cooperación de intelectuales de nota, para que, interpretando sus anhelos y sirviendo la causa de la felicidad común, ejerzan, no como oradores de entusiasmo simulado, sino como hombres convencidos, el apostolado de la paz.

"Cultura Femenina", si otra cosa no logra obtener, dejará constancia, por lo menos, de que, en medio de nuestra lamentable descomposición, hay personas de buena voluntad, que constituyen el núcleo selecto de la causa del bien.

Los hombres influyentes y los que profesan, si así puede decirse, la esgrima del pensamiento, están moralmente obligados, de modo imperativo y por propio decoro, a secundar a "Cultura Femenina" y a inspirarse en sus sacrosantos designios. Que ellos analicen el problema de la paz y que ellos combatan, como si fuera una fortaleza, el monstruo del caudillaje y de la política rastrera.

No puede haber mejor comprobación de sed de moralidad pública que el que nos está dando la benemérita Asociación; y por ello la prensa ha de tributarle honrado aplauso y seguirla en sus esfuerzos, séanos permitido decirlo, de evangelización.

Confiamos en la perseverancia de "Cultura Femenina" y en el buen éxito de su labor.

El Cronista, agosto 29, 1927.

EMPLEADOS PÚBLICOS

Creemos no estar equivocados al decir que la burocracia alemana está reputada como la mejor del mundo y quizá de la historia, pues los empleados públicos en ese admirable país descuellan por su probidad, por su pericia técnica, por su incansable esfuerzo y por su fidelidad a la patria y a sus jefes en las gestiones o trabajos que a cada cual le están encomendados. Y esa burocracia es, además, una de las más baratas de que se tiene noticia.

Naturalmente, para que una burocracia de esa clase se haya creado en aquel país, se ha necesitado un cúmulo de circunstancias o causas que han contribuido a formarla.

La soberbia feudal del superior, ejercida con crueldad o desdén sobre el subalterno, ha imbuido a éste en hábitos de esmeradísima obediencia; la educación militar de aquel pueblo ha creado en los alemanes costumbres envidiables de exactitud y método, de rigorismo en el cumplimiento del deber; y como la raza es vigorosa y de una intelectualidad casi insuperable, no sólo poseen el sentido de la realidad, sino que saben descubrir a fondo las cosas. Son, por su vigor, los alemanes, infatigables en el trabajo y la enfermedad del surmenage ha de ser muy rara entre ellos.

Y en cuanto a la parte moral se refiere, ha de decirse que el hogar alemán es ejemplar y que de él emana el amor acendrado al Vaterland y el sincero respeto al superior jerárquico. Y si a las circunstancias ya dichas se añade la inamovilidad del empleado y su ascenso sistemático durante el buen desempeño de su empleo, a nadie extrañará que la burocracia de aquel país resista ventajosamente la comparación con la de los otros pueblos civilizados de la tierra. De ahí que una disposición, una orden o una recomendación emanada de la más alta jerarquía, se cumpla con entera fidelidad y exactitud a través de diversas esferas oficiales.

Como para formar contraste con aquella burocracia está la nuestra. Comencemos porque entre nosotros, casi todos se creen incapaces e indignos de un modesto empleo, dotado, por lo mismo, con pequeña retribución; pero casi todos, entre los hombres adultos o de edad madura, se creen muy aptos para ejercer con acierto las funciones de Presidente de la República, elevado puesto que juzgan como una dictadura militar; y así, a cada paso se les oye decir en conversaciones humorísticas o graves: Si yo fuera Presidente, mandaría a fusilar por esto o por lo otro. Nadie, o casi nadie, se cree apto para herrar o enjaezar un caballo; pero sí para presidir la República. Y no van muy errados los que así piensan y sienten, pues siendo atrasado, como se dice, el país, los más próximos al éxito son los que cuentan a favor suyo con más caites y vienen a ser, como José Santos Guardiola, la viva representación de la barbarie, ante cuya efigie se sienten dignificados analfabetas y hombres de vida desastrada.

Para esas gentes, Francisco Morazán o es incomprensible o es un monstruo; y así abundan en Costa Rica gentes sencillas y de criterio pedestre, que todavía saborean el orgullo patriótico de que en aquel país haya sido asesinado militarmente Morazán.

Pero hemos ido muy lejos y por ello pedimos perdón al lector.

Los empleos entre nosotros se obtienen casi siempre por favor, muy rara vez por razón de mérito; algunas veces por la intriga y otras por el acaso; y así, no ha sido raro que el Subsecretario de Estado redacte al Ministro de Fomento, verbigracia, la Memoria respectiva, cuidándose, más por su puesto, del amaneramiento literario y del efecto escénico, antes que de la verdad; y que en tal caso, el señor Ministro, que nada ha entendido del asunto, se haya dado por satisfecho, declarando que el señor Subsecretario es muy listo o ducho en estas cosas.

Debido a las anomalías ocasionadas por el favoritismo, un hombre inepto y a menudo perverso y de corazón recio, queda sobrepuesto a los de positivo mérito; y claro está que éstos trabajan a regañadientes, indignados por tamaña injusticia.

La inestabilidad de la paz ha creado naturalmente la inestabilidad en los empleos, y ha venido a ser, entre nosotros, casi totalmente imposible la continuidad administrativa; de tal modo, que la obra de manifiesta utilidad pública comenzada ayer, al siguiente día que predomina otra facción, se abandona y menosprecia.

Otra causa de que no hayamos podido llegar a la selección de los empleados públicos es la falta de pagos, producida o bien por los estragos de la revuelta, por el agio o por la defraudación fiscal en grande escala.

Ahora bien: si como esperamos, el Gobierno actual está decidido a pagar con puntualidad a los empleados públicos, tiempo es, ya que mejor cosa no se puede, implantar con la debida severidad la disciplina en dichos empleados, obligándolos a que asistan puntualmente a sus oficinas, constriñéndolos a trabajar activamente, sin esas intermitencias de haragán, y antes bien estableciendo entre ellos una saludable emulación.

Cuando los sueldos se pagan, un empleo público es motivo de honra y de provecho, y en obsequio del país debe trabajarse tesoneramente.

Por lo tanto, debe ejercerse diaria o incesante supervigilancia en los empleados, descontándoles proporcionalmente los minutos de retardo en llegar a la oficina, y amonestarlos primero y destituirlos después, si las faltas se repiten sin justificación.

Es increíble la relajación de la disciplina en nuestros gremios burocráticos, y a ese malestar debe ponérsele término cuanto antes. Pero si el Gobierno no ha de pagar con puntualidad, desde luego damos por retiradas nuestras indicaciones.

El Cronista, septiembre 6, 1927.

EL OBRERISMO Y SUS TENDENCIAS

Toda clase social tiene derecho de vivir sus propios ideales y de sustentar pensamientos de renovación. El obrerismo hondureño es una colectividad y debe, por consecuencia, progresar y expandirse, agitando ideas de paz, de trabajo y cordialidad.

En los momentos actuales, sesiona en esta capital un congreso obrero, y esta asamblea está obligada a marcar resueltamente, con serenidad y elevación de miras, los derroteros del obrerismo para la conquista de una vida mejor. Pero esto puede hacerlo dentro de un marco perfecto de cooperación con el capital para obtener, en armonía con este elemento, la solución más acompasada con el medio social y nuestra democracia.

Literaturas moscovitas de la Rusia del Soviet que plantean problemas de aquellas latitudes no podrán servir de pauta al obrero hondureño. Las repúblicas de América, que colocan en el plano de cabal igualdad a todos sus habitantes, no deben servir de teatro a teorías desatinadas de aquel socialismo exótico. Aquí, en Centroamérica y sobre todo en Honduras, nosotros, los obreros, tenemos tierra de sobra, libertad de trabajo y de comercio, derechos civiles al igual que todos; podemos, si hay capacidad, escalar las más altas cumbres de los valores sociales y políticos; por consiguiente, nuestra situación es otra y muy distinta a la de las masas trabajadoras de las naciones del viejo mundo.

Las ideas socialistas que flotan en el ambiente, dada nuestra falta de población y de capitales, son las del socialismo del Estado, dirigidas por nuestras leyes y, sobre todo, por el Capítulo XX de la Constitución Política, inspirado en principios claros y concretos de las modernas renovaciones sociales que vinculan fuertemente el capital y el trabajo, factores que deben y pueden ser el oriente único del obrerismo hondureño.

El año de 23, plenipotenciarios de Centroamérica, y con ocasión de los Pactos de Washington, suscribieron varios convenios para mejorar y unificar las tendencias del obrero centroamericano, señalando puntos de vista para una legislación protectora del proletariado. Por manera que una visión inteligente del segundo Congreso Regional debe concretarse a aceptar las leyes de la república que les señalen el sendero de su destino. Hacer otra cosa es bordar en el vacío y desechar como inútiles las conquistas legales, consignadas previsora e inteligentemente en los Pactos y en nuestra Carta Fundamental.

En lecturas de viejas historias hemos encontrado que en algunos templos de la antigüedad, y para demostrar el objeto y finalidad de la enseñanza, inscribían en las portadas: no entre aquí el que no sepa "Geometría". De la misma manera, y para demostrar a propios y extraños que el obrerismo hondureño es sano y respeta la santidad de los principios, del orden y de la libertad, sobre todo en lo que se refiere a las vinculaciones del capital y el trabajo, debe colocar en el frontis de sus edificios, donde deliberan para su propio bienestar: "En el alma del obrero hondureño no tiene ni tendrán cabida las ideas bolcheviques".

El Cronista, noviembre 22, 1927.

5,000 INMIGRANTES

En número anterior hemos publicado la propuesta que una asociación denominada Instituto Extranjero Alemán ha hecho al Gobierno de Honduras, por medio de nuestro Cónsul General en Nueva York, para hacer venir al país y radicarlos en él, dentro del término de cinco años, hasta 5.000 inmigrantes alemanes, agricultores e industriales, en tierras de los departamentos de Santa Bárbara, Copán, Ocotepeque, Gracias y Cortés.

Tratándose de asunto tan importante como es éste, forzoso es estudiar el proyecto con cautela y previsión; pues tan inconveniente sería una negativa a la ligera como una aceptación sin análisis y seguridad de que se quiere verdaderamente, por parte de los solicitantes, realizar el proyecto.

Ignoramos si ha habido pláticas preliminares acerca del negocio entre el Cónsul de Honduras y los representantes del Instituto Extranjero Alemán; y no tenemos noticia tampoco de que los interesados hayan venido a estudiar en detalle los terrenos que apetecen y sus condiciones atmosféricas.

La propuesta de que hablamos, al parecer, vale tanto como pedir que al Instituto Extranjero Alemán se le informe si, bajo las condiciones en la solicitud contenidas, puede o no el Gobierno contratar el establecimiento en Honduras de tales inmigrantes.

No hay señales de que en ello determinadas personas tengan interés en el negocio, ni por ninguna parte hemos observado la porfía y la diligencia con que siempre tratan de llevarse a pronta realización negocios de esta clase.

Quisiéramos nosotros poder ver en carne y hueso a los proponentes, que comparecieran en lo privado ante el Presidente de la República y el Ministro de Fomento; que a nuestra vista desplegaran la actividad aconsejada en estos casos y que, con entonación persuasiva, anduviesen aquí y allí, entre personas influyentes, demostrando la incalculable utilidad de su proyecto.

Sin eso, hablamos de nuestra propia impresión, la cosa parece como si un árabe preguntase si hay dátiles en Honduras.

Pero vamos a cuentas. Para rehusar la propuesta y justificar ante el país una negativa, bien podría invocarse las disposiciones de la Ley

Agraria, que se opone a un convenio como el propuesto; y aún podría alegarse, con espíritu de suspicacia, que podía ser un peligro para el país eso de radicar hasta cinco mil extranjeros en nuestras tierras fronterizas.

Naturalmente, tratándose de un proyecto de progreso efectivo, nuestro modo de ser nos impulsa a oponer montañas de obstáculos a fin de que nada se pueda intentar, ni siquiera planear, en provecho de la nación.

Recíprocamente, cuando la codicia de los ignaros de la facción triunfante les permitió creer que el extranjero podía dar a Honduras un empréstito de siete, diez o veinte millones de dólares, buen número de sabios que había en el seno de la Legislatura convirtieron los asuntos de dignidad nacional y de propia estimación en una logomaquia; supieron encontrar frases y voces en que podía concederse la intervención humillante y desastrosa del país, sin que apareciera violada la Constitución ni burlada la soberanía nacional. Ejemplo irrecusable de lo que es capaz la infamia dentro de la estupidez.

Pero en este caso, volvemos a decirlo, como se trata de un proyecto de bien público, están aconsejadas la suspicacia y la negativa a todo trance.

Nosotros, si la cosa fuera cierta, donde vemos la dificultad principal es en que el Gobierno no dispone de terrenos qué ofrecer al proponente en la cantidad que se exige.

Como no tenemos datos catastrales de ninguna clase, no podemos decir nada al respecto con datos documentados; más aún así, grosso modo, creemos que el Gobierno no posee en los departamentos mencionados ni cincuenta, ni cuarenta ni veinte mil hectáreas de terrenos nacionales, y que comprarlos no puede por falta de dinero.

Ya es sabido que varios de los que ejercieron el Poder se dignaron hacer suyas las más valiosas tierras del departamento de Cortés: Presidentes de la República y aun Ministros han sepultado allí las uñas y han quedado adheridos al terreno; y ya no queda más recurso que decir a los inmigrantes alemanes: "¿Queréis tierras de promisión que no han bastado para saciar la rapacidad de unos pocos mandones? Callad y no nos propongáis imposibles".

Grandiosa política territorial la de Marco Aurelio Soto, Luis Bográn y Policarpo Bonilla.

La propuesta referida, tal como aparece hasta hoy, no pasa de ser asunto de tinta y de papel; no vale más que la República Mayor de Centro América; pero si nos equivocamos y se trata de la verdad, el Gobierno está imperativamente obligado a hacer todo esfuerzo para que el proyecto se realice, aunque sea en modestas proporciones, pues el día que Honduras tenga arraigados en su suelo cinco mil europeos de condiciones aceptables, aptos por su laboriosidad y buena fe para identificarse en lo posible con nosotros, casi puede decirse que estaremos salvados.

Hay cosillas en la propuesta que nos desalientan: pedir, para establecer colonias de alemanes, tierras tan eminentemente tropicales como las de Cortés, prueba desconocimiento de lo que se pide o da indicios de un criterio no comercial y práctico, sino de visionario.

Nosotros, por medio de lecturas fragmentarias, estamos un tanto informados de las dificultades que el Paraguay tuvo para establecer unas cuantas colonias, y no confiamos mucho en la porfía de nuestros prohombres. Sin embargo, como queda dicho, hay que empeñarse en sacar algún provecho de tan tentadora propuesta.

El Cronista, diciembre 10,1927.

OTRA VEZ EN LA ARENA

Vuelve El Cronista a su viejo plano de ecuanimidad y de mesura, al que debe su prestigio y su fuerza. Las formas violentas de la prensa de barricada no tienen cabida en las sociedades civilizadas, hallándose, de consiguiente, proscritas del periodismo contemporáneo. Son ineficaces y nocivas, y estas condiciones levantaron su patíbulo. Nosotros no las resucitaremos.

El periodista debe ser culto, veraz y sereno. Tal la trilogía de su apostolado. Ni las evoluciones políticas ni las reformas sociales se operan con el grito envenenado, sino con el razonamiento firme de quien expone la verdad y la desnuda con persistencia, con energía y sin ponzoña.

Las erupciones de injuria no implican valor. Denuncian, por el contrario, debilidad intelectual y cobardía, que el valor es firmeza de propósito, dignidad moral y no diatriba. Los valientes saben morir, pero no difamar. El hombre que más injuria es el que más cerca está de la mujer.

Lo que dijimos ayer con respecto a la suerte del país sigue siendo una verdad viva en nuestro corazón. Creemos que un candidato de todos sería la muerte de la guerra y la salvación nacional. Pero como el egoísmo de las pasiones y de los intereses no hace posible esta solución patriótica, se impone crear una agrupación nueva que, colocada en el centro de los partidos, evite el choque de los odios y prepare el camino para realizar la UNIDAD DE HONDURAS Y EL OLVIDO DEL PASADO.

Los organismos viejos se desintegran para dar vida a nuevos organismos. Es ésta la forma en que la naturaleza opera sus renovaciones. Un árbol se pudre y cae para nutrir nuevos árboles. Un hombre se gasta y muere para devolver a la tierra el sustento con que hacer vivir nuevos hombres. Por supuesto que ni los nuevos hombres ni los nuevos árboles son el hombre y el árbol desaparecidos. Vienen de ellos, de ellos se alimentan; pero son algo bien diferente.

También los partidos se pudren, se gastan y se desintegran para dar vida a organizaciones nuevas, que, aunque procedan de ellos y sean nutridas por ellos, no son ni pueden ser los partidos mismos. Es lo que está pasando en Honduras. Los partidos viejos están gastados, podridos y en plena desintegración. Los partidos nuevos no serán sino una consecuencia natural de su muerte. De ese modo, el grupo que nosotros iniciamos no constituye un afán de destruir o dividir, sino el de crear sobre el exclusivismo inveterado una unidad más amplia y más vigorosa que convierta en una verdad nuestras instituciones. A su amparo encontraremos la paz, la concordia y la civilización.

En la lucha electoral para Autoridades Supremas daremos al pueblo hondureño, como diaristas independientes, el comentario que juzguemos más acorde con las libertades públicas y la conveniencia de la nación. Nuestras apreciaciones sobre los candidatos serán a base de imparcialidad, consultando el interés colectivo, que necesita de trabajo, de justicia y de pan. Nada de convertir El Cronista en el vocero obligado de las agrupaciones políticas. Su voz será de lucha en el sentido de orientar los partidos hacia el debate civilizado y de impedir que se viole la libertad del sufragio.

El nuevo año nos encuentra en la dirección de este diario, animados del mismo entusiasmo y la misma sinceridad con que involuntariamente la dejamos hace cinco meses. Quiera Dios que también ahora reciba nuestra pluma el generoso estímulo que la impulsara ayer. Ser sincero es ser potente, decía el poeta. La sinceridad será nuestro escudo. Y eso nos alienta.

El Cronista, enero 2, 1928.

LA ORGANIZACIÓN DE LA PAZ

Parece que en estos momentos la preocupación del mundo es organizar la paz. Las conferencias del desarme. La propuesta de Aristides Briand para declarar proscrita la guerra entre Francia y los Estados Unidos. El tratado modelo de los profesores Shotwell y Chamberlain resolviendo a su manera el problema de la paz perpetua. Y mil proyectos más, son manifestaciones evidentes de que esta preocupación existe como un anhelo insatisfecho en el corazón humano.

Contraria, sin embargo, a esta aspiración ideal se levanta la realidad. Las guerras no terminan y el mundo sigue armándose. Cada día se arrojan al agua nuevos barcos de guerra, se trabaja en el acrecentamiento de la flota aérea y en perfeccionar su eficacia como elemento bélico. Cada día son mayores los ejércitos, mayor número de fusiles y de cañones, mayores y más rápidos los medios de destrucción. Y es tal la desgracia de esta verdad, que si mañana se presentara una nueva guerra mundial, destruiría en pocos meses todo el acervo de la civilización contemporánea.

También nosotros queremos organizar la paz. Los esfuerzos de la prensa. La apertura del Libro de la Paz, acordada por el Congreso Pedagógico. La frase "Haga usted algo por la paz", formulada por el Ministerio de Instrucción Pública, y muchas otras manifestaciones individuales y colectivas, comprueban que íntimamente deseamos vivir en paz. Pero, siendo sincera nuestra prédica, la verdad es que nada real hacemos para concluir con la guerra.

Necesitamos un sistema completo de vialidad para que se opere el desarrollo comercial mediante el ensanche de la producción, y se haga posible la rápida acción de los gobiernos contra las alteraciones del orden.

Necesitamos gobiernos para la Nación y con la Nación, a efecto de que todos tengan trabajo y tengan pan.

Necesitamos alfabeto para que el ciudadano hondureño conozca por sí mismo sus obligaciones y derechos, y esté capacitado para cultivar su cuerpo y su espíritu, aprovechando las enseñanzas de la civilización.

Necesitamos imparcialidad en la aplicación de las leyes, para evitar la sed de venganza que surge en el corazón de cuantos son víctimas de la injusticia.

Todo eso y algo más necesitamos para organizar la paz. Pero la mayor parte de esas necesidades no podrán satisfacerse sin presupuestos cuerdos, elaborados a base de lo que producimos y no de lo que nos proponemos gastar.

Debemos, pues, someternos a un invariable plan de economía. Si eso no se hace, siempre habrá ignorancia, miseria, emigrados, guerra. Porque la paz, ya lo hemos dicho antes, no es una abstracción ni una prédica. Es un hecho.

Corresponde al Congreso Nacional comprobar su patriotismo, aprobando el presupuesto que sobre esas bases, a juzgar por los conceptos del Mensaje Presidencial, someterá a su conocimiento el Poder Ejecutivo, o improbándolo si no llena esas condiciones.

Suceda lo que suceda, es indudable que el camino para la organización de la paz se encontrará siempre en los buenos caminos, la justa aplicación de las leyes, los gobiernos nacionales, el alfabeto y el trabajo.

El Cronista, enero 12, 1928.

NUESTRO ANALFABETISMO

Según el último censo, levantado el 26 de diciembre de 1926, Honduras tiene 700.811 habitantes. De acuerdo con el censo practicado el 17 del mismo mes, correspondiente al año de 1916, nuestra población era de 605.997 almas. Quiere decir que en diez años ha habido un aumento de 94.814 habitantes, o sea, un promedio aproximado de diez mil por año.

Con excepción de Intibucá, que sufrió una disminución de 310 habitantes, los demás departamentos acrecentaron su población, haciéndolo, en proporciones mayores, Copán, Santa Bárbara, Cortés, Yoro y Atlántida.

Tomando en cuenta las continuas revoluciones, nuestra mala alimentación, higiene deplorable, sanidad incipiente, malaria, alcoholismo, criminalidad y algunas otras causas, bien pueden verse con ojos de optimismo los 94.814 habitantes agregados en diez años a la población del país. Y la conclusión no puede ser otra, porque si con todos estos agentes de exterminio el número de habitantes no ha disminuido, se debe indudablemente a que la naturaleza de Honduras es propicia para el desarrollo y conservación de la vida humana.

Sobre esta observación optimista se levanta, sin embargo, una verdad amarga. De nuestra población domiciliada, que asciende a 681.795 habitantes, saben leer 179.345 y no saben 512.450. De la población transeúnte leen 3.663 y no leen 5.790. Resumiendo, resulta que de los 700.811 habitantes correspondientes al total de nuestra población, 182.571 saben leer, y el resto, 518.240, son analfabetos. Así que nuestro promedio de analfabetismo casi asciende al 75%.

Este porcentaje, de suyo sensible, calculado sobre la población de la República tomada en conjunto, resultaría aún más digno de pena si se apreciase por departamentos. Nadie ignora, en efecto, que en algunos de ellos el promedio de analfabetos sobrepasa el 80%.

Frente a la realidad que antecede, reveladora de un atraso desconcertante, se impone un cambio radical en la distribución de las rentas nacionales y en la administración pública. Y el primer paso, el más firme, patriótico y práctico que puede darse en este sentido, descansa en fijar el Presupuesto General de Gastos, no solamente tomando por base los ingresos probables, sino dando preferencia a la satisfacción de las necesidades nacionales más urgentes, como la alfabetización de nuestras masas. Instrucción Pública necesita un fondo fuerte y seguro para formar maestros rurales y fundar, sin pérdida de tiempo, el número de escuelas de esta índole que sean necesarias para enseñar a leer a nuestra población.

La suerte del país está en manos del Congreso Nacional. De él dependerá que los hondureños aprendan a leer o que continúen en la más cruda ignorancia.

Cuando lo consideremos oportuno, ampliaremos nuestras ideas con respecto a la necesidad y la forma de fijar un presupuesto capaz de salvar al país de su atraso, de su miseria y de su ruina.

El Cronista, enero 13, 1928.

EL ALMANAQUE PARA LOS HONDUREÑOS

Poco tiempo después de inaugurado el actual Gobierno, el Dr. Paulino Valladares inició en este diario una campaña pacifista, la cual ha sido sostenida e intensificada con sincero entusiasmo y de manera sistemática por la prensa independiente.

A reforzar esa labor de la prensa en beneficio de la patria, viene el Almanaque para los Hondureños, que acaba de publicar la Secretaría de Instrucción Pública.

Contiene el calendario frases sugestivas, tendientes a despertar e inculcar en el hondureño el amor a la paz, de la cual emanará el trabajo, la soberanía, las libertades públicas, la fraternidad nacional, la prensa justa y libre; en una palabra, el engrandecimiento político, intelectual y económico de Honduras.

El Almanaque para los Hondureños representa una de las tantas manifestaciones de la campaña cívica iniciada por el Ministro Centeno, y es indudable que algo habrá de contribuir a desterrar de nuestros ciudadanos el hábito de la guerra, encauzando de este modo las actividades y energías nacionales por el camino de la conciliación hondureña.

El ambiente es de paz. Podemos explotarlo con positivo beneficio para evitar el infalible bochinche con que se efectúa entre nosotros la transmisión del Poder. Todo dependerá, por supuesto, de la sinceridad con que actúen las autoridades. Que no se labore a hurtadillas y en secreto contra el libre ejercicio de la libertad electoral. Que el pueblo haga sus candidatos y no los conciliábulos subterráneos de los dirigentes. Que se piense en el país antes que en los partidos. Que se haga todo cuanto debe hacerse para que la libertad electoral no resulte una de las tradicionales comedias de nuestra democracia mentirosa, y estamos seguros de que el sol de la paz, como lo sugiere la alegoría del calendario para los hondureños, brillará permanentemente sobre nuestras serranías, dando vida a la heredad cultivada por la mano del trabajador satisfecho.

A la prédica de la paz debe respaldarla el hecho de la libertad. No hay otro camino. O libertad efectiva o represión absoluta de la libertad. Engañar al pueblo constituye el más cobarde de los crímenes. La mordaza franca y brutal de los tiranos es preferible a las emboscadas de la hipocresía. Hay más valor moral, menos infamia, si se quiere, en negar la libertad abiertamente que en ofrecerla para destruirla cuando intente manifestarse. Ya estamos cansados de la política de engaño, seguida desde largo tiempo por nuestros gobernantes sin excepción alguna.

El país tiene confianza en el doctor Paz Baraona. Cree que habrá en él entereza bastante para cumplir su palabra empeñada, dictando, después de que el Congreso lance la convocatoria para elección de Autoridades Supremas, todas las medidas conducentes a garantizar la libre actividad de las agrupaciones políticas que se disputen el Poder y la más completa libertad en el momento de practicarse la elección. Para eso será indispensable que los puestos públicos sean ocupados por elementos moderados, cuya reconocida honradez inspire la seguridad de que observarán la necesaria neutralidad. Procediendo de esta suerte, tendrán las autoridades el apoyo de todos los hondureños, como lo quiere el esfuerzo patriótico en pro del civismo, que en estos momentos realiza la Secretaría de Instrucción Pública.

Tal el camino de la paz. Cualquier otro es el camino de la guerra. Y la guerra implica más guerra, más odios, mayor analfabetismo, mayor hambre, mayor degeneración moral y material, menos gente, menos dinero, menos independencia.

La paz o la guerra. El Gobernante, el pueblo y los partidos decidirán sobre estos extremos la salvación o la ruina de la patria.

El Cronista, enero 16, 1928.

NUESTRO AFÁN LEGISLADOR

Las frecuentes quejas contra la actual Ley de Elecciones, las reformas pedidas a la Ley de Municipalidades que acaba de emitirse, la imposibilidad en que se ha visto el Ejecutivo para poner en vigor el nuevo Arancel de Aduanas, y algunos hechos más, demuestran que no procedimos con acierto al efectuar el cambio total de nuestro sistema de legislación. No pocos, en verdad, han sido los errores, perjuicios y dificultades a que las nuevas leyes han dado lugar, ya por aplicación improcedente, ya por omisión o ya por encontrarse en abierta pugna con el medio circunstante.

Otro sería el resultado, desde luego, si hubiésemos introducido reformas parciales, procediendo a base de los inconvenientes, ineficacias y lagunas descubiertas por la experiencia. Tendríamos, de esta manera, leyes cada vez más firmes, eficaces y justas, lo cual vale decir, más acordes con nuestras necesidades, con nuestra idiosincrasia y con nuestro ambiente.

Casi todos los pueblos de la tierra, y especialmente los más civilizados, operan sus reformas legislativas mediante un proceso previo de observación, de estudio y de experiencia. Demostrada, para el caso, la ineficacia de una ley por su ninguna adaptación a la cultura, costumbres y necesidades nacionales, se procede a reformarla; pero conservando siempre cuanto en ella se comprobó ser bueno, necesario y útil para la comunidad.

Reformar y no suprimir. Corregir y no destruir. He aquí lo racional, lo patriótico y lo justo. Suiza, Inglaterra, los Estados Unidos, países que constituyen un saludable ejemplo entre las democracias del mundo, han ido operando sus reformas sobre la base de su legislación primitiva, de acuerdo con el reclamo de los tiempos. Y frente a su prosperidad, a su eficacia administrativa, a su vida de orden y de justicia, nadie podrá dudar que han procedido con acierto.

Y el fenómeno es natural. Porque conociéndose mejor las leyes a medida que más perduran, ganan por este hecho en estabilidad, en eficacia y en fuerza. Cada día que pasa, el ciudadano conoce más a fondo sus obligaciones y sus derechos, el abogado es más abogado, y los jueces se capacitan para dictar fallos más acertados y justos. Y así, mediante esta compenetración del individuo y la ley, todas las clases sociales llegan a prepararse para la defensa y protección de sus intereses y el respeto y protección de los ajenos, haciéndose una realidad la vida del derecho.

Quiere decir que en este país, si queremos que conozca sus derechos y sus deberes, que prospere, que se civilice, nuestro afán legislador habrá de circunscribirse a las necesidades efectivas y a la enmienda de los errores prácticamente reconocidos. Las leyes no pueden ser obra del entusiasmo, del exhibicionismo ni del acaso. Son producto del estudio serio, de la observación atenta y de la experiencia repetida.

Terminamos seguros de que estará con nosotros el espíritu de economía, de patriotismo y de buen juicio en que indudablemente se inspiran los señores diputados.

El Cronista, enero 17, 1928.

LAS RESPONSABILIDADES DE LA PRENSA

Ha sido hábito en Honduras, exclusivo de nuestros partidos, descargar sobre la prensa las responsabilidades de la guerra, por más que su prédica constituya un esfuerzo constante hacia la paz. No escasean en estos momentos quienes propalen y afirmen semejante despropósito. Esa campaña es de los partidos, que buscan por anticipado la justificación a los desastres que cada cuatro años ocasiona su ambición, su intransigencia y su irrespeto a la ley.

Quien oye hablar de la paz a los empleados públicos, creería que ya murió la guerra. ¡La paz! ¡Qué dulce placidez la de la paz con el puchero seguro! La predican, la comentan, la anhelan y la lloran. Maldicen a cuantos se atreven a insinuar siquiera la posibilidad de que se altere.

No hay, indudablemente, en esta patria belicosa pacifistas mayores que nuestros viejos partidos, cada vez que están en el Gobierno. Sin embargo, no hay que fiarse. Quieren la paz, pero es la paz con el Poder, la paz con la Presidencia de la República. Fuera de ahí, son fervientes partidarios de la guerra, cualesquiera que sean sus prédicas, sus maldiciones y sus lágrimas.

Ese pacifismo egoísta, contrario a la democracia y a las libertades, no es ni puede ser el pacifismo de la prensa.

La prensa no predica la paz para que se perpetúe en el Poder éste o aquel partido, ni para que por la fuerza sea Presidente de la República determinado individuo. La prensa quiere la paz y trabaja por la paz, para que dentro de ella se haga efectivo el sufragio libre y resulte electo, sin coacción y sin fraude, el ciudadano que represente la voluntad nacional, quienquiera que éste sea.

La prensa no labora por la paz diciendo como nuestros bandos políticos: "El Presidente debe ser X o la guerra". La prensa cumple su misión pacificadora y dice al país: "El Presidente puede ser cualquier hondureño, menos aquellos que signifiquen la guerra".

La prensa no hace obra de pacifismo para que uno cualquiera de los grupos pueda exclamar: "Nosotros o la guerra", sino para que los hondureños puedan gritar: "¡Viva la paz y mueran los partidos!"

Si mañana los partidos se fusionasen para hacer surgir un solo candidato, la prensa lo aceptaría sin preguntar siquiera su nombre, porque comprende que de ese modo se efectuaría en paz la transmisión del Poder.

Si el partido que está abajo se comprometiera a aceptar un candidato del partido que está arriba, toda vez que se le diera el derecho de elegirlo, la prensa apoyaría esa solución, porque garantizaría la paz.

Si mediante un convenio serio ambos partidos se comprometiesen a alternarse mutuamente en el Poder por un número determinado de años, siquiera por el necesario para que los odios se apaguen y el hábito de la guerra muera con la llegada de las nuevas generaciones, la prensa aplaudiría esa decisión del patriotismo en favor de la paz.

¿Pero llegarán los partidos a cualquiera de estas soluciones?

Nada queremos anticipar a este respecto. Mas si no aceptan cualquiera de ellas o encuentran alguna semejante, quieran o no, la responsabilidad de la guerra será suya y no de la prensa.

Esta es la realidad y no admite evasivas.

Establecida de modo indudable la actitud de la prensa y comprobados sus esfuerzos en favor de la paz, corresponde a los partidos fijar a cuál de ellos en concreto corresponderán esta vez las responsabilidades de la guerra. Y fácil habrá de serles llegar a esta conclusión, porque el procedimiento es sencillo.

El partido que acepte una cualquiera de las tres soluciones apuntadas u otra parecida, será, sin discusión, un partido amigo de la paz. El partido que las rechace y no quiera resolver el problema electoral sino a base de su triunfo y el de su candidato, será, sin remedio, un partido revolucionario.

El país espera oír la voz de los partidos.

El Cronista, enero 25, 1928

CONCLUSIONES VERDADERAS

Hemos analizado al pueblo hondureño en medio de un ambiente de ignorancia y de miseria, producto de las revoluciones engendradas por los partidos intransigentes y los gobiernos transgresores de la ley, y le hemos encontrado todavía con hábitos de respeto a la autoridad, cuando esa autoridad actúa dentro de la justicia y del derecho. Le hemos descubierto menos propensión al crimen que a muchos pueblos sin ignorancia y sin hambre y con gobiernos organizados para hacer efectiva la realización del derecho. Y de este examen hemos concluido que la base moral del pueblo hondureño, en su naturaleza esencial, es de las más sólidas sobre que puede sustentarse pueblo alguno de la tierra. Y la conclusión no puede ser más verdadera, que si no lo fuera, ya no se podría transitar por estas tierras de Dios sin peligro de ser asesinado o despojado. La carencia de sentido moral en Honduras la encontrará nuestro ilustre amigo doctor Miralda en los políticos de oficio, pero nunca en la gran masa trabajadora del pueblo hondureño.

El doctor Miralda, para combatir esta verdad, dice apenas que le hemos dado un grano de opio con nuestra afirmación sobre la Atenas Americana; pero no dice que la huelga de Boston es falsa, ni falsa la ola del crimen. En fin, él no hace ningún análisis, no ofrece ningún argumento para combatir nuestra tesis, basada en la realidad de nuestra vida y en ejemplos que nadie puede discutir, porque son demasiado conocidos y recientes.

Hemos escrito que en Honduras, por la intransigencia de los vencedores, que niega a los vencidos el fuego y el agua, la guerra no es ya una condición de muerte sino una condición de vida. Se va a ella, pues, por un instinto de conservación, para no morir de hambre, acosado por la mezquindad inhumana del partido que gobierna. En esa forma es que la guerra se ha convertido en una industria, creada por los partidos y gobiernos exclusivistas, y no por el pueblo hondureño, trabajador y pacífico, siempre que hay en Honduras gobiernos amplios, gobiernos de la Nación y para la Nación, como los de Terencio Sierra y Francisco Bertrand, que tuvieron paz hasta el día en que cambiaron la ruta de la ley por la de la imposición electoral. Y no citamos el gobierno del doctor Marco Aurelio Soto, el ilustre

94

reformador, porque aquella época de florecimiento patrio, en que figuraron los mejores sin distinción de divisas, forma ya parte de la conciencia hondureña.

El doctor Paz Baraona ha sido adversado en una forma sistemática y hasta cruel por el Congreso Nacional. Eso dijimos, y eso es verdad. En el seno del Congreso se ha intentado declarar con lugar a formación de causa al Presidente de la República. La historia es de ayer y no puede negarse, porque no podrá destruirse aquel hecho reprobable. Pero ni el doctor Miralda ni nosotros debemos remover ese pasado. No conviene al buen nombre del país ni al espíritu que debe orientarnos en esta campaña política.

Para probar que el periodismo de 1904 llevó la discordia al seno del Gobierno, y dio ocasión al golpe de Estado el 8 de febrero, el doctor Miralda nos recuerda que todavía sobreviven algunos hombres de aquel tiempo, como el general Dionisio Gutiérrez y el periodista Miguel Ángel Navarro. Desgraciadamente, el hecho de que el general Gutiérrez y el doctor Navarro estén vivos no prueba la responsabilidad de la prensa en el golpe de Estado.

El Cronista, febrero 23, 1928.

EL EJEMPLO DE NICARAGUA

Por lo que hemos leído y los informes que nos llegan, la situación de Nicaragua es esta:

Los americanos desconfían del General Moncada. El General Chamorro está abiertamente contra los americanos. Hay en el país tres mil marinos y están por llegar dos mil más, según cablegrama de Washington que publicamos ayer. Conservadores y liberales, si es verdad que todavía sonríen a sus caudillos, se sienten en el fondo decepcionados y vacilantes.

El Presidente Díaz, como lo afirma el coronel Stimson en su folleto La Política de los Estados Unidos en Nicaragua, está virtualmente convertido en mero figurón. Sus ayudantes, lo mismo que el pueblo entero de Nicaragua, andan completamente inermes. Nadie tiene derecho de portar ni navaja siquiera. Total, que los nicaragüenses no son otra cosa que reos en su propia tierra. La pobreza y los compromisos del país se hacen cada día mayores. Y al fin de esta intervención serán tan grandes, que Nicaragua no podrá pagarlos nunca. Pero naturalmente, todo se habrá hecho por su bien y en nombre del más sincero panamericanismo y de la imprescindible protección a la propiedad y las vidas norteamericanas.

Cuando se firmó el convenio Moncada-Stimson, se convino, entre otros puntos, en la vigilancia de las elecciones por norteamericanos investidos de suficientes poderes de policía para hacer eficaz dicha vigilancia. Y a este respecto, el Presidente don Adolfo Díaz se había comprometido a apoyar la promulgación de leyes para la formación de juntas electorales con presidentes norteamericanos que guardasen las urnas y dispusiesen de los servicios de la guardia civil para impedir los disturbios y la intimidación. Y en Nicaragua —afirma Mr. Stimson— el apoyo presidencial de una ley generalmente quiere decir que la ley se promulgará.

A pesar de esta predicción del distinguido militar norteamericano, la Cámara de Diputados rechazó el proyecto de ley electoral McCoy por veintidós votos contra diecisiete. Quiere decir que el convenio Moncada-Stimson queda virtualmente roto, porque sin la aprobación del proyecto de ley electoral que se había presentado para ese caso concreto, los norteamericanos no podrán legalmente intervenir en las próximas elecciones presidenciales.

Sin embargo, el cable anuncia que, no obstante la desaprobación, los gobiernos de los Estados Unidos y de Nicaragua están tomando medidas de acuerdo con el convenio Stimson y piensan llevar a cabo la supervigilancia de las referidas elecciones. Y como esa supervigilancia será de hecho, las mencionadas elecciones estarán viciadas de nulidad.

Este es, más o menos, el resumen amargo de la política nicaragüense. Pero por sobre todo este naufragio de la dignidad y la soberanía, queda todavía alguien que simbolice la Patria: el general César Augusto Sandino.

Cualesquiera que hayan sido sus intenciones al iniciar la lucha, cualesquiera que sean sus crímenes o sus virtudes, lo cierto es que alrededor de este joven militar se unifica cada día que pasa el sentimiento de la Nación nicaragüense. En una elección libre, el general Sandino sería electo casi por unanimidad Presidente de Nicaragua.

Pero esto, desde luego, no sucederá. Por mucho tiempo, y quizá para siempre, los presidentes de Nicaragua no podrán escogerse entre los hombres libres.

El ejemplo es edificante. Debiera servir a nuestros partidos para cooperar con la mayor buena voluntad en la solución pacífica de la próxima lucha presidencial. Respeto mutuo y sacrificio mutuo exige la paz al Gobierno y a los partidos. Y la paz, en estos momentos, es el exponente más elevado que puede dar el patriotismo y la inteligencia de los hondureños.

La victoria o la derrota debe buscarse en las urnas. Y para que el pueblo hondureño acepte esa solución, estamos seguros de que solamente se necesitan elecciones justas y libres.

El Cronista, marzo 21, 1928.

LOS HONDUREÑOS EN GUATEMALA

La campaña que la prensa de Guatemala está llevando a cabo contra los hondureños no tiene nombre. Cobarde y vil, no puede proponerse otro objeto que azuzar las turbas al linchamiento de nuestros compatriotas. Toda la cultura de Guatemala se viene a tierra y rueda hecha polvo frente a la conciencia del mundo. Si en todas partes se oye el grito enconado de los irresponsables, no existe un solo pueblo culto en donde la prensa seria fuera capaz de alentar un odio tan bajo y una represalia tan mezquina contra los ciudadanos de otro país por el hecho de discutirse una frontera. La hidalguía más elemental ha cedido el paso a la barbarie más cruda.

Diario de Guatemala, que fue uno de los mejores periódicos de aquella república, trae, dedicadas a los hondureños, apreciaciones incalificables. Lean nuestros lectores:

"A los hondureños que todavía residen en Guatemala, gozan de prebendas y ocupan puestos conseguidos a fuerza de intrigas, les queda todavía un camino, si es que al fin de tanto estar entre nosotros han conseguido algo de dignidad, buscar a sus connacionales en su tierra natal, porque aquí se les desprecia."

No puede escribirse nada más injurioso, más cobarde ni más vil. Se dice a nuestros compatriotas que dejen el país porque se les desprecia y se afirma que en Honduras no existe la dignidad.

Por fortuna, jamás podrá ofendernos la ira ciega de un ser microscópico como don Miguel Ángel Urrutia. Un alma sin valor, sin entereza, sin fuerza moral ni material para romper la mísera atadura del débil hilo con que lo ató Justo Rufino Barrios a la pata de su escritorio, como si se tratara de un insecto dañino, no puede ascender hasta la altura moral de nuestra patria. El pueblo hondureño tiene muchas acusaciones que hacerle; pero nadie podrá negarle su dignidad. A ella debe su espíritu de rebeldía, su amor a la libertad y a la justicia que lo ha llevado a las luchas más encarnizadas. A ella debe que jamás haya consentido ser gobernado por tiranías. La atmósfera moral de la patria de Francisco Morazán es para que alienten almas grandes, luminosas y viriles. Es para que vivan hombres.

Termina Diario de Guatemala con este párrafo:

"Se hace necesario que el Gobierno dicte una medida enérgica disponiendo que los hondureños sean despedidos de los puestos públicos, que esos hondureños metidos en las redacciones de los periódicos también sean despedidos, aun cuando, como en el caso de El Mundo, al sacarlos tenga que desaparecer el periódico, ya que es hecho por hondureños y para defender los intereses de los hondureños. Antes que todo, debemos ser guatemaltecos y defender nuestros sagrados derechos."

Aquí hay un gran número de guatemaltecos empleados y, a excepción de aquellos que ocupan puestos militares, nadie pide que se les retire de sus empleos, ni siquiera que se les excite para que renuncien. Y es más, cualquiera que sea el grado de acaloramiento a que llegue esta disputa de fronteras, la prensa seria de Honduras no pedirá jamás que se les remueva de los puestos que ocupan. Tampoco devolverá las injurias que en Guatemala se hagan a los hondureños, atacando a los guatemaltecos residentes en Honduras. De ninguna manera. Queremos demostrarle al señor Urrutia y a toda la prensa que nos difama que aquí existe un concepto efectivo de la dignidad. Que el pueblo hondureño es hidalgo y, en consecuencia, incapaz de vejar a quienes se hallan inermes, indefensos, hospedados en su propia casa. Eso pueden hacerlo los discípulos de Manuel Estrada Cabrera.

Los guatemaltecos continuarán viviendo en Honduras amparados por la misma estimación y cordialidad que se les ha dispensado siempre. No serán arrojados de los empleos que ocupan porque no declaren que están de parte de Honduras en la disputa de límites. Aquí hay un amor cívico muy elevado para exigir a los hombres que se declaren traidores a su patria. Por eso los hondureños residentes en Guatemala —a quienes se ha reclamado una declaratoria semejante— dejarán Guatemala, pero no aprenderán la dignidad de Urrutia ni de ninguno de los periodistas que la predican.

El Cronista, mayo 14, 1928.

NUESTRA PRENSA Y LA DE GUATEMALA

Correspondiendo a las reiteradas excitativas del Gobierno, la prensa hondureña se abstuvo de hacer comentarios sobre las negociaciones relativas a nuestra disputa de límites con Guatemala. El silencio fue largo, tan largo, como que de todas partes del país empezaron a formularse los cargos más duros por aquella indiferencia, por aquella pasividad frente a un problema palpitante, de interés vital para la soberanía y la integridad de la Nación. Quiere decir que no fue la del periodismo de Honduras una actitud mesurada, sino algo más, una actitud de inalterable silencio. Hablamos cuando ya no fue posible callar.

Actitud de elevada circunspección y patriotismo la llamó el representante diplomático de Guatemala, doctor Virgilio Rodríguez Beteta. Y tuvo que hacerlo así, porque el ambiente de cordialidad se respiraba tan a pulmón lleno, existía tan vivo deseo de que todo se arreglase dentro de un sereno espíritu de equidad, de justicia y derecho, que no era posible negar una realidad tan manifiesta, tan hondamente sentida por el pueblo y por el Gobierno e interpretada por la prensa. Estamos seguros de que la prudencia y las sanas intenciones raras veces pueden haber alcanzado récord tan distinguido.

Pero mientras los periodistas hondureños actuaban —como lo dice Rodríguez Beteta— récord dentro de la más elevada circunspección, la prensa guatemalteca injuriaba a Honduras y a sus hijos, exigiéndoles que se declararan traidores a su patria o que abandonaran Guatemala si tenían dignidad o si habían podido adquirirla durante su permanencia en aquella República. Varios periodistas hondureños tuvieron que dejar aquel país, porque el odio y la calumnia los persiguieron sin piedad ni fatiga. Aguaceros de diatriba sufrimos resignados los hondureños, bajo el paraguas de la circunspección, por patriotismo y por centroamericanismo. Pero parece que nuestro silencio acrecentaba la saña de nuestros hermanos chapines, porque los ataques eran cada vez más insistentes, enconados e intensos. Aquel golpear continuo e inmisericorde sobre un pueblo, un Gobierno y una prensa que no los ofendían ni protestaban siquiera por las ofensas recibidas, se hizo al fin intolerable y optamos por defendernos.

Roto el silencio de la prensa hondureña, la prensa de Guatemala, que no ha tenido miramiento ninguno para difamarnos —como lo demostramos dando publicidad a la labor de cada uno de los más importantes diarios de aquella República—, pretende atribuirse una actitud mesurada y serena en la discusión de fronteras y descargar responsabilidades sobre el periodismo de Honduras, por el hecho de haber entrado a la defensa del honor, la soberanía e integridad de Honduras.

Raro resulta este cambio de frente repentino en aquella prensa y precisa averiguar su objeto.

Si es un llamamiento a la concordia, una manera de reparar la violencia inmotivada con que nos trataron mientras los labios hondureños estuvieron sellados, bien venidos. Nosotros no queremos herir a nuestros hermanos de Guatemala, no lo intentaremos sino cuando procedamos en legítima defensa, por instinto puro de conservación. Deseamos, antes bien, por seguridad mutua y respondiendo a la voz de nuestro corazón, que las dos repúblicas vivan en paz y prosperen, para que sean factores contribuyentes en la obra de la civilización y marchen unidas, a través del tiempo, compartiendo alegrías y desventuras.

El Cronista, mayo 22, 1928.

ANIVERSARIO DE UNA GRAN DEMOCRACIA

Los Estados Unidos representan hoy una de las contribuciones mayores que la raza humana ha podido aportar a la civilización. El desarrollo material de este pueblo laborioso, su organización, es algo que llena de asombro a la humanidad. Su agricultura, su industria, su comercio, sobrepasan al de cada una de las demás naciones de la tierra, y aun al de muchas de ellas en conjunto.

Su desarrollo intelectual asciende cada día con mayor vigor, y nada podrá detenerlo. Sus hombres de ciencia, sus escritores, sus poetas y literatos son ya numerosos y valiosos. El norteamericano posee, indudablemente, el genio inventivo más desarrollado que existe actualmente sobre la tierra. El número de sus inventores sobrepasa al de las demás naciones del mundo. De los cuatro millones y pico de inventos con que contamos hasta hoy, más de las dos terceras partes pertenecen a los Estados Unidos.

Hay, pues, prosperidad de todo orden en Norteamérica. Es el norteamericano, en la relatividad de las dichas humanas, un pueblo feliz. Alegre y confiado, se instruye, juega, trabaja, en una palabra, labora sin cansancio y se divierte con ingenuidad. El baile, el periódico y el cine representan sus mayores goces. Y todos, por lo menos la gran mayoría, pueden realizar estas aspiraciones.

Ya como organización avanzada, los Estados Unidos representan la más antigua democracia existente. Su Constitución es la carta de principios más perfecta que haya elaborado el pensamiento del hombre. Síntesis suprema del derecho, a su amparo puede desenvolverse y prosperar la personalidad humana.

Todo ese mundo enorme de progreso, de riqueza y de organización, vive y se agita en la gran República de Jorge Washington. Dentro de sus fronteras, la justicia y el derecho son positiva salvaguardia del ciudadano. Todos se sienten seguros en su propiedad y en su vida, garantizados por la ley que los protege y ampara.

Afuera, sin embargo, las cosas son diferentes. La justicia y el derecho de la casa no son la justicia y el derecho para la exportación. Pueblos sometidos, vejados y humillados ha visto la América, nuestra América de Colón. La conquista llega continuamente a ellos con la excusa de proteger intereses y vidas que nadie perjudica ni amenaza. La burla de sus más caras esperanzas para resolver sus asuntos en la forma que lo crean mejor se opera a diario por medio de tratados que a los Estados Unidos dan solamente derechos y a nuestros países nada más que obligaciones. Sus diplomáticos realizan una intromisión afrentosa en nuestra política, y más que representantes de una nación amiga, parecen jefes y dueños de los destinos nacionales. Y mil cosas más, todas dolorosas y sombrías, todas mortificantes y enemigas de la justicia, de la libertad y de la dignidad humana, se realizan sin interrupción y sin enmienda en la América Latina por los gobiernos yanquis, que no por el pueblo norteamericano, enemigo, justo es consignarlo, de esa política de atropello y de cobardía, contraria al derecho y a la civilización.

No citaremos ejemplos. Son innecesarios. Además, quiérase o no, la justicia colectiva de la patria de Lincoln, unida a la censura creciente y cada vez más efectiva de esa política en el mundo, someterá en el porvenir los negros designios del capitalismo desalmado, y la libertad cesará de ser monopolio de los fuertes y tendrá existencia real para los débiles.

El mundo, por la compenetración misma de sus fuerzas, por razones de defensa y de equilibrio, por necesaria solidaridad, tendrá que sustentarse sobre el respeto mutuo, no sólo entre los hombres sino entre las naciones. Esa convicción nos hace esperar el porvenir sin alimentar odios ni preparar represalias. Cuidaremos lo nuestro. Eso nada más, mientras suena la hora de universalizar la justicia.

Los Estados Unidos celebran hoy el aniversario de su independencia. Ciento cincuenta y dos años tienen ya de haber entrado a la vida de las naciones libres. La fundación de esa gran República es, decíamos el año pasado, como el punto inicial de la libertad de un continente y de la generalización del gobierno del pueblo, por el pueblo y para el pueblo.

Ese hecho representa, en nuestro sentir, la mayor gloria de los Estados Unidos. De suerte que a ellos, más que a otra nación, les corresponde luchar porque el gobierno democrático sea una verdad en todos los pueblos de la tierra.

El Cronista, julio 4, 1928

COMITÉ DE PUBLICIDAD

Acogiendo una excitativa de la Asociación Médica Panamericana de Nueva York y para dar impulso a la profesión de Medicina en Honduras, el doctor Camilo Figueroa se propone fundar un Comité de Publicidad que pueda rendir informe mensual del movimiento científico, lo mismo que de los estudios más importantes que publique la prensa médica de este país, y enviar el resumen de las sesiones científicas de todo aquello que crea oportuno.

Como la Asociación Panamericana de Nueva York tiene por fines el estrechamiento de las relaciones entre los médicos del continente; el estudio y proposición de medidas convenientes para el desarrollo y conservación de los conocimientos médicos, el desenvolvimiento de la literatura médica interamericana mediante la publicación de la Revista Médica Panamericana, en la cual colaborarán todos los médicos de América, y la creación de centros médicos en los países de este continente, es indudable que el Comité de Publicidad, por su contacto íntimo y constante con una asociación como la citada, no sólo sería, de llegar a establecerse, el primer paso hacia la organización del cuerpo médico hondureño, sino el principio de un verdadero desenvolvimiento de la ciencia médica en Honduras.

La obra de divulgación, además, que llevaría a cabo el Comité de Publicidad en nuestro país, sería de incalculable eficacia para ir borrando los prejuicios, supersticiones, etc., predominantes todavía en algunas de nuestras clases sociales, y a cuyo amparo curanderos ignorantes y desalmados hacen fortuna, destruyen vidas y desplazan al profesional competente.

Hay que crear una mayor afinidad con el médico. Demostrar la necesidad y la utilidad que cada individuo tiene de hacerse examinar con regularidad su organismo, para prevenir enfermedades que lo amenacen o para descubrir en sus comienzos y curar sin dificultad aquellas que, una vez desarrolladas, requerirían tratamientos dilatados, molestos y costosos, o le ocasionarían una muerte segura.

Hay que enseñar a nuestras gentes el amor al aire, al agua y al sol.

Hay que convencerlas de la enorme importancia que tiene en la conservación de la salud y aun en la curación de muchas enfermedades el hecho simple de trabajar, jugar, descansar y dormir con moderación.

Cuántas cosas, en fin, necesitamos aprender. Cuántas convertir en hábito, para defendernos de las enfermedades y reintegrar a la producción y al amor a la vida el porcentaje de inútiles y maldicientes que pesa sobre la Nación.

Tiene, pues, ante sí un campo amplísimo el propósito, por demás patriótico y humanitario, del doctor Figueroa. Conocedores de su importancia y trascendencia, los galenos que lo acojan y lo apoyen serán indudablemente la mayoría, cuando no la unanimidad.

Por nuestra parte, deseamos al proyecto una pronta realización y el éxito mejor en las labores que inicie para dar impulso a la profesión médica en Honduras y al intercambio científico con la Asociación Médica Panamericana de Nueva York.

El Cronista, julio 8, 1928.

REGRESO DE NUESTROS UNIVERSITARIOS

Llenos de un leal y hondo regocijo han regresado de El Salvador nuestros estudiantes universitarios. El corazón de Cuscatlán latió conmovido ante el sincero corazón de Hibueras, y la comprensión fue más estrecha y más fuerte.

La simpatía salvadoreña fue espontánea, cálida y pura para recibir y agasajar a los representantes de nuestra juventud. No hubo allí artificios, no hubo dobleces, no hubo sonrisas dudosas. Nada de eso. Todo fue franco, noble y natural como las almas de los dos pueblos que se estrechaban.

Siempre ha existido entre hondureños y salvadoreños una similitud tan perfecta que resulta difícil distinguir los unos de los otros. Las costumbres, el carácter y aun el tono de voz, con muy escasa diferencia, los mismos.

Aparte de la misma sangre, del mismo espíritu de heroísmo y de sacrificio, muchos vínculos más existen para mantener unidos a los hijos de El Salvador y de Honduras. Baste decir que se parecen hasta en cierta aparente aspereza exterior, bajo la cual tiembla, fúlgida y permanente, la sinceridad como un astro escondido.

Nuestros estudiantes todo lo encontraron luminoso y risueño, todo cordial y grato, como en la casa del hermano. Fueron a ratificar la fraternidad que nos vincula, cuando escucharon de los labios de la juventud salvadoreña esta frase noble y justiciera: "Los salvadoreños somos tan hondureños que los declaramos a ustedes salvadoreños."

Para las fiestas patrias, invitados por nuestros universitarios, vendrán los universitarios salvadoreños a esta capital, en donde, sobra decirlo, encontrarán los brazos abiertos de los hondureños para recibirlos.

Hermanos como somos, natural es que estemos espiritualmente vinculados. Pero nos falta algo más. Necesitamos la vinculación material que haga más frecuente el intercambio de productos y de ideas entre los dos pueblos hermanos, para alcanzar, en el período más corto que sea dable, la fusión de ambos Estados en una sola República. Para principiar esa obra, debemos dar el mayor empuje posible a la carretera a San Miguel, que constituye un anhelo y una necesidad de realización inaplazable.

Hay en Honduras un profundo agradecimiento por el entusiasmo y el cariño con que nuestros hermanos de El Salvador recibieron a nuestros universitarios, quienes no sólo representaban a la juventud estudiantil, sino al alma misma del pueblo hondureño.

También existe en Honduras un sentimiento de legítimo y justo orgullo por la corrección con que su juventud supo representarla y traducir el cálido y franco espíritu de simpatía y de fraternidad que aquí vive y perdura por la patria de Gerardo Barrios.

El Cronista se complace en felicitar a nuestros universitarios, presentándoles un cordial saludo de bienvenida en su arribo a esta capital.

El Cronista, julio 2, 1929.

CONFERENCIAS DE MASFERRER

En un breve artículo publicado en nuestra edición de ayer, sugiere don Rafael Ramírez que el Consejo Directivo de la Federación Obrera Hondureña invite al apóstol salvadoreño don Alberto Masferrer para una serie de conferencias en las principales ciudades de la República.

Acertada y patriótica encontramos la idea del señor Ramírez. Masferrer es sin duda una de las mentalidades más serenas y generosas de América, y su prédica reforzaría en nuestro pueblo su natural tendencia hacia la justicia, la libertad y el bien.

El paso por esta capital del doctor Jinarajadasa fue una revelación. Dio cinco conferencias, y las cinco estuvieron llenas de elementos de todas las clases y creencias, y en especial de nuestros obreros.

Decía el sabio hindú cosas tan sencillas y trascendentales, cosas tan henchidas de optimismo, de amor por el mundo, que cada uno de los asistentes sentía nacer en su interior fuerzas desconocidas. Sobre el pecado original, proclamemos la virtud original, exclamaba con acento seguro. Rodeemos al niño de belleza, de amor y de bien. Desterremos de su alrededor las cosas malas. Y todos los hombres serán buenos, diligentes y hermosos. Si no la forma, tal era el fondo de las ideas del pensador indostánico.

Antes de Jinarajadasa, el pueblo escuchaba una vez a los conferencistas, y no volvía más. Eso era lo regular, porque las conferencias habían sido generalmente esfuerzos intelectuales más o menos felices, sustentados sobre los artificios de la dialéctica y de la retórica, o exposiciones de sabiduría soñolienta, sin humanidad y sin alma. Con Jinarajadasa el entusiasmo crecía después de cada conferencia.

¿Qué había en el filósofo hindú que atrajera a nuestro pueblo, manteniéndolo dos o tres horas en atención no interrumpida? ¿De dónde surgiría el interés con que todos escuchábamos, respetuosos y gozosos, su palabra? ¿Acaso no eran conocidas para varios de nosotros muchas de aquellas ideas?

Todas esas preguntas las responde una palabra simplemente: SINCERIDAD.

La sinceridad magnificaba el pensamiento de Jinarajadasa, poblándolo de resplandores vírgenes, de matices nuevos y de sugerencias insospechadas. La sinceridad sirvió al pensador y nos sirvió a nosotros para medir la estatura espiritual del pueblo que le escuchaba.

Con Masferrer ocurrirá lo mismo que con Jinarajadasa. El corazón del filósofo salvadoreño ha temblado de caridad y de ternura frente al corazón de la miseria y del infortunio. Libre de egoísmos pequeños, ha vivido pobre y sereno, luchando por llevar un pan mejor, una vivienda más humana, un trabajo menos duro, una escuela más comprensiva a cuantos se ganan la vida con el sudor de sus frentes.

El Consejo Directivo de la Federación Obrera acogerá, estamos seguros, la excitativa de Ramírez, tanto porque Masferrer es un compañero y defensor del obrerismo, como porque su elevación intelectual y su vida de sobriedad y de estudio traerán para ellos y para Honduras muchas nuevas y saludables enseñanzas.

Que venga a nosotros Masferrer. Aquí se le quiere, se le aprecia y se le admira desde hace muchos años. El Cronista hace suya la excitativa de Ramírez al obrerismo hondureño.

El Cronista, julio 3, 1929.

ANIVERSARIO DE LOS ESTADOS UNIDOS

Ciento cincuenta y tres años de vida independiente cumple hoy la Nación que en 1776 inauguró el gobierno del pueblo, por el pueblo y para el pueblo en América, y que, entre las democracias existentes, a excepción de Suiza, constituye la más antigua de la tierra.

En siglo y medio de esfuerzo, dentro de una organización sistemática y de una tenacidad inflexible, los Estados Unidos han realizado una evolución formidable. En política, en economía, en cultura, su desenvolvimiento ha sido tan portentoso que hoy representa uno de los asombros de la civilización.

El visconde Bryce, como ya hemos dicho en estas mismas columnas, considera que la Constitución norteamericana, modelo de muchas repúblicas de América, es el instrumento político mejor construido de cuantos existen hasta ahora, y el probado por una experiencia más dilatada.

El desenvolvimiento económico le ha dado a los Estados Unidos, junto con una prosperidad que no tiene precedente en la historia humana, la dirección de las finanzas del mundo.

El valor de sus exportaciones, que han venido acrecentándose casi sin interrupción, ascendió el año pasado, 1928, a la suma de $5.030.000.000 de dólares, en tanto que el de las importaciones fue solamente de $1.039.000.000 en la misma moneda. Lo cual quiere decir que la gran Nación obtuvo en su favor un saldo comercial de $3.991.000.000 de dólares.

Pero como las naciones extranjeras tienen que pagar al Gobierno Americano casi $200.000.000 de dólares cada año por cuenta de las deudas de guerra, y cerca de $800.000.000 de dólares por intereses de $15.600.000.000 en que se calcula el capital estadounidense invertido en el exterior, quiere decir que el saldo comercial precitado de $3.991.000.000 favorable a los Estados Unidos tiene que acrecentarse en $1.000.000.000 de dólares, aproximadamente.

Debemos consignar que en la suma de $15.600.000.000 de dólares a que se eleva el capital particular norteamericano invertido en el exterior, se encuentran incluidos de $1.000.000.000 a $1.500.000.000 de dólares anuales en que se estima el promedio de los empréstitos extranjeros colocados en el floreciente país.

Este año, solamente en el mes de abril, obtuvieron los Estados Unidos, correspondiente a las exportaciones e importaciones de oro, un saldo favorable de más de $62.000.000 de dólares. Y entre enero y abril se produjo un aumento de $99.619.000 dólares en las reservas.

Durante los tres primeros meses del año en curso, las exportaciones de granos y de harina arrojaron un valor de $75.782.000 dólares, y las de algodón, que consumen casi el 55 por ciento de la producción nacional, la cual fue en 1928 de 14.370.000 balas, produjeron en ese mismo año $913.000.000 de dólares.

Como país petrolero, Estados Unidos es el primero del mundo, siendo su producción mucho mayor que la de Venezuela, que se eleva a 12.000.000 de barriles mensuales. Su producción fabril es sin duda de las mayores que existen. En fin, el gran país va generalmente a la vanguardia en la producción agrícola e industrial con respecto a las demás naciones.

Espiritualmente no han alcanzado los Estados Unidos un desarrollo tan grande como el de su prosperidad material. La filosofía, el arte, la poesía tienen allí sus representativos apreciables; pero, en lo general, la patria de Lincoln sigue, en este sentido, siendo tributaria del Viejo Mundo. Con todo, el amor por las cosas del espíritu tiende a generalizarse y, como consecuencia, cada día mayor gana terreno.

Las ciencias reciben en los Estados Unidos un impulso vigoroso, sobre todo la mecánica, las finanzas y la ingeniería, en las cuales marchan, indudablemente, a la cabeza del mundo. El crecido número de tratados sobre finanzas y el hecho de corresponderles más de la tercera parte en los cuatro millones de inventos existentes confirman esta verdad.

Por su fabulosa prosperidad, por su vida de orden y de trabajo, por su organización, por el orgullo que cada uno de sus hijos siente al llamarse AMERICANO, y por el amor, el decoro y la reverencia con que todos se inclinan ante el culto de la patria, los Estados Unidos es hoy la primera potencia del orbe, y como tal influye de manera sensible en la marcha de las relaciones y orientación de los pueblos.

Razones de seguridad, invocadas desde hace muchos años, hacen que los pueblos situados en la zona del Caribe sientan esa influencia de manera más pronunciada y, a veces, aun lesiva para sus derechos de Estados soberanos.

Sin embargo, debemos creer en el porvenir y confiar en que las fuerzas que regulan y sostienen el equilibrio del mundo nos lleven a levantar sobre sólidas bases de justicia, de cordialidad y de respeto recíproco, la solidaridad del Continente Americano.

El Cronista, julio 4, 1929.

ORGANIZACIÓN DEL EJÉRCITO

A través de nuestra vida de Nación independiente, y aun durante el período colonial, los cuarteles han sido centros generalmente desprovistos de condiciones higiénicas, morales y de cultura. Y así, lo que ha habido en ellos hasta hoy ha sido hacinamiento de hombres, en su mayoría analfabetos, expuestos a contraer toda clase de enfermedades y de vicios, y a incurrir en toda clase de crímenes.

Tratando de aliviar situación tan deplorable, se habló de fundar escuelas en los cuarteles. No sabemos si el proyecto se realizó o quedó flotando en el mundo de las ideologías; pero si hemos de dar crédito a varias informaciones que las autoridades respectivas hicieron publicar de tarde en tarde, es indudable que existen escuelas en nuestros cuarteles y que funcionan con resultados más o menos apreciables, en cuanto al cultivo intelectual del soldado.

La escuela cuartel, sin embargo, no resuelve el problema que reclama la regeneración o la formación, si se quiere, del verdadero soldado, del soldado civilizado. La disciplina, el orden, el respeto a la ley, los deberes para con la patria, la elevación moral, el desarrollo físico, las prácticas higiénicas, etc., no se consiguen aprendiendo apenas a leer y a escribir. Esos conocimientos necesitan una preparación más dilatada y una organización mejor.

Una convicción semejante ha inspirado, sin duda, en el Poder Ejecutivo la idea de dar al ejército una organización más humana, y de consiguiente más civilizada. Y para llegar a ese fin se está elaborando, si nuestra información es correcta, un plan especial por un cuerpo de técnicos. Apartando las consideraciones de detalle, el plan es, más o menos, el siguiente:

Reducción del ejército activo a dos mil quinientos hombres, los cuales serán distribuidos en cantones de un batallón cada uno. Estos batallones recibirán instrucción constante y estarán listos para movilizarse en todo momento.

Por este medio, el Gobierno se propone convertir el ejército en una verdadera garantía de la Sociedad; en un cuerpo de orden y disciplina, guardián celoso de la justicia y del derecho, a cuyo amparo puedan destruirse o reducirse a su mínimum las irregularidades de la soldadesca improvisada e irresponsable, enemiga de la propiedad y de la vida.

Si el plan que se elabore responde a las ideas generales concebidas por el Ejecutivo para desarrollar la cultura física, intelectual y moral del soldado, o en menos palabras, para civilizar nuestro ejército, es indudable que, al ser constante y prácticamente aplicado, producirá beneficios de positiva trascendencia para el país, destacándose entre ellos el afianzamiento definitivo de la paz, que es prosperidad, independencia, justicia y legalismo.

El Cronista, julio 5, 1929.

LA FIESTA DE LOS CHOFERES

A las doce del día, con alegre repique, las campanas de los templos llevaron a todos los rumbos de la ciudad la buena nueva de que principiaba la fiesta anual de los choferes. San Cristóbal, patrono del gremio, bendice y ampara a sus protegidos desde los cielos lejanos. El que escucha su palabra, el que sabe interpretarla, va con él y salva los obstáculos y se pone a cubierto de los peligros del camino. El que no le oye, el que no quiere seguir su regla de conducta trazada a los viajeros, va solo, juguete de los contratiempos y de las asechanzas.

Cristóbal, en su origen griego Christophoros, es el que lleva a Cristo, el que va con Dios. Quiere decir que los choferes, protegidos por su patrono, llevan la compañía de Dios siempre que atienden, comprenden y practican la abnegación del santo, prestando su auxilio oportuno a cuantos transitan por los caminos.

Para ser chofer, y serlo bueno, no se requiere simplemente saber manejar el vehículo. Es indispensable algo más. Se requiere un fuerte y natural espíritu de cooperación y desprendimiento. Es preciso ser cristiano, llevar en el pecho, como San Cristóbal, a Cristo. ¿Existe esa virtud en nuestros conductores?

Basta haber observado la unidad de nuestros choferes para responder afirmativamente esta pregunta. Cuando viajan, cuando se enferman, en la desgracia, en caso de muerte, siempre que se hace necesario, el gremio está ahí, oportuno, solícito y generoso para servir y proteger al compañero. Todos les hemos visto compartir unidos sus alegrías y sus dolores, sus triunfos y sus fracasos.

Pero no se limita su ayuda a los miembros de su asociación. Ella se prolonga a todos los que viajan. Ante el que le falta gasolina o sufrió un accidente que le impide proseguir, ellos se detienen para suplirle lo que le falta, o prestarle su cooperación o sus conocimientos; a recogerlo si está herido y necesita pronto auxilio; a llevar, en fin, su mensaje si ya no es posible otra ayuda, a quien o quienes habrán de encargarse de ponerlo nuevamente en marcha. Esta es la realidad.

Aparte de estas consideraciones de solidaridad humana, los choferes son heraldos de progreso. Ellos han estimulado la apertura de nuestras carreteras y continúan estimulándola. Ellos han cortado las distancias entre los distintos lugares de la República, haciendo más estrecha, más necesaria, más efectiva la unidad de los hondureños. Ellos han acrecentado el comercio y, de consiguiente, estimulado la producción.

Con tales antecedentes, es natural que la fiesta de los choferes no sea solamente una fiesta simpática, sino una fiesta de carácter nacional.

La misión de los choferes es patriótica y humana. Que continúen bajo la protección de su patrono, amparando al caminante, amparándose entre sí y fomentando el progreso de la República. Eso los hará más fuertes en el porvenir. Eso les dará la conciencia de que son factores apreciables en la marcha de la Nación.

EL CRONISTA los saluda y abriga la esperanza de que la celebración de su fiesta revista el mayor esplendor, la más sana y justa alegría.

El Cronista, julio 9, 1929.

HONDURAS ANTE TODO Y SOBRE TODO

Quitados de enfrente los obstáculos, visibles unos, subterráneos otros, volvemos al diarismo, ansiosos de contribuir, en la medida de nuestras fuerzas, al avance de la Nación y a la defensa de sus intereses.

Libres de partidos, caudillos y gobiernos, estamos capacitados para hacer un diario independiente en el que la verdad fulgure inalterable y serena.

HONDURAS ANTE TODO Y SOBRE TODO será el lema de EL PUEBLO. Y a este propósito podemos repetir hoy lo que dijimos hace pocos días en una pequeña hoja volante, al anunciar la próxima circulación de este diario:

"EL PUEBLO será un diario independiente porque podemos hacer, sabemos hacer y queremos hacer un diario independiente."

"EL PUEBLO será un tenaz defensor de los intereses de Honduras, porque su fundación tiene precisamente como fin primordial la defensa de esos intereses."

Tenemos fe absoluta en que el nuevo diario encontrará en el pueblo hondureño la cooperación más decidida para realizar su programa de justicia, de verdad e independencia.

El porvenir dirá si nos hemos equivocado.

EL PUEBLO se complace en presentar a la prensa nacional y de fuera del país su saludo más respetuoso y cordial.

El Pueblo, marzo 2, 1931.

PREMIO PARA LA MEJOR TESIS

La Logia "Terencio Sierra" acordó dar anualmente una medalla de oro al estudiante que escriba la mejor tesis en cada una de las Facultades de Medicina, Farmacia e Ingeniería, empezando con este año.

El Tribunal que calificará la tesis estará formado por el Rector de la Universidad, el Decano de la respectiva Facultad y el Venerable de la Logia, actualmente el doctor Manuel F. Rodríguez.

La resolución de la Logia "Terencio Sierra" constituye un estímulo verdadero e influirá sin duda en el ánimo de nuestros estudiantes, no por el valor material que el premio representa, el cual no puede ser tentador, sino, y esto es lo recomendable, por la parte ideal que en el mismo se encierra: el reconocimiento al mérito efectivo.

Estudio más detenido y más intenso procederá a la elaboración de cada tesis, ganando con ello el sustentante, porque su trabajo será la mejor recomendación a sus conocimientos para entrar en la lucha profesional, y ganando también el país, porque cada tesis, a juzgar por la capacidad del tribunal calificador, representará una contribución científica de positivo mérito.

La clase de estímulos que nos ocupa es corriente en países de cultura avanzada y ha dado, reconocidos por todos, resultados prácticos realmente halagadores. Y hacemos este recuerdo simplemente para demostrar que el premio establecido por la Logia "Terencio Sierra" constituye una acertada y benéfica resolución.

En Estados Unidos, nada menos, donde las universidades son instituciones privadas, el comercio, los hombres adinerados, etc., no solamente establecen premios de importancia para el estudiante distinguido, sino que hacen donativos a las mismas universidades. Así contribuyen a difundir la cultura nacional, seguros de que esa difusión abre nuevos y más firmes caminos a la prosperidad pública, tan necesaria para sostener sus negocios siempre florecientes.

Las compañías bananeras, que tan pingües negocios han hecho y continúan haciendo entre nosotros al amparo de nuestra liberalidad desmedida, y que regalan cada año fuertes sumas de dinero a centros educativos de Estados Unidos, pueden, asimismo, hacer algo tangible en beneficio de la cultura hondureña, capaz de hacer patente siquiera su simpatía por el país que con tanta largueza los ha enriquecido. Nos permitimos excitarlas en ese sentido.

El Pueblo, marzo 4, 1931.

APROVECHAMIENTO DE AGUAS NATURALES
(I)

Existe una Ley de Aprovechamiento de Aguas Nacionales. Esa ley regula la forma y el orden en que deben celebrarse las contratas para el aprovechamiento de las mismas aguas.

En el orden establecido, el riego ocupa el tercer lugar. Y en el capítulo especial que le consagra la ley citada, el artículo 40 establece que "el que intentare celebrar contrata con el fin de obtener el uso de las aguas en cantidad que exceda de cincuenta litros por segundo durante tres horas diarias, presentará su solicitud al Ministerio de Agricultura, indicando," entre otros detalles, "la extensión de los terrenos que se propone irrigar y los títulos que prueben la propiedad de dichos terrenos."

De acuerdo con el artículo 41, la Oficina Técnica de Ingeniería emitirá dictamen, "previa inspección y aforo por medio de uno o más ingenieros de los lugares de donde se efectuaron los trabajos de extracción o de irrigación de los terrenos."

Y el artículo 43 habla de "los planos, diseños, datos topográficos" que deberá presentar la parte interesada.

Es un hecho que las compañías no han podido presentar los títulos que acreditan su propiedad sobre los terrenos que desean continuar irrigando, porque carecen de muchos de esos títulos.

El aforo no puede hacerse sino tomando el promedio del volumen de las aguas durante cinco estaciones secas en cinco años consecutivos. Al menos eso es lo científico, al decir de varios ingenieros.

Y los planos y demás datos e informes que el Congreso tendrá que exigir para proceder dentro de la ley, revelarán, estamos seguros, que entre los terrenos comprendidos en las contratas para irrigación, están incluidos los lotes alternos que se reservó el Estado, correspondientes a los acuerdos sin firma, los cuales fueron declarados nulos por el Congreso Nacional.

Y si los títulos de propiedad no han podido presentarse; si el aforo no ha podido hacerse legalmente, porque aforar para la ley tiene que ser aforar en su acepción científica; si los planos tendrán que revelar que entre los terrenos que se quieren continuar irrigando están

120

comprendidos los lotes correspondientes a los acuerdos sin firma, que fueron declarados nulos por el Congreso, ¿cómo es posible entonces que las contratas celebradas entre el Poder Ejecutivo y las empresas bananeras estén ajustadas a la ley?

La Ley de Aprovechamiento de Aguas Nacionales es una ley especial. Sobre ella no puede prevalecer ninguna otra ley, a excepción de la Constitución Política. Por eso, de nada podrán servir a la United las citas del Código Civil que viene publicando desde hace algunos días en varios de sus artículos.

Y hasta mañana.

El Pueblo, marzo 6, 1931.

APROVECHAMIENTO DE AGUAS
NACIONALES (II)

El artículo 48 de la Ley de Aprovechamiento de Aguas Nacionales regula la proporción en que debe pagarse el uso de estas, así:

"De una hasta veinte hectáreas regadas en el año, libre."

"De veintiuna hectáreas de terreno en adelante, regadas en el año, un dólar por hectárea al año."

En su artículo 65, la Constitución Política preceptúa que "la proporcionalidad será la base de las contribuciones directas."

La Ley Agraria, por su parte, divide los terrenos nacionales en cinco clases, estableciendo, como es natural, cinco precios distintos para cada uno de ellos.

Pertenecen a la primera clase los terrenos que "se encuentran situados hasta una distancia de veinte kilómetros de un ferrocarril construido o en construcción, a la orilla de un lago o a la margen de un río navegable."

Tanto el precepto constitucional, que considera la proporcionalidad condición necesaria para fijar los impuestos, como la división en clases y precios diferentes que hace la Ley Agraria de los terrenos nacionales, exigen que haya un canon distinto para cada terreno, proporcionalmente a su calidad y situación. Y, sin embargo, no sucede así. Un dólar al año es el canon común establecido para las cinco diversas clases. Un dólar al año pagan todos los terrenos, buenos, malos o inútiles.

¿Será proporcional ese canon? No, porque nunca puede compararse la producción ni las facilidades de un terreno de la Costa Norte, sito a la margen del Ulúa, con otro perdido en las calvas arideces de una serranía, pongamos por caso.

Pero, como si ese canon está fuera de la proporcionalidad, necesariamente tiene que ser inconstitucional, quiere decir que el artículo 48 de la Ley de Aprovechamiento de Aguas debe reformarse para enmarcarlo dentro de nuestra Carta Fundamental.

Y si el canon es inconstitucional, también tienen que serlo los contratos de aprovechamiento de aguas para riego que el Poder Ejecutivo ha celebrado con las compañías bananeras.

Por fortuna, el representante por el departamento de Choluteca, general e ingeniero Abraham Williams, ha presentado al Congreso un proyecto salvador en el cual está precisamente incluida la reforma al artículo 48 de la Ley de Aprovechamiento de Aguas. Y ninguna ocasión más propicia pueden encontrar nuestros diputados, si son patriotas auténticos, para defender la Constitución y con ella los intereses de Honduras.

Asimismo, cuantos adversaron, por inconstitucional, el pacto entre los diputados, deben salir con igual o mayor entusiasmo, puesto que no se trata de un partido sino de la Nación, a defender nuestra Carta Fundamental. Aquí tienen para eso las columnas de EL PUEBLO.

El Pueblo, marzo 7, 1931.

PROTECCIÓN A LOS NACIONALES

Todos los pueblos de la tierra dictan medidas que tienden a proteger a los hijos del país. Esa política la practican en todo tiempo; pero especialmente en épocas de crisis.

España, por ejemplo, acaba de emitir un decreto real, reglamentando el trabajo de los obreros extranjeros, lo mismo que el de los profesionales y agentes viajeros. Y para hacer efectivo el cumplimiento de este decreto se exige a los individuos comprendidos en las clases sociales enumeradas su correspondiente Tarjeta de Identificación.

En Honduras, la invasión negra desplaza a los hondureños de manera insistente y humillante. Ya no se trata de un puro y simple desplazamiento, sino de colocar en condiciones subalternas al hondureño con respecto a individuos extraños de una raza inferior a la suya.

Pero hay algo peor en esa importación africana. Existe, cada vez más efectivo, cada vez más creciente, el peligro de que en el correr de los años, Honduras no sea sino una nación de mulatos. Porque los rebaños de negros que las compañías importan, hoy en una forma, mañana en otra, sirviéndose de toda clase de excusas, están degenerando de manera alarmante la raza hondureña. Cualquiera que se acerque a ciertos lugares de nuestra Costa Norte puede convencerse de esta verdad, con sólo que lleve los ojos abiertos a la observación sincera y el corazón resuelto a conmoverse ante la amenaza que pesa sobre la nacionalidad.

A diario llegan telegramas informando, unos que las compañías han desembarcado negros, y otros que están reembarcándolos. Las noticias son contradictorias; pero la realidad es que por cada negro que sale, entran diez o más, clandestinamente. Y muchos corresponsales no están, está claro, en posibilidad de comunicar la realidad, porque lo único visible, lo que las empresas desean que se vea, es el reembarque de negros y no su importación. Esta es invisible, y sólo tienen ocasión de presenciarla los amigos o los que, ansiosos de contribuir a la protección de su país, se empeñan por descubrirla.

Existen disposiciones legales en que puede apoyarse el Poder Ejecutivo para impedir la importación negra. La conservación de la raza y la defensa del obrero nacional están comprometidas en esta conducta ofensiva e inexplicable de las compañías, que no sólo se resisten a retribuir modestamente al país que las ha enriquecido, cada vez que alguien pretende hacer efectiva esa retribución, sino que trabajan sistemáticamente por la degeneración de la raza hondureña, obedeciendo, sin duda, a un plan manifiesto de absorción, que se debe atajar con sinceridad, con energía y sin pérdida de tiempo. Pero atajarse en forma cuya eficacia no se quede en el vacuo palabrerío de las notas y de las promesas características de la actual administración.

Aparte de otras medidas, la Tarjeta de Identificación sería en Honduras, a la vez que una disposición protectora para el nacional, un ingreso seguro, capaz de ayudar, en su medida, al alivio de nuestra penuria.

¿Por qué no establece el Congreso Nacional la Tarjeta de Identificación? EL PUEBLO, con el mayor respeto, se permite excitarlo en este sentido.

El Pueblo, marzo 10, 1931.

DEBE PROTEGERSE AL OBRERO NACIONAL

LA REPÚBLICA de Tela dice en telegrama que publicamos hoy mismo en la primera página de este diario, que los hondureños se están quedando sin trabajo, debido a la invasión sin límite de polacos, chinos, turcos, checoslovacos y negros. Hace notar en seguida que en esta forma la paz se hace imposible, y concluye anhelando que se preste atención a sus palabras dictando las necesarias medidas de protección.

Apenas fundado este diario, decíamos: "Todos los pueblos de la tierra dictan medidas que tienden a proteger a los hijos del país. Esa política la practican en todo tiempo, pero especialmente en épocas de crisis". Luego comentábamos la queja diaria de los corresponsales de la Costa Norte protestando por la importación de negros, y pedíamos que se estableciese siquiera, en Honduras, la TARJETA DE IDENTIFICACIÓN, la cual sería, "a la vez que una disposición protectora para el nacional, un ingreso seguro, capaz de ayudar, en su medida, al alivio de nuestra penuria". Por mera coincidencia, el diputado Fajardo presentó un proyecto de ley semejante a nuestra iniciativa; pero parece que ni se dictaminó.

Nada se hizo entonces para proteger al hondureño, ni nada se hace hoy para contener la invasión de inmigrantes indeseables.

En España se reglamentó el trabajo en la industria y el comercio para impedir que los obreros extraños desplazaran al obrero español.

En México se restringió en forma severa la inmigración, como los lectores de EL PUEBLO tuvieron ocasión de apreciarlo en sus columnas.

En Estados Unidos, el Departamento Federal del Trabajo, previa solicitud del propio Presidente Hoover, llevó a cabo una reducción drástica del volumen de la inmigración, aplicando de modo riguroso las estipulaciones de la Ley de 1917, la cual excluye automáticamente a todo extranjero que pueda convertirse en carga pública. Con ese motivo, el número de deportados se elevó el año pasado a 16,631, y, en cambio, la cifra de pasaportes visados, en los países sujetos a cuota, apenas llegó a 2,199. Por otra parte, la inmigración procedente del Canadá y de México disminuyó en el 76 y 79 por ciento, respectivamente.

Lo que se ha hecho en España, México y Estados Unidos, se ha llevado a cabo asimismo en otros países y con resultados prácticos. Entre nosotros la situación empeora cada día, no sólo por la revuelta sino porque, a la vez que se pone sistemáticamente en la calle a un gran número de obreros, se aumenta el número de desocupados trayendo de todos los climas y de todas las latitudes elementos que constituyen una verdadera carga pública, y vienen, de consiguiente, a quitarle el pan de la boca al hondureño. Pero las autoridades observan todo esto con una inconsciencia que exaspera.

En los momentos en que todas las naciones, aun las más ricas, cierran sus puertas a la inmigración sin recursos, Honduras se ha convertido en el refugio del mundo, en el asilo de los necesitados, sin que los funcionarios encargados de salvarla, inertes y mudos, con inercia y mutismo de roca, intenten levantar una mano o decir una palabra.

¿Qué pasa, por Dios, en este país? ¿Qué hace o piensa la gente que lo gobierna? Frente a tanta indiferencia, a tanta incomprensión y a tanta abulia, el público se exaspera y formula, con justicia, los comentarios más amargos.

Nuestras leyes contienen disposiciones capaces de restringir la inmigración indeseable, esto es, la que viene a disputarle el trabajo al hondureño. Dicte el Gobierno medidas que impidan radicalmente, aunque sea por tiempo limitado, el ingreso de esa cuerda interminable de necesitados, si no quiere propiciar, mediante el desastre económico, mediante la miseria intolerable, la degollina y el caos.

El Pueblo, septiembre 1, 1932.

LA INDEPENDENCIA

Todavía no conocemos el valor de esta palabra grandiosa. La independencia, para muchos, es sinónimo de cobardía. A tal grado ha ascendido la incomprensión y la estulticia que ha llegado a confundirse al hombre independiente con el hombre sin carácter. Y, sin embargo, cuánta altura espiritual, cuánta firmeza íntima, cuánta fuerza invulnerable se necesita para ser independiente. Para pocas cosas de este mundo se requiere una mayor suma de valentía.

Un hombre independiente, un hombre libre, es algo raro en esta tierra de Dios. Seguir la corriente, buscar la protección del grupo, es lo fácil y lo práctico. Ir solo, defenderse solo, es lo difícil y lo improductivo.

El hombre independiente no tiene más compañero que la elevación de su espíritu. No tiene más amparo que la aprobación de su conciencia. No tiene más apoyo que la confianza en sí mismo. Sus mejores aliados, sus armas más eficaces, sus ejércitos mejor preparados, son su inteligencia, su capacidad y su valor.

Ningún hombre débil, ningún hombre cobarde, ningún hombre de escasa mentalidad, ningún ignorante, puede ser un hombre independiente. En el mundo solamente poseen esta suprema fuerza los seres que son dueños de una profunda convicción, los que son capaces de alimentar, modelar y pulir, sacada de su propio carácter, de su comprensión personal del mundo, una idea, una creencia y una orientación.

En la ciencia, en el arte, en la religión, en la política, sólo son capaces de independencia aquellos que tienen el valor de vivir en sí mismos, porque sólo ellos saben animar, porque sólo ellos saben poblar de alegría e inundar de promesa y de creación la soledad que los circunda. Las almas subalternas, las almas gregarias, jamás pueden explotar ni descubrir la fuerza maravillosa que toda vida lleva oculta en su mundo interior.

Si algo debiera tratar de comprender la juventud, es el sentido trascendental de esta palabra suprema. Y, una vez en sus dominios, una vez poseída de la fuerza y la grandeza que hay en él, cultivarlo con la más pura devoción, con el más convencido entusiasmo, con la más inquebrantable tenacidad.

La Patria no es más que una radiación de los hombres que la pueblan. Si ellos son pequeños, inconstantes, débiles, ignorantes, subordinados y gregarios, la Patria será una imagen de su pequeñez, de su inconstancia, de su debilidad, de su gregarismo y subordinación. Si ellos son grandes, tenaces, fuertes, ilustrados, libres, la Patria será encarnación de su grandeza, de su tenacidad, de su fuerza, de su ilustración y de su libertad. Lo cual significa que no se puede hacer una Patria sin cultivar la independencia de los ciudadanos. Independencia económica, independencia espiritual, independencia moral, independencia religiosa, independencia política, independencia en todas las manifestaciones humanas.

Y es la juventud quien debe llevar adelante esta tarea grandiosa. Es ella quien debe iniciarla sin posponerla para mañana, sin perder un minuto, sin una vacilación, sin un desmayo, sin ninguna duda, sin medir los obstáculos ni las distancias, y antes bien, poseída del entusiasmo supremo, de la fuerza suprema, de la firmeza suprema de los que sienten en sí mismos la capacidad de forjar el porvenir.

Cuando esto suceda, habrá en Honduras una personalidad nacional inconfundible, una orientación colectiva de características definidas y una conciencia de responsabilidad y de comprensión hondureña, capaz por su fuerza y por su arraigo de sujetar a los partidos y a los hombres, impidiéndoles traspasar determinadas normas, por más corrompidos y ambiciosos que fuesen. Y entonces, la Patria será.

El Pueblo, septiembre 17, 1932.

APROVECHAMIENTOS DE AGUAS NACIONALES (III)

El uso de las aguas nacionales corresponde a los habitantes de la Nación; pero el Gobierno podrá celebrar contratas relativas al uso de ellas, sin establecer derechos exclusivos y sin perjuicio de las ordenanzas generales o locales que sobre la materia se promulguen. Eso dice la Ley Agraria en su artículo 40.

Se desprende del espíritu de la ley que las aguas nacionales deben permanecer libres, precisamente para que su uso, que corresponde a todos los habitantes, no pueda ser restringido y mucho menos anulado por obligaciones contraídas con individuos o corporaciones. Celebrar contratas constituye, pues, una excepción según el texto claro del artículo citado.

Las contratas por veinticinco años, como las celebradas entre el Poder Ejecutivo y las Empresas bananeras, constituyen monopolios prohibidos por la Constitución Política y por la mente misma de la Ley Agraria, enmarcada, como es de rigor, en aquella.

Para el caso, el derecho que los ribereños, como habitantes de la Nación, tienen al uso de las aguas quedará convertido en una expresión metafísica, porque la navegación de los ríos se hará difícil y, con el tiempo, imposible; porque los bananales que no pertenezcan a las Compañías perecerán, y con ellos quizá los mismos ribereños, en tanto el agua pródiga, el agua fertilizante, el agua que duplica la producción de racimos, que es como duplicar los dólares relucientes, irá toda al estómago insaciable de las compañías por el canon irrisorio de un dólar al año.

Un cuarto de siglo es un plazo demasiado largo. En los tiempos actuales la vida cambia de manera rápida y constante y es necesario que el Estado esté libre para adaptar el uso de las aguas a las nuevas modalidades que reclame, como reclamará sin duda, el interés público.

Por previsión y por defensa pública, al Estado corresponde reservarse, como legalmente se reserva, el derecho de modificar o derogar las contratas en justa consonancia con las modalidades que dicte el interés general. Y esto es, ni más ni menos, lo que pide el diputado Williams.

Se impone, pues, tanto por razones de orden jurídico como de conveniencia nacional, fijar en dos años, tres a lo sumo, el límite para que las contratas puedan ser revisadas.

El Pueblo, marzo 12, 1931.

APROVECHAMIENTO DE AGUAS NACIONALES (IV)

El banano mató en la Costa Norte la agricultura nacional. Ningún cultivo pudo resistir con utilidades los elevados salarios de la fruta maravillosa. Y de esa suerte, los habitantes de aquella zona no han podido cultivar ni frijoles, ni arroz, ni maíz, artículos sobre los cuales descansa fundamentalmente la alimentación general.

Y si el banano mató la agricultura nacional, el regalo del agua a las compañías matará las escasas fincas de bananos pertenecientes a hondureños. Sin agua, porque se la absorberían las compañías, las plantaciones de los hijos del país tendrían que morir de sed. Sobre una tierra reseca darían una fruta raquítica y empezarían a doblarse, impotentes aun para sustentar los racimos pigmeos. Ese banano sería recusado siempre, y como consecuencia obligada, el finquero se vería precisado a vender a precio de quema, que es lo que se proponen precisamente las Compañías.

Porque el monopolio del banano, pero el monopolio absoluto, es la aspiración actual de las empresas bananeras. No quieren que haya finqueros impertinentes protestando por los malos recibos ni por los contratos de la muerte. Desean que haya paz y armonía; pero esa paz y armonía que media entre el que todo lo ha perdido y el que se ha quedado con todo. Ni más ni menos que la fraternidad humillante que se establece entre el señor y el esclavo.

El agua no debe darse. Sobre el agua sólo puede contratarse como excepción y a corto plazo para que no desaparezca el control que en todo momento debe tener sobre ella el Estado, a fin de que la libertad de su uso, como lo expresa la letra de nuestra Ley Agraria, corresponda a todos los habitantes de la Nación. Eso es lo justo y lo legal.

La agricultura y la inmigración necesitan agua y terrenos. Y los terrenos se han dado, los más feraces, casi en su totalidad a las compañías. Y el agua quiere regalarse ahora a los mismos que la han estado usando, si bien no en la proporción que lo harían con el monopolio que solicitan, sí fraudulentamente, como lo confiesan en sus mismas contratas, obligándose a pagar ¡oh sarcasmo! $4.000 dólares por la defraudación.

Los inmigrantes no vienen a radicarse en extensiones áridas, en donde la sed insaciada tiene que ser la recompensa ingrata del trabajo diario. Los inmigrantes llegan a la Argentina, para el caso, porque la Argentina no se ha entregado a los monopolios y puede ofrecerles tierras fértiles y abundantes de agua, para que trabajen y las hagan suyas.

Los agricultores no son hijos del desierto, y desierto serían las tierras de los hondureños el día que las bombas de las compañías empezaran a engullirse el agua de los ríos.

Para que haya agricultura, para que haya inmigración, para que haya liberación económica, lo que se necesita precisamente es liberar personas y cosas pertenecientes a la República del monopolio intolerable en que las ha colocado nuestra imprevisión, nuestra cobardía y nuestras ambiciones mezquinas.

El Pueblo, 14 de marzo, 1931.

NO DEMOS MAS

Sabíamos ya que las Compañías emprenderían campaña para demostrar que las dificultades económicas del país se deben al hecho simple de no haber conseguido sus concesiones para riego. ¡Estupendo!

Estamos en invierno. Las Compañías han usado las aguas para irrigación, antes de las contratas, en las contratas y después de las contratas, sin pagar un centavo. No hay revolución en los Estados Unidos, que es el país que compra los bananos, haya o no haya zafarrancho en Honduras. En Cuyamel no hay terrenos que regar ni ha habido antes de las aguas, en las aguas y después de las aguas. ¿De dónde acá entonces la ocurrencia de achacar a la negación de una concesión leonina, de un monopolio inconstitucional, la desgracia de un país? Necio sería establecer como principio económico el absurdo de que quien no da lo que tiene está sujeto a morir de hambre.

Sensato y lógico fuera que las Compañías se quejaran de que la revuelta había perjudicado sus exportaciones por falta de brazos. Pero, ¿a quién que no ande mal de la cabeza se le puede ocurrir que los brazos sobran porque hay revuelta?

En tono patético se habla de quinientas familias sin pan en Omoa. Para cualquiera que conozca Omoa, su población y el número de sus casas, la noticia no pasará de una exclamación melodramática, propia para divertir al público. Realmente, no puede decirse que sea tan malo el chiste. Podría reír con él hasta la gente seria.

Los 500 trabajadores de la Cuyamel, que equivalen por una novísima concepción matemática a 500 familias, son puro bluff. En Cuyamel no ha habido tal número de trabajadores. Tiempo ha que se trata de cerrar esa zona, porque los terrenos se agotaron; sin embargo, creyendo que las fincas habían enfermado, porque así lo dijeron una serie de expertos norteamericanos que en su vida habían visto, antes de venir a Honduras, una mata de guineos, la Compañía quiso curarlas. El remedio falló, y por eso poco a poco se las ha ido abandonando. Eso lo saben todos los de la Costa, y a nadie se conseguirá engañar con embustes.

Desde cuando Mr. Zemurray solicitó su última concesión, que fue rechazada, afirmaban dueño y empleados de la empresa que Cuyamel sería abandonado porque les ocasionaba una pérdida anual. Esa es la verdad. Sólo que han escogido un momento precioso para cerrar el escaso trabajo de esa zona. Y ellos saben por qué. Cuestión de oportunidad únicamente.

La guerra no la está haciendo Ferrera. Ferrera encontró el vacío en la conciencia hondureña. La guerra la están haciendo, o por lo menos pretenden hacerla, quienes sin causa justificable cierran premeditadamente sus trabajos para echar a la montonera la gente hondureña que se quede sin trabajo. La guerra la están haciendo quienes se ocupan sistemáticamente en defender a los que asumen esa actitud criminal contra la seguridad de su propia patria. Esta es la realidad. Lo demás puede ser cualquier cosa.

Mr. Cutter manifestó explícitamente en su informe anual que la Compañía podría ahora, lo que no había nunca ocurrido antes, satisfacer las necesidades del mercado. He aquí el quid. Si la Compañía puede satisfacer las necesidades del mercado, ¿para qué diablos ha de comprar la fruta de los hondureños, y menos la fruta de las zonas malas, como la de Cuyamel? Bien estaría que comprara fruta selecta, aunque tuviera que desprenderse de una parte de la suya de calidad inferior. Eso es explicable, y así lo hace siempre que lo cree menester. Pero la fruta raquítica, teniendo la suficiente para suplir el mercado, es natural que no quiera comprarla. Y menos, muchísimo menos, contando con agua gratuita para irrigación y para producir cada día mayor y mejor cantidad de guineos que la que pueda producir el finquero nacional.

Las estadísticas demuestran que la cantidad de bananos que llega a los puertos estadounidenses es mayor que la que sale de los puertos hondureños. De suerte que las Compañías, en vez de arrojar guineos al mar, como se pretende, los levantan del mar. ¡Oh los bananos marinos!

Pero hay algo que hará reír a los costeños con risa incontenible. Y es la ocurrencia de los cañeros independientes, a quienes ha estado empeñada en proteger la Compañía, no obstante sus enormes pérdidas. ¡Los cañeros independientes! ¡Protección a los cañeros independientes! Si esto no fuera broma, parecería una ironía. ¿Qué dirán de tanto desprendimiento los que fueron cañeros nacionales?

No hay razón para cerrar por causas comerciales los trabajos en las plantaciones de guineos. La razón es otra. Y esa ya la tienen los hondureños. Se trata de ver si el hambre enciende la hoguera que no ha podido ni podrá encender jamás el agua. Por algo se ha llamado a esta revuelta la Rebelión de las Aguas.

¿Qué dinero tendríamos porque se hubiese dado el agua a un dólar como canon? Cuatro reales. Cuatro reales que en nada, absolutamente en nada, pueden cambiar la economía de un país, y sí lo someterían a una esclavitud irremediable, al menos por un cuarto de siglo.

La penuria naturalmente aumentará cada día por razón del bochinche; pero la manera de ponerle término no es entregándose a las Compañías, sino trabajando contra la guerra, aniquilando la guerra. Lo esencial es imponer la paz. Que todos los partidos se unan resuelta y efectivamente contra la guerra, tanto para demostrar que estamos decididos a vivir como un país civilizado, como para impedir que se nos siga explotando al amparo de nuestra imprevisión y de nuestra miseria.

Probemos que somos un pueblo soberano, que ama su independencia y su libertad, y que si tiene abiertos los brazos para recibir al capital que desee hacer negocios a base de equidad y justicia, los tiene definitivamente cerrados para la explotación esclavizante y leonina. Ese es nuestro deber; pero jamás el de vivir cantando que nuestras miserias sean consecuencia de no regalar lo que tenemos.

Los proverbios son síntesis supremas de filosofía. Y ya sabemos que "quien da lo que tiene, a pedir se queda". Si por algo estamos pobres, es por haber dado demasiado. No demos más.

El Pueblo

LA MANCHA DE TINTA

La Cámara aprobó el dictamen sobre reformas a la Ley de Elecciones, en cuanto se refiere al uso de la mancha de tinta en los electores. Antes de las elecciones presidenciales de 1928, llamábamos la atención de nuestros legisladores respecto al hecho de que en Grecia, Venizelos había empleado una tinta especial para garantizar la pureza del sufragio y sugeríamos la adopción en Honduras de una medida semejante a la que acababa de implantar en su patria el gran estadista heleno. Aquella sugestión nos trajo una abundante cosecha de injurias. Se dijo que nosotros atentábamos contra la dignidad humana, y mil cosas más. Los tiempos, sin embargo, abren paso a la verdad y modifican el criterio de los hombres. Y ahí que nuestro pensamiento de ayer será en breve una ley de la República.

Todo cuanto se haga para evitar el fraude electoral, para convertir en realidad indiscutida el resultado del voto, debe alentarse y apoyarse, porque en esa forma ganará siempre el que tenga más electores, a pesar del dinero que los intereses enemigos de Honduras jueguen en nuestras contiendas cívicas. Quiere decir que quien gane, ganará bien. Y ganar bien es una garantía de que la paz pública se conservará inalterable, cualquiera que sea el partido que triunfe.

Si la mancha de tinta pudiera considerarse como una ofensa a la dignidad del ciudadano, el soborno que el dinero lleva a la práctica comprando boletas de ciudadanía significa una ofensa peor, puesto que entraña una afrenta para el honor de la República.

Y no solo lo anterior es motivo para aplaudir la resolución de la Cámara. Existe otro: la ventaja de que el oro que pudiera jugar, como lo juegan, los mismos intereses enemigos en cada lucha presidencial, ya no tendría ni con mucho la influencia de que goza, quedándose como está la Ley de Elecciones. Desaparece de este modo el peligro de que los poderes públicos sean el resultado de compromisos vergonzantes, capaces de llevarnos a la miseria y a la esclavitud.

La mancha de tinta tiene una trascendencia en que quizá no se hayan detenido a meditar los señores diputados. Esa pequeña disposición influirá de manera decisiva en la suerte de la Nación.

El Pueblo, marzo 16, 1931.

APROVECHAMIENTO DE AGUAS NACIONALES (V)

Los bananeros hondureños vienen gritando desde hace largo tiempo en todos los tonos y a todos los vientos, los graves daños que las bombas de irrigación establecidas clandestinamente por las compañías ocasionan a sus plantaciones. Han demostrado con la elocuencia del hecho que sus bananales están condenados a producir fruta desmedrada, incapaz de competir con la de las compañías, debido al uso desmedido y, de consiguiente, ilegítimo que las empresas hacen del agua de los ríos nacionales en beneficio exclusivo de sus guineales. Han sufrido, a la vista de todos, recusas brutales hasta del ochenta por ciento, sencillamente porque no es posible que compita el que no puede usar otra agua que la que viene de los cielos con el que se la traga toda, de manera ilegal pero con el apoyo de autoridades y hondureños sospechosos.

Todo eso, por supuesto, tiene que ser mentira, porque para los defensores de las compañías, en nombre de la fe pública y de la protección que se debe al capital extranjero, es siempre falso el hecho cuando significa defensa para el hijo del país, y verdadero cuando favorece, con perjuicio público, los intereses extraños.

Un diario norteamericano, el Daily News, tiene este lema permanente de Stephen Decatur:

"Nuestro país. En sus relaciones con los Estados extranjeros, ojalá esté siempre en razón; pero nuestro país con la razón o sin ella."

En un asunto en que son parte Honduras y las Compañías, lógico y justo sería que éstas surgieran a defender, por medio de sus abogados, lo que consideran o llaman su derecho. Pero no es así. Convencidas las empresas de la falta de razón que por regla general les asiste, no se atreven a salir por sí mismas a la discusión y buscan, está claro, gentes más valerosas para que se coloquen de su parte, poseídas de inusitado fervor, de febril delirio, en nombre de la justicia, del amor al prójimo o de cualquier frasecilla que pueda servir de túnica al disimulo.

¿Quién puede negar, a pesar de todas las excepciones escritas que se formulen en contrario, que el que se absorbe el agua de los ríos en su beneficio exclusivo y con perjuicio de los demás, ejerce de hecho un monopolio perfectamente prohibido por la Constitución Política?

¿Quién puede negar que el espíritu mismo de la Ley Agraria, al autorizar únicamente como excepción la celebración de contratas para el aprovechamiento de aguas nacionales, ha querido reservarse el derecho de adaptar esas contratas a las modalidades que dicte el interés general?

¿Y quién no sabe que si la Ley Agraria, como ley general, se propone proteger en esa forma el uso libre de las aguas, en justa concordancia con la letra misma de la Constitución Política, que preceptúa que no debe restringirse ni adulterarse ese derecho, la ley especial, que es la Ley de Aprovechamiento de Aguas, necesita determinar, mediante la reforma que pide el diputado Williams, el tiempo para que esas contratas puedan ser revisadas?

¿Y quién ignora que la fe pública no puede salir maltrecha en los contratos administrativos porque estén sujetos a modificarse, primero porque así se expresaría en la ley, y segundo porque dentro de los principios del derecho administrativo, quien contrata con el Estado contrata sujeto a limitaciones, por más que éstas no se hallen establecidas o aunque se haya hecho estipulación en contrario, porque jamás puede suponerse que el Estado renuncie a su libre desenvolvimiento, que cometa suicidio en provecho de los particulares?

Estas cosas son claras y pueden entenderlas hasta los ignorantes, con tal de que abran su espíritu a la luz de la justicia y de la ley. Y no obstante...

El pensamiento de Stephen Decatur no tiene aplicación entre nosotros sino a la inversa. Podríamos parodiarlo en esta forma:

"En toda discusión entre Honduras y las Compañías, ojalá que las Compañías tengan siempre la razón; pero las Compañías con la razón o sin ella."

El Pueblo, marzo 18, 1931.

LA BOLSA O LA VIDA

Vuelven las compañías de la Costa Norte a imponer a sus agentes y a los finqueros el envío de largos telegramas al Congreso Nacional, pidiendo la resolución favorable de los asuntos que tienen sometidos a su consideración.

Esa campaña telegráfica, si pudo en el pasado sorprender la buena fe de nuestros legisladores y del país, es hoy, en cambio, vista por todos con profunda repulsión, tanto por insincera e interesada como porque se la considera un insulto sangriento a la inteligencia y a la dignidad de la República.

Los hondureños no hemos olvidado ni olvidaremos jamás que por esa campaña perdimos nuestro Ferrocarril Nacional, cuya redención constituye en estos momentos la aspiración insatisfecha de la conciencia pública. Y los hondureños no haremos imposible esa redención entregando por un cuarto de siglo y casi a un real el mes, el uso de las aguas al Trust Bananero. La aprobación de las contratas que firmó el Poder Ejecutivo con las Compañías representa el último eslabón de la cadena que debe esclavizar para siempre nuestro camino de hierro, y el Congreso Nacional no puede forjar ese eslabón sin convertirse en el herrero de su propia cadena de esclavo. Esas contratas no serán aprobadas. Estamos seguros de que el Congreso de 1931 no pasará a la historia patria como forjador de ignominia.

Los telegramas que vienen de la Costa pidiendo el regalo del agua a la United Fruit Company son obra de la oferta o de la dádiva y casi siempre de la amenaza. Al que no firma el telegrama no se le recibe la fruta o se le recusa sin piedad. Esa es la ley, y, claro, el finquero desamparado, el finquero impotente, que en vez de encontrar en el Gobierno protección para sus intereses la encuentra para los de sus explotadores, está condenado a firmar.

Esta política de las Compañías tiene una semejanza sintomática con la que ponen en práctica para realizar sus fechorías los salteadores de caminos, con la sola diferencia de que éstos siquiera juegan la vida, en tanto que las empresas a nada se exponen.

"La bolsa o la vida", dice el salteador al viandante, colocándole en las sienes una escopeta o el filo de un guarisama, y el viandante no tiene más camino que entregar la bolsa.

"La firma o la ruina", dicen las Compañías al finquero. Y el finquero indefenso, a quien no se le tomará su fruto o se le recusará despiadada y sistemáticamente, si tiene celebrada contrata al efecto, no puede hacer otra cosa que firmar. Y firma.

Esos son los telegramas que con diferentes nombres está enviando el Trust Bananero.

Por fortuna, ninguna fuerza moral ni legal tiene la opinión que se arranca al individuo mediante el soborno o la amenaza.

Las compañías debieran buscar un recurso que revelara más inteligencia y menos grosería.

El Pueblo, marzo 19, 1931.

QUE OPINEN LOS JURISCONSULTOS

Detrás de la gastada táctica de las firmas de los finqueros, viene a todo galope la burda de las opiniones de abogados. Y a fe nuestra que la alcanza. Probablemente hoy, y si no mañana, tengamos en la prensa la excitativa a los jurisconsultos para que digan si Honduras debe o no debe entregar por un real al mes las aguas nacionales a las Compañías. Y los jurisconsultos opinarán. ¡Cómo no habían de opinar los esclarecidos y desprendidos jurisconsultos! ¡Cómo habían de consentir en mutismo avariento que la República se enriqueciera a costa de las pobres empresas bananeras! Eso no puede ser. Eso sería mancillar sin motivo el honor de la Nación.

Que las Compañías se hayan embolsado millones tras millones sin retribuir a Honduras, eso a nadie le interesa ni le importa. Y menos a los jurisconsultos. Lo esencial, lo necesario para mantener en alto el prestigio de nuestra prodigalidad, de nuestra candidez y, para decirlo claro, de nuestra inferioridad, es regalar el agua a los explotadores.

Contado y medido tenemos, por fortuna, un número de abogados (en este caso se llaman jurisconsultos) resueltos a romperse la chaqueta y aun los sesos, para mediar en favor de las Compañías, cada vez que se suscita una discusión de intereses entre éstas y Honduras. Y lo más plausible, lo más honroso para estos justinianos, que comen mal y visten peor, que han hecho de la avaricia la razón de ser de su vida, es que tratándose de las Compañías opinan a título gratuito.

Desde los sapientes recintos de sus hogares, salen estos egregios y justos varones a constituirse de oficio en defensores de las empresas bananeras. Por desgracia, la lógica más elemental, el propio sentido común, el grito mismo del instinto de conservación, están contra los jurisconsultos.

Porque si la madre de cualquier hondureño, la madre en ese caso es la patria, tiene una disputa de intereses con un extraño, ¿a qué mortal puede ocurrírsele que el hijo haya de salir gratuitamente, espontáneamente, a defender los intereses de los que quieren despojarla?

Estas preguntas no necesitan respuestas. Contestadas están por el alma misma de la naturaleza humana. Las propias leyes eximen al individuo de declarar contra sí mismo o contra sus parientes. Y si la naturaleza y las leyes no lo obligan a declarar contra su persona ni contra sus deudos, menos podrían obligarlo a declarar contra su patria.

Ese derecho que la naturaleza y las leyes dan al sujeto humano para no producirse contra sí mismo, contra sus deudos ni contra su patria, es la razón en que la sociedad se funda para acusar y repudiar como hijo del soborno el juicio de aquellos que se pronuncian contra su propio pellejo, el de sus parientes o el de la República.

Y ya pueden opinar los jurisconsultos.

El Pueblo, marzo 20, 1931.

NI MUDOS NI COBARDES

Anteayer publicamos en este diario dos telegramas de la Costa Norte. Uno excitando al ingeniero Díaz Chávez para que emita su opinión sobre las contratas de aprovechamiento de aguas; y otro preguntándose a qué se debe el cambio operado en El Cronista, que ayer defendía el programa de Liberación Económica y hoy pide que se regale el agua a las empresas bananeras.

Sofocado y violento, el colega amenaza con "recordar su actuación a los impugnadores de las contratas de irrigación que ayer nada dijeron cuando otra compañía solicitó lo mismo que combaten hoy", y afirma "que se puede impresionar por un momento el sentimiento público, pero a la larga todo converge al terreno de la verdad, dejando las cosas al descubierto, de tal manera que lo que ayer pareciera algo sincero y honesto, no fue más que una lucha por conquistar un fin, una maniobra ingrata y una pugna de intereses heridos por cualquier inesperado traspaso o fusión de intereses comerciales, perjudicantes en parte a quienes dulcemente disfrutaron de bondades en aquella situación".

Cada vez que ha sido preciso defender los intereses del país, los hemos defendido. Ahí, en las páginas de El Cronista, están nuestras campañas por la redención del Ferrocarril Nacional, por la nulidad del contrato de anticresis y los lotes alternos, por la supresión del monopolio inconstitucional de la Tropical Radio Telegraph Company y por la muerte de la concesión infamante de la Pan American Airways. Ahí, en esas mismas páginas, perdura nuestra serie de artículos demostrando que el banano no es un negocio de los hondureños sino un negocio de los americanos. Ahí está, asimismo, nuestra campaña en favor del impuesto de vialidad, que triunfó en la Cámara e hizo más tarde fracasar el silencio de quienes tenían la indeclinable obligación de defenderlo.

Ni antes ni después de traspasos ni de intereses fundidos hemos guardado silencio sobre los problemas nacionales cuando ha existido una tribuna en donde expresarlos o cuando nuestra opinión se ha reclamado, porque estamos seguros de que ningún hondureño auténtico, ningún hombre digno, puede considerar maniobra ingrata que se le excite para que se pronuncie de manera clara y precisa, sin ambigüedades, sobre los asuntos que llevan envuelta la suerte de la República. Y quien piense lo contrario, quien conceptúe peligroso y malintencionado dejar oír su palabra en asuntos de tamaña magnitud, ése no es hondureño ni es honrado ni es hombre. Y el señor Díaz Chávez no puede estar en esa posición, si es que ha de perdurar en nosotros el concepto en que le hemos tenido.

Nuestra labor se ha concretado a defender los intereses del país y no hay nadie que pueda presentarnos una sola línea en favor de los intereses de las Compañías. Si deseáramos disfrutar de dulces bondades, las defenderíamos, porque lo natural y lógico es que paguen por que se las defienda.

Dice el colega que nosotros sabemos que "el ingeniero don Rafael Díaz Chávez nada tiene que ver con El Cronista". Y esa afirmación está fuera de la realidad, porque nos consta precisamente lo contrario. Confesamos que jamás habríamos aludido a este asunto; pero una vez traído a cuento, tenemos que desdecirlo por natural respeto a la verdad.

Tampoco nosotros escondemos la mano con que escribimos. Al revés de muchos que niegan sistemáticamente la paternidad de sus escritos cada vez que se les interroga sobre el particular, aunque no consigan engañar a nadie, nosotros no negamos jamás lo que escribimos. El Cronista y el ingeniero Díaz Chávez quedan autorizados para interrogarnos sobre cualquier artículo que consideren nuestro, y si así es, tendrán inmediatamente una respuesta afirmativa. Nuestra entereza moral no tendrá jamás el dualismo de los cobardes que tienen una opinión para sus intermediarios y otra para exteriorizarla personalmente.

Solloza el colega porque las empresas "optarían por dar preferencia a otros lugares donde gustosamente se les hacen facilidades". Sin embargo, puede permanecer tranquilo. Las compañías no se irán. En este pobre paísecito, el Trust Bananero tiene la mitad de su capital invertido en bananos. Aquí posee las mayores y más feraces reservas de tierras para el cultivo del oro verde. Y sobre todo, aquí cuenta con amigos que le ayuden a obtener por un real al mes, lo único que le queda al país para defenderse: el agua.

145

Las Compañías no se irán. Esa canción está buena para adormecer niños de cuna. Pero si las compañías se fueran, ganaría Honduras, como muy bien lo dijo El Cronista en otros tiempos.

Como único punto realmente importante, sostiene El Cronista en su editorial que los contratos celebrados con las Compañías para el aprovechamiento de aguas, "están en un todo de acuerdo con lo prescrito por la ley". Pero ya es tarde, es sábado y le tenemos horror a los artículos largos.

El lunes demostraremos que son ilegales, con indiscutible ilegalidad, las contratas en referencia. Entonces es seguro que el colega estará con nosotros. Y hasta luego.

El Pueblo, marzo 21, 1931.

APROVECHAMIENTO DE AGUAS
NACIONALES (VI)

De acuerdo con la Ley Agraria, "el uso de las aguas corresponde a los habitantes de la Nación; pero el Gobierno podrá celebrar contratas relativas al uso de ellas sin establecer derechos exclusivos y sin perjuicio de las ordenanzas generales o locales que sobre la materia se promulguen".

Claro se ve que contratar sobre el uso de las aguas nacionales constituye una excepción que los Gobiernos pueden practicar, sujetos a la Constitución y a las leyes vigentes.

La ley especial, que es la Ley de Aprovechamiento de Aguas Nacionales, exige, entre otros, en la celebración de contratas con el fin de obtener el uso de las aguas para irrigación en cantidad que exceda de cincuenta litros por segundo durante tres horas diarias, los requisitos siguientes:

Publicación de la solicitud al Ministerio de Agricultura en el periódico oficial y en los particulares de los departamentos, por tres veces, de diez en diez días.

Cantidad de agua que el interesado necesite por segundo.

Extensión de los terrenos que se propone irrigar.

Títulos que prueben la propiedad de dichos terrenos.

Volumen aproximado de las aguas en la estación seca.

Dictamen de la Oficina de Ingeniería, previa inspección y aforo en estiaje.

Presentación de planos, diseños, datos topográficos y cuanto informe se estime necesario.

No hemos tenido ocasión de encontrar todavía en La Gaceta ni en los periódicos particulares de los departamentos publicadas las contratas. Pero pudiera ocurrir que se nos hayan pasado desapercibidas. Y de esa suerte, no podemos afirmar ni negar si se ha cumplido o no con esa formalidad legal.

Las Compañías no han presentado los títulos que acrediten su propiedad sobre los terrenos que motivan las contratas para irrigación, ni podrán presentarlos, porque los mejores de esos terrenos están comprendidos entre los lotes alternos que se reservó el Estado y que las Compañías detentaban, según decreto del Congreso Nacional anulando los famosos acuerdos sin firma. He aquí una violación de la ley.

Los terrenos regados por el río Ulúa tienen una área total de 21,051 hectáreas. Sin embargo, a juzgar por el plano general de la Compañía, el área irrigada es apenas de 2,962.

El río Comayagua riega 3,517 hectáreas. No obstante, el plano general de la Compañía hace constar solamente 1,525.

Total, que de 24,568 hectáreas regadas, solamente aparecen 4,487, según los datos de las Compañías. La diferencia es de más de 20,000 hectáreas. Lo cual quiere decir que ni a real el mes quieren pagar el uso del agua las empresas bananeras. Aquí cabe aquello de pago barato, pero incompleto. En esas condiciones estamos.

Este hecho establece dos errores: uno, el de la extensión de los terrenos, y otro, el de la cantidad de agua que el interesado necesita para irrigarlos, pues no es posible regar 4,000 y pico de hectáreas con el mismo volumen de agua que se riegan cerca de 25,000. Una violación más de la ley.

El aforo no se ha practicado ni ha podido practicarse. Y si se duda, oigamos a los reputados ingenieros don Ramón López Recinos y don Antonio Bonilla:

"Por la presente hacemos constar que en la inspección verificada el quince y el dieciséis (las fechas corresponden al mes de octubre de 1930) hemos observado que los ríos Chamelecón y Ulúa están bastante crecidos para practicar su aforamiento, habiendo de hacerse, según la muy acertada disposición del Jefe de la Oficina Técnica de Ingeniería, consignada en su auto de fecha once de octubre, en ESTIAJE. Por tal motivo, esta comisión es de opinión que esta operación se debe ejecutar en los meses de marzo y abril, que es cuando las aguas están más bajas".

Y en sus conclusiones, los propios miembros de la Comisión de Hidromensura tienen estos párrafos concluyentes:

"La inspección y trabajos hechos por esta Comisión de Hidromensura son, desde el punto de vista técnico, de muy escaso valor. Para poder rendir el informe y aforamiento de los ríos en cuestión que el Gobierno necesita indiscutiblemente, no sólo se requiere practicar las observaciones y mensura en ESTIAJE, sino que es menester extenderla a través de un período mínimo de cinco años, porque está comprobado que la variante de las aguas lluvias sigue, en esta región, un ciclo poco más o menos invariable, que se repite periódicamente en este lapso de tiempo".

"La época en que se nos han remitido las presentes diligencias encaminadas a practicar las operaciones de aforamiento de los ríos de donde la Cortés Development Company extrae aguas para uso de irrigación, es en nuestro juicio, inoportuna. Y repetimos, así como lo manda usted en el auto del once, que el aforo se debe hacer en ESTIAJE".

Otra violación de la ley.

Y no habiéndose practicado ni podido practicar el aforo, tiene que ser ilegal, a su vez, el dictamen, si existe, de la Oficina de Ingeniería.

Los planos necesariamente están fuera de la ley, puesto que el área dada por las Compañías no corresponde con la que dan los miembros de la Comisión de Hidromensura.

El sistema de captación del río Comayagua consta de cinco compuertas, de las cuales tres son de 4 x 4 pies cúbicos y dos de 5 x 3 pies cúbicos también. Calculada la descarga capaz de pasar por dichas compuertas, se obtuvo un resultado de 636 pies cúbicos por segundo. Ahora bien, según aforo practicado por la propia Compañía, el río Comayagua arroja 500 pies cúbicos por segundo. De consiguiente, todo el río puede hacerse pasar de una sola vez por las cinco compuertas. Nada, que se puede secar el río en un abrir y cerrar de ojos. Y si esto no es restringir el uso de agua, si esto no es anular el derecho que sobre ella tienen todos los habitantes de la Nación, ignoramos qué será. Otra violación de la ley.

Los propios ingenieros de la Comisión de Hidromensura hacen ver que "en el río Chamelecón están La Lima, El Higuero y Campana, con una población total de 3,000 habitantes", considerando a los primeros como lugares capaces de desarrollarse en el futuro.

"La irrigación del Ulúa -agrega la Comisión- puede afectar a la ciudad de El Progreso y Urraco, con 4,000 habitantes, ambos lugares con posibilidades para desarrollo".

Este perjuicio manifiesto al desenvolvimiento de las poblaciones, algunas de la importancia de El Progreso, constituye otra ilegalidad.

Total, que no solamente ha dejado de cumplirse uno, sino la mayoría, por no decir todos, de los requisitos legales requeridos para celebrar contratas de aguas para riego.

Y establecido, sin lugar a discusión, que la ley ha sido violada, no solamente en su espíritu sino en su letra, ¿qué argumento pueden ofrecer los defensores de las mencionadas contratas para seguir defendiéndolas?

El Pueblo, marzo 23, 1931.

APROVECHAMIENTO DE AGUAS NACIONALES (VII)

Hará apenas una semana dijimos que al recurso de las firmas de los finqueros y de las opiniones de abogados sucedía otro tan conocido como estos: el fantasma de la guerra. Y no nos hemos equivocado.

Acaba de llegarnos la noticia de que el señor Presidente de la República, doctor don Vicente Mejía Colindres, está llamando uno a uno a los diputados liberales para pedirles que voten por las contratas para riego, porque si esas contratas no pasan, se levanta el general Gregorio Ferrera.

No de ahora, sino desde el principio de su administración, el señor Mejía Colindres viene tomando el nombre del general Ferrera para blandirlo como una amenaza a los intereses nacionales. Cuando la resolución del Congreso anulando el contrato de anticresis y los lotes alternos, vetó los decretos porque si no, dijo, se levantaba el general Ferrera. Cuando el impuesto de vialidad, después de haberlo recibido con verdadero entusiasmo, terminó trabajando en contra del impuesto, porque si se denegaba el amparo a las Compañías, se levantaba Ferrera. Y hoy, con las contratas para riego, vuelve el mismo canto de sirena.

Frente a este recurso sistemático del doctor Vicente Mejía Colindres en todos los asuntos que afectan de manera profunda la seguridad, la independencia y el porvenir económico de Honduras, no puede nadie eludir esta disyuntiva dolorosa: o las Compañías se imponen al criterio del Poder Ejecutivo, amenazándolo con el levantamiento del general Ferrera, cada vez que necesitan realizar un nuevo despojo a los hondureños; o el Presidente Mejía Colindres se sirve de esa amenaza para entregar el país a las Compañías.

Nosotros no creemos que el general Ferrera esté listo a ensangrentar el país porque el Congreso Nacional lo salve de ser entregado definitivamente, sin redención posible, a la explotación irretribuida, al yugo infamante de las Compañías. No. Eso tiene que ser una mentira, tiene que ser una calumnia vil con que se quiere cubrir de ignominia la reputación del bravo militar intibucano. Pero el general Ferrera debe hacer una declaración concreta y pública definiendo su actitud para arrojar sobre sus calumniadores la propia ignominia con que intentan infamar su nombre. Aquí no cabe el silencio ni las ambigüedades. Cabe sólo la palabra franca de los varones enteros, de los que todavía creen que la patria está sobre todo y ante todo.

Pero si el general Ferrera guardara silencio; si estuviera realmente decidido a llenar de luto y de sangre la tierra hondureña, ese no sería jamás argumento para entregar el país; porque es preferible vivir en un pueblo de revolucionarios que en un hato de esclavos.

Los diputados liberales, inclinándose ante el gastado recurso del doctor Mejía Colindres, no harían otra cosa que comprobar a los ojos de todo el mundo que el Partido Liberal es el responsable de todos los yerros cometidos por la actual administración, o que, no siéndolo, no sólo carece de valor para desechar esa responsabilidad, sino que se somete mansamente a las instrucciones de Palacio. Esa sería la conclusión justa, por más que los liberales continuasen considerándose descartados por el Gobierno.

Los liberales de la Cámara deben tomar en cuenta, por otra parte, que haber firmado esas contratas para riego entraña una tremenda responsabilidad histórica, y que es natural que el firmante, asustado de su obra, quiera, para justificarse, dividir esa responsabilidad mediante su aprobación en el Congreso.

El Partido Nacional, a su vez, vendría a confirmar con hechos que es una agrupación caudillista, en la cual, salvo muy honrosas excepciones, no se escucha otra voz que la voluntad omnipotente de su jefe.

Pero volviendo a las contratas, lo natural es que los diputados las rechacen por ilegales, sin tomar en cuenta si las Compañías dan o no dan dinero para las luchas electorales, pues dado el miedo y las intrigas que las influencias exteriores llevan a la Cámara, parece que los partidos estuvieran antes empeñados en exhibir su habilidad para quedarse con ese problemático dinero, que en hacer patente su interés por salvar el país.

Las contratas son ilegales de toda ilegalidad: faltan los títulos de propiedad; no se ha hecho el aforo en la estación seca como lo manda la ley; son falsos los planos; los poderes de los representantes de las compañías no han sido razonados; las obras de irrigación se establecieron contrariando la letra expresa del Código Civil, sin la autorización previa de la autoridad competente, en terrenos fiscales como son las márgenes de los ríos; tanto los agricultores ribereños como la ciudad de El Progreso, Urraco y otros lugares sufrirán perjuicios por la irrigación, de acuerdo con el dictamen de la Comisión de Hidromensura, integrada por los ingenieros Ramón López Recinos y Antonio Bonilla; en fin, no una sino todas las razones existen para improbarlas por ilegales. ¿Por qué vacila entonces la Cámara? ¿Qué ocurre en su seno, que no puede rechazar contratos que violen la letra de las leyes?

Ayer, además, la Corte Suprema de Justicia declaró inconstitucional el impuesto de vialidad, por estar fuera de la proporcionalidad. El impuesto establecido por la Ley de Aprovechamiento de Aguas Nacionales para irrigar las cinco distintas clases de terrenos en que la Ley Agraria divide la tierra nacional, está fuera de la proporcionalidad, porque no puede ser equitativo y menos proporcional que un terreno situado a las márgenes de los ríos, en la Costa Norte, y a inmediaciones de las vías férreas, pague el mismo impuesto que otro que se halla situado lejos de las vías de comunicación y en las tierras áridas.

¿Por qué entonces no se apoya la Cámara en esa inconstitucionalidad para rechazar las contratas y apoyar la reforma del diputado Williams? ¿Es que la falta de proporción en los impuestos sólo es inconstitucional cuando favorece a las compañías, pero nunca cuando las perjudica?

Ningún país en el mundo entrega sus aguas sin conocer antes el volumen total de las mismas. Para eso se hace el aforo general que permite apreciar con seguridad si las aguas bastan o no bastan para atender cumplidamente a las necesidades de la población. Aquí no se ha practicado ni siquiera el aforo local, queremos decir, ni el de la zona cuyas aguas se solicitan para riego, y sin embargo, hay en algunos un empeño manifiesto, mayor tal vez que el de las mismas compañías, porque las contratas se aprueben.

¿Cómo es posible que la imprevisión enajene el agua sin saber la cantidad que enajena? ¿Cómo es posible que continuemos sentando plaza de ignorantes y de pródigos? ¿Cómo es posible que sigamos de frente causando al país perjuicios irreparables? No, señores diputados, eso no sólo está fuera de toda ciencia, sino de todo sentido común, del propio instinto de conservación, ya no digamos del patriotismo, puesto que esta virtud va siendo hoy, en vez de timbre de honor, motivo de sonrojo.

El país entero tiene los ojos puestos en el Congreso Nacional, y hay que convencerse de que de la aprobación o improbación de esas contratas depende la permanencia o la liquidación definitiva de los partidos históricos.

El Pueblo, marzo 30, 1931.

APROVECHAMIENTO DE AGUAS NACIONALES (VIII)

Cada vez que se debaten asuntos en que son parte Honduras y las Compañías bananeras, se habla de fobia al capital extranjero. La imposibilidad de sustentar con ideas una tesis insostenible hace que siempre regocije las columnas de los periódicos este recurso pueril y candoroso.

Fobia al capital extranjero llaman los defensores de las Compañías al hecho de exigir que quien ha explotado por años y explota todavía la riqueza nacional para su exclusivo beneficio y a base de franquicias, exenciones y privilegios, restituya por lo menos en una mísera medida al país que lo ha enriquecido. Pero a ninguno de estos enamorados del oro extranjero se le ha ocurrido, para siquiera disparatar con lógica, decir que los Estados Unidos odian a Honduras porque no permiten, con perjuicio de nuestro comercio, la entrada de las naranjas, las piñas, los aguacates y todas aquellas frutas nuestras que pueden competir ventajosamente con las que ellos producen. Tampoco consideran que haya fobia contra nosotros porque se haga imposible, debido a las prohibiciones y a los impuestos, enviar al mercado estadounidense nuestra azúcar, nuestro tabaco, nuestro ganado, nuestros sombreros de junco, en fin, cuanto producimos que sea capaz de perjudicar al agricultor o al industrial norteamericano.

No es difícil explicarse esta diferencia de actitud y de criterio, que en tratándose de las Compañías arguye y vocifera y en tratándose de Honduras, enmudece y agacha la cabeza en señal de aprobación. Se ve claro que lo que existe en los defensores de las empresas bananeras es fobia al país, fobia a su patria, fobia a todo cuanto signifique quitar un centavo a las Compañías en provecho de la Nación hondureña.

Dentro del juicio de la sensatez, dentro del fallo honrado, ni odian a Honduras los norteamericanos que trabajan porque se dicten medidas o leyes que protejan al agricultor o al industrial de su país de la competencia de los productos nuestros, ni odian a Estados Unidos ni al capital extranjero los hondureños que aquí luchan porque los concesionarios estadounidenses retribuyan a Honduras, para compensar, siquiera en forma modesta, la explotación de que la han

155

hecho víctima por tiempo dilatado y fuera de los más elementales principios de equidad. Y, en consecuencia, la única conclusión justa a que se puede llegar es la de que los norteamericanos defienden su país y los hondureños el suyo, para lo cual ambos tienen no sólo derecho perfecto, sino obligación natural.

La United no ha podido ni podrá jamás destruir una siquiera de las causas de ilegalidad de las contratas para riego que ha señalado la prensa independiente. Mil veces le repetiremos que no tiene los títulos de propiedad, porque no puede tenerlos, sobre los lotes alternos que se reservó el Estado y que el Congreso declaró que la Compañía detentaba; otras mil que no se ha hecho el aforo en la estación seca, como lo previene la ley; otras mil que los planos son falsos; que los poderes de sus representantes no han sido razonados; que es inconstitucional la dispensa de los impuestos municipales que se le concede, etc., etc., etc. Y ante estas verdades, ante estos hechos evidentes, nunca tendrá la United en sus artículos otro argumento que este:

"El uso de las aguas corresponde a los habitantes de la Nación; y en consecuencia, debe ser gratuito."

Y no bastará que se le diga que España, que Italia, que Argentina, etc., tienen disposiciones semejantes en su ley de fondo, y que el uso del agua se paga en la forma que lo establecen las leyes especiales sobre la materia, porque son ellas las encargadas, dentro del propio precepto constitutivo, de regular la manera en que los particulares pueden y deben aprovecharse de ese USO. Y de nada servirá que se le cante que la Ley Agraria autoriza al Gobierno para celebrar o no celebrar contratas, porque siempre repetirá que el respeto a la ley impone la celebración de las contratas, y lo que es peor, su aprobación.

La condición jurídica del agua en la mayoría de las legislaciones modernas es la de considerarla bajo el dominio público, de tal manera que:

"La sociedad no puede abandonarla al interés o a la codicia individual sin ocasionar grandes perturbaciones en el orden público, y el fomento de la riqueza exige, por otra parte, que se dé la preferencia a aquellos aprovechamientos que más puedan contribuir a ella, distribuyendo esos bienes comunes con la misma economía y acierto con que un prudente padre de familia distribuye los suyos".

Lo primero, lo previo, pues, será conocer las necesidades y el volumen general de las aguas nacionales, porque si el uso de éstas corresponde a los habitantes, no es posible, sin violar el espíritu mismo de las leyes, ponerlas mediante contratas bajo el dominio de los particulares, ya que el interés general no debe estar supeditado al interés privado.

Quiere decir que las contratas de aprovechamiento de aguas para riego que el Poder Ejecutivo ha celebrado con las Compañías bananeras, no solamente son ilegales frente a la letra y el espíritu de las leyes hondureñas, sino ante los principios generales que regulan su aprovechamiento en la mayoría de los pueblos civilizados que han legislado sobre la materia.

El Pueblo, marzo 31, 1931.

EL FANTASMA DE LA GUERRA

Al recurso de las firmas de los finqueros y de las opiniones de abogados, sucede otro tan conocido como el de sus predecesores: el fantasma de la guerra.

"Si las contratas no se aprueban, el bochinche es inevitable. Es preferible dar esas aguas que llevar el país al desastre. Del mal el menos", etc. Así razonan la traición y el miedo disfrazados de patriotismo. Y así, de paralelo en paralelo, hemos venido entregándolo todo.

Pero existe ya en este país una conciencia nacional bien forjada y bien despierta para no dejarse quitar la escasa riqueza existente, ni por ignorancia ni por imprevisión, ni por amenazas, ni por nada. Hay, por ventura, un núcleo fuerte de elementos preparados, convencidos de que los problemas que se debaten no deben resolverse aisladamente, sino en conjunto, en bloque, mediante una revisión de concesiones tan justa que sea capaz de dar a cada uno lo suyo. Porque consideran que lo necesario para que pueda establecerse una franca y efectiva cooperación entre el Estado y las Compañías es que éstas trabajen sin el obstáculo natural que tiene que encontrar en todas partes el que nada deja y todo lo recibe; y que el Estado se desenvuelva sin las zozobras y perjuicios que le ocasiona el juego político y económico con que atajan su marcha los interesados de las Compañías.

Hay que definir la situación, y definirla sin vacilaciones y sin politiquerías. Que la presidentitis de los mediocres, de los que no pueden tener en la vida otra significación que la de ser presidentes, no contamine de prudencia ni de cobardía el ánimo de los hondureños libres. Eso es lo esencial para triunfar. Y triunfará Honduras y con ella su obrerismo, su juventud y su independencia.

El fantasma de la guerra no pasará de ser fantasma. No hay guerra ni puede haberla porque no se regalen las aguas a quienes todo se les ha regalado. La guerra es una mentira, aunque soplen lo contrario al oído del Jefe del Estado los esclavos de la United Fruit Company.

Los machetes están llenos de herrumbre y no podrán desenvainarse jamás porque el Congreso Nacional conserve, como es su deber, la riqueza y el bienestar de los hondureños, echando por tierra las famosas contratas de a real. Y quienes intentaren blandirlos

158

bajo el huracán de la degollina, no solamente fracasarían ahogados por el desprecio público, sino que llevarían para siempre el estigma de traidores a la República.

No habrá guerra. La guerra es un fantasma.

Pero se nos olvidaba el plazo improrrogable de 24 horas, que nos diera ayer el editorialista del decano. ¡Prórroga, señor! ¡Prórroga, por Dios!

El Pueblo, marzo 24, 1931.

LA PROFECÍA DE LA GUERRA

Como una repercusión de la experiencia, que en nuestra vida política es dolor, devastación y sangre, nos ha enfermado un pesimismo cruel, a cuya penumbra vaticinamos el desastre como resultado de cada lucha presidencial.

Por más de un siglo, la guerra civil ha sido el recurso de los hondureños para hacer prevalecer con el plomo el mandato de la opinión pública, y aunque ya una vez se ha hecho, después de un debate electoral libre, la transmisión pacífica del Poder, nuestros nervios se mantienen siempre inquietos, pensando que el pasado fratricida puede repetirse.

Saliendo apenas del período de las montoneras, o para ser más exactos, teniendo un pie todavía en la época de la matanza, pesa más en nuestro ánimo la realidad del pasado que la realidad del porvenir. El horror a la guerra que la inmensa mayoría de los hondureños sentimos, el ejemplo de ayer realizado por el Gobernante entregando la Presidencia al ciudadano legalmente electo, aún no logran acostumbrar nuestro espíritu a la seguridad de las soluciones pacíficas. No podemos habituarnos a creer que este país de generales se haya convertido en una raza de hombres civiles. Y de ahí que la paz, aunque todos sintamos la necesidad de su permanencia como un imperioso reclamo que viene de lo más hondo de nuestra vida, no se agarra a ella con fuertes y múltiples raíces de fe, de convicción y de estabilidad. El pasado nos agobia, y siempre estamos esperando, porque es lo más fácil esperar, el triunfo de las fuerzas del mal.

Al pesimismo se suma también una fuerte dosis de amor propio. Como lo normal ha sido la guerra, no nos aventuramos a predecir la paz. Priva en nosotros el afán de no equivocarnos, y por eso profetizamos lo que siempre ha sucedido.

Si nos detuviéramos a estudiar el desenvolvimiento del mundo, veríamos que este mal no es sólo nuestro. Es un mal humano, el mal de las resistencias del pasado, el mal del obstáculo que las fuerzas conservadoras levantan a la renovación civilizadora en el seno de las sociedades, y desde luego existirá siempre. Lo esencial, por supuesto, es que ese mal no se imponga, que no triunfe sobre el optimismo batallador y constructivo, y la conquista del porvenir no sufrirá retardo.

Creer en la paz, tener fe en la paz, trabajar por la paz, debe ser nuestro empeño. Y para eso necesitamos predicar la improcedencia de la guerra, hacer patente la ineficacia de la guerra, presentar a los ojos de todos el salvajismo de la guerra, mantener siempre vivo el horror a la guerra, por medio de la palabra, de la acción y del ejemplo, para que la sugestión y el convencimiento afirmen la conciencia pacifista del pueblo hondureño y toda tentativa de guerra fracase ahogada por esa conciencia.

Para iniciar nuestra campaña contra la guerra, debemos partir de este principio saludable:

Guerra o no guerra, será Presidente el que elija la mayoría de los hondureños.

El Pueblo.

LAS ADHESIONES POLÍTICAS

Entre los vicios de nuestras campañas presidenciales hemos anotado ya el de exagerar el crimen y de considerar muerto político a todo aquel que cae a manos del adversario; pero no hemos apuntado todavía el vicio de la exageración de los valores con ocasión de las adhesiones políticas.

Todo individuo que deja las filas de su partido para ingresar en las del contrario, es recibido con los más calurosos elogios. De la noche a la mañana, y por mérito de su propia inconsistencia, el recién llegado resulta un ejemplo de probidad, de inteligencia y de hombría, destacándose muy especialmente por sus grandes, sólidos y bien ganados prestigios.

¡Cuánto infeliz que jamás ha sido ni soldado y a quien algunas veces no le conocen ni en su casa, se presenta al electorado como un coronel distinguido por su lealtad, su magnanimidad y su sangre fría en los combates!

¡Cuántas pobres vidas, sin el más ínfimo concepto de la organización de un país, sin sospecha siquiera de la función y obra de los partidos y del Estado en la fila de las sociedades, vaticinan eras de prosperidad y de ventura bajo la sabiduría previsora, organizadora y honesta de los hombres del grupo político a que acaban de adherirse!

¡Y sin embargo, cuánto hombre ingenuo, cuánto hombre bueno que jamás ha recibido una alabanza, se pasa a cualquier parte sólo por verse en letras de molde! ¡Y cuánto hombre calculador vuelve grupas a los suyos consultando únicamente sus conveniencias!

Solamente en Honduras se usa la política de las adhesiones como instrumento de propaganda eleccionaria. No conocemos ningún otro país donde se emplee. Los partidos debieran suprimir la política de las adhesiones por peligrosa y por nociva.

El partido que triunfa fatalmente sufre las consecuencias de esa política odiosa en perjuicio del país y de sí mismo. Aquellos infelices, aquellas pobres vidas, que han tomado en serio la exageración de sus méritos, aspiran, en concordancia con ellos, a ocupar un sitio prominente en los negocios del Estado, y cuando no lo obtienen se sienten defraudados en sus aspiraciones y derechos. De manera que los partidos, después de la victoria, quedan precisados a enfrentarse con esta dolorosa disyuntiva: gobernar con los incapaces o no darles nada y echárselos de enemigos.

Tal es el hecho. Y esto sin que hayamos comentado aún los perjuicios que un vicio semejante produce en el carácter y en la moralidad de los hombres.

El Pueblo

EL ORO VERDE ESTA EN SU APOGEO

Refiere El Cronista de ayer, a propósito de los debates parlamentarios, que el diputado Williams dijo:

"Que las compañías productoras de banano se están aprovechando de los ríos de la República, los están ingiriendo, gracias a lo cual se ha multiplicado prodigiosamente la producción de banano durante los últimos años, lo cual demuestra que no es exacto lo dicho por el diputado Muñoz P. hoy temprano, en una digresión."

Decir esto Williams y levantar la diestra Muñoz P. con el índice señalando el cielo (para pedir la palabra), todo fue uno. Con frases justas describió Muñoz P. cuál es la situación del cultivo del banano, que ha venido decreciendo.

"Sin duda la estadística en que Williams funda su aserto es reciente", dijo Muñoz P., "porque la verdad es que la producción, si se compara en un término amplio, ha venido disminuyendo constantemente. Los señores representantes por Atlántida no me dejarán mentir", agregó, "porque saben perfectamente que antes zarpaban de La Ceiba cuatro o cinco barcos cargados de banano cada semana; y ahora sale uno, si acaso."

Varios representantes dieron muestras de confirmar lo dicho por Muñoz P.. Éste continuó diciendo que muchas grandes fincas de los otrora ubérrimos departamentos norteños están completamente abandonadas, que la enfermedad de Panamá ya está haciendo estragos y que la única manera de salvar lo que queda es impulsar la irrigación.

"Es tal la situación", dijo por último, "que ya hasta se está pensando en sustituir el cultivo del banano, para lo cual se están haciendo experimentos de aclimatación en una de las estaciones agrícolas."

Contra la afirmación del diputado Muñoz P., el Presidente de la United Fruit Company, Mr. Cutter, en su informe anual a los accionistas de la referida Compañía se expresa así:

"Las mejoras en el cultivo, la irrigación y drenaje han acrecentado el peso de los bananos y la producción por acre y han disminuido el costo por unidad. Se ha instalado drenaje adicional y se ha extendido la irrigación. Ningún daño se ha sufrido a consecuencia de huracanes o inundaciones. Todas las plantaciones tropicales están en excelentes condiciones. El desarrollo de plantación se ha elevado de tal modo que las demandas del mercado pueden ser enteramente satisfechas con menos capital adicional que en el pasado. El total de los embarques procedentes de las divisiones tropicales ascendió a 65,059,376 racimos."

La estadística nacional demuestra que la producción ha venido aumentando cada año. Y así tenemos que la producción en un período de cinco años, a partir de 1925, asciende de 14 a 17, de 17 a 24, de 24 a 26 y de 26 a 29 millones de racimos.

Tanto del informe de Mr. Cutter como de los datos estadísticos apuntados, se llega a estas conclusiones evidentes:

Que las plantaciones no han sufrido ningún daño.

Que están en excelentes condiciones.

Que el cultivo del banano se ha intensificado hasta el grado de que puede satisfacer enteramente las demandas del mercado, hecho que no se había presentado nunca.

Y que, de consiguiente, nadie ha pensado siquiera en sustituir el banano por otro cultivo.

El hecho parcial que cita el Dr. Muñoz P., con respecto a La Ceiba, sí es una verdad; pero ése es un hecho que se relaciona con la producción de un lugar determinado y constituye simplemente un dato local. El dato general, el que se refiere a la producción nacional, ése no ha disminuido, al contrario, viene aumentando desde hace muchos años.

El oro verde está en su apogeo.

El Pueblo, marzo 29, 1931.

LECCIÓN DE CIVISMO

Cuando se estaba organizando la manifestación de los estudiantes y obreros para protestar contra las contratas de aguas para riego y acuerpar el proyecto de reformas a la Ley de Aprovechamiento de Aguas Nacionales, presentado a la consideración de la Cámara por el diputado Williams, se dijo que algunos funcionarios públicos amenazaban con la destitución a los estudiantes empleados que tomaran parte en dicha manifestación.

Aunque no pusimos en duda amonestación tan mezquina, creíamos que se usaba de ella no con el propósito de cumplirla, sino con el simple de amedrentar a quienes luchan en un mísero empleo por dar cima a sus aspiraciones, porque de ese modo pudiera, si no impedirse la manifestación, por lo menos restarle varios de sus elementos y mucho de entusiasmo. Sin embargo, parece que algunos de estos jóvenes o fueron ya destituidos o están para serlo.

Causa pena la situación en que nos encontramos. A quienes defienden los intereses nacionales sin más aliciente que la sinceridad de su patriotismo, se les castiga arrojándolos de sus puestos. En cambio, a los aliados de los que tratan por todos los caminos y acudiendo a todas las infamias de hundir el país en la miseria y en la esclavitud, a ésos no sólo se les conserva en sus puestos, sino que se les premia ascendiéndolos.

Si no fuera porque aún perdura en la conciencia de la Nación, arraigado y fuerte, el soplo heroico de los hondureños libres, quién sabe si a esta hora no hubieran liquidado definitivamente la República, la abulia, la venalidad y la cobardía. ¡Y que haya todavía individuos y periódicos listos a salirle al paso a cuantos en este país luchan por redimirlo del yugo ominoso de las empresas bananeras!

Por el camino que vamos, dentro de poco no podrá el ciudadano hondureño llegar a ningún puesto público sin presentar de previo su carta de venta a la United Fruit Company. El mérito tendrá que definirse como la mayor capacidad del individuo para traicionar los intereses de su patria. Y sobra decir que esta lección de civismo no puede ser más edificante.

El Pueblo, abril 8, 1931.

APROVECHAMIENTO DE AGUAS
NACIONALES (IX)

Con una infantilidad que regocija a cuantos les escuchan, los esclavos de las Compañías vienen hablando del posible viaje de éstas, si no se aprueban las contratas para riego. La tesis no puede ser ni más torpe ni más denigrante. Generalizando, quiere decir que si las Compañías piden el regalo del país, debe regalárseles, porque si no se van, y si se van, se acabó Honduras.

Más de ochenta años de vida como Nación independiente tenía Honduras cuando llegaron las Compañías, y la prosperidad de los hijos del país mediante el cultivo del banano, fue siempre inmensamente mayor de lo que es y podrá ser ahora. Y para ser más claro, antes el dinero, el oro que producen los bananos, entraba a los bolsillos de los finqueros hondureños y ahora se va todo entero a las fauces de las Compañías. Y esta no es una teoría sino un hecho patente que no podrán remover la ignorancia ni la venalidad.

Pero si fuera evidente que las Compañías le han hecho y le hacen a nuestra pobre tierra un beneficio enorme, ese beneficio desaparecería desde el momento en que fuera necesario regularles todo para que permaneciesen entre nosotros. Porque nunca puede ser benéfico despojarse de todo a cambio de que otros lo amplíen, exploten y mejoren exclusivamente para sí mismos. Y esto es lo que ha ocurrido con el guineo. El ayer próspero propietario hondureño se ha convertido en el peón a bajo sueldo de las empresas bananeras.

No puede ser más desigual la situación del hijo del país frente a la de las Compañías. Sin embargo, hoy que puede mejorar actuando con inteligencia, con un poco de entereza y de sentido común, se levantan los esclavos gritando enfurecidos y amenazantes:

"¡Se van las Compañías! ¡Se van las compañías! ¡Aprobad las contratas para riego!"

La realidad es que las Compañías no se van ni pueden irse de los trópicos y menos de Honduras, porque este país es el que tiene la mayor cantidad de tierras cultivadas de guineo en el mundo y también el que produce la mayor y mejor calidad de la deliciosa fruta. Además, y esto ya lo hemos dicho en otras ocasiones, las mayores reservas de terrenos adecuados para el cultivo del banano están aquí en Honduras.

Mr. Cutter, que en esta controversia del agua se ha propuesto, con una oportunidad que Dios le ha de recompensar, defender a los hondureños contra los hondureños, viene a desmentir a los que nos amenazan con el viaje de las Compañías, que de realizarse, valdría la pena que el patriotismo declarase de fiesta nacional el día de su partida.

"Se nos ha preguntado en varias ocasiones", dice Mr. Cutter, "por qué la United Fruit Company no coloca todas sus acciones en un solo lugar. Debemos tomar en cuenta que la agricultura en los países tropicales es, hasta cierto punto, diferente de lo que es la agricultura en el Norte, donde las grandes extensiones de terrenos juntas son una cosa más corriente. En los trópicos, las fincas deben estar bastante separadas unas de otras, si se quiere contar con un suministro constante de fruta. Una tempestad tropical puede devastar toda una finca de bananos en diez minutos, y la lluvia excesiva, asimismo, causa daños desastrosos. Estas dificultades se han vencido teniendo unas plantaciones lejos de las otras."

La palabra de Mr. Cutter no puede ser más reveladora. No nos vamos, no podemos irnos, dice apaciguando la inquietud enfurecida de sus esclavos. Y claro, no se irán.

El Pueblo, abril 16, 1931.

EL ANUNCIO DE LA GUERRA

Con la proximidad del Congreso extraordinario coincide el trabajo de las Compañías para preparar un ambiente de guerra.

Telegramas de los comandantes, noticias de los particulares, movilización intencionalmente sospechosa de elementos sindicados como héroes de montonera, secreteos premeditados denunciando los planes, actividades, etc., de los conspiradores, explicaciones sobre los orígenes del bochinche, el cual sólo puede evitarse dando a las empresas bananeras lo que piden, todo eso va y viene y gira en torno de comerciantes, agricultores y del pueblo mismo, con el propósito de llevar a los ánimos la convicción de que la guerra es inminente. Y para hacer más eficaz y positiva la amenaza, para hacer sonar en los oídos de los crédulos el chirrido de la fogata, hasta se precisa la fecha de la degollina con exactitud matemática.

Es una campaña de propaganda bélica hecha con todas las reglas, cubriendo todos los detalles. Los americanos conocen el valor del anuncio, y claro, anuncian la guerra. El plan es científico y ha surtido muchas veces sus efectos, especialmente en esta administración. Pero todo se gasta, sobre todo la mentira. Y por eso ya nadie cree en las guerras que se anuncian simultáneamente con las concesiones solicitadas por las Compañías. Y no se cree, aunque el propio Poder Ejecutivo se agite en visibles aspavientos de preparación bélica, porque de sobra se sabe que todo eso no tiene otra finalidad que propiciar la aprobación de un nuevo despojo a los hondureños.

En estos momentos nadie quiere bochinche ni hay con quién hacerlo. No existe caudillo que lo encabece ni gente que lo secunde, y los rifles no disparan solos ni los machetes hieren por sí mismos. No hay tal guerra ni puede haberla. Ya lo hemos dicho en estas mismas columnas: la guerra es un fantasma. El país está en paz y seguirá en paz, a pesar de los falsos augures.

Pueden, pues, comer, beber, dormir y sobre todo, discutir tranquilamente los diputados. Los hondureños nunca han ido a la guerra porque se defiendan sus derechos ni sus intereses, y no irán esta vez porque no se entreguen sus aguas. Los hondureños van a la guerra, han ido a la guerra, e irán siempre a la guerra, precisamente cuando se han escarnecido sus derechos o lesionado sus intereses.

169

Las contratas deben discutirse con calma. Y si las Compañías se empeñan en mantener una falsa inquietud en los ánimos, entonces lo mejor será que los diputados pongan término a esa inquietud, haciendo imposible el Congreso extraordinario, que, con patriótico acierto, ha llamado "el Congreso de las Compañías" uno de nuestros corresponsales. Porque si hay guerra, ¿para qué discutir las contratas de riego? Mejor que la guerra pase, y entonces, en calma, ya podremos hablar de negocios.

Debieran las Compañías buscar otro recurso más inteligente. El de la amenaza de guerra a nadie pone con cara de tragedia. Al contrario, produce en los ánimos el efecto de un chiste: mueve a risa.

El Pueblo, abril 13, 1931.

LA REBELION DE LAS AGUAS (I)

Parece que todo se ha preparado para la aprobación de las contratas de riego: Congreso Extraordinario, rumores de zafarrancho y por último el zafarrancho mismo. Todo eso no tiene otra finalidad que las aguas. Es la revuelta de las aguas, y quién sabe cuántos que la combaten no anden, mercaderes de sangre y esclavos de las Compañías, envueltos en ella. Cuando todo haya pasado, habrá tiempo para depurar en toda su verdad las causas ocultas de esta rebelión de las aguas. Hasta entonces conocerán los hondureños los resortes subterráneos que juegan en el desastre.

Es éste un bochinche que no tiene otra finalidad inmediata que la aprobación de las concesiones para riego, o sea la subordinación económica perpetua de Honduras a las Compañías. Lo que viene después no se necesita esforzarse para preverlo: subordinación política, elección de Presidentes en las oficinas de la United Fruit Company, etc., etc. Tal es el fondo cierto de esta trama despreciable, que si ha principiado en un sainete, puede tener consecuencias lamentables, ya que siempre ha sido peligroso eso de jugar con las pasiones humanas, especialmente en un país muerto de hambre, inquietud y desesperanza.

Pero es tal el arraigo de la paz en las conciencias, que, a pesar de todas estas causas, no existe ambiente bélico. La artificialidad del bochinche es tan manifiesta que la atmósfera de la guerra no se respira en el ambiente patrio, por más que se hayan disparado tiros en Progreso y en Tela. Se trata de una montonera ad hoc, preparada, amasada y horneada en los dominios de la United Fruit Company, en connivencia con sus esclavos, y de ahí que bien puede coincidir la entrega de la República con la terminación del zafarrancho.

Por eso, si hay en la Cámara hondureños enteros, incapaces de firmar la sentencia de muerte de su patria, ni por temor, ni por favor, ni por nada, lo indicado es clausurar las presentes sesiones extraordinarias al terminar de discutirse la Ley de Vialidad. El país no debe entregarse, so pretexto de que hay guerra. Al contrario, si las Compañías son las autoras de la montonera, entonces sí que por ningún motivo debe contratarse con ellas, porque solamente pueblos cobardes, sin dignidad y sin honor, contratarían rendidos por el miedo con quienes de manera tan vil empaparan de sangre su suelo. Y el pueblo hondureño no es un pueblo de cobardes.

Demostremos que merecemos la ciudadanía, comprobemos con hechos que mienten quienes nos consideran incapaces e indignos de constituir una República. Salvemos el porvenir diciendo a nuestros explotadores que nosotros no discutimos concesiones sino en el seno de la paz y el orden. No sentemos este precedente miserable, porque si lo sentamos el país tendrá una guerra para cada nueva concesión.

Tengamos honor, valor y amor patrio. Seamos hondureños.

El Pueblo, abril 20, 1931.

LA REBELION DE LAS AGUAS (II)

En estas mismas columnas dijimos que el Presidente de la República llamó a varios diputados para decirles que si no aprobaban las contratas para riego se levantaba el general Ferrera. Y en este mismo diario, el Jefe de la República ratificó dos veces esta misma declaración. Esta es una afirmación implícita hecha por el Presidente, de que las Compañías bananeras propician la guerra. Porque, ¿quién que no sean las Compañías puede estar interesado en fomentar una revuelta si no se aprueban las contratas? Y ¿quién, por otra parte, tiene aquí en Honduras dinero para levantar y sostener un bochinche sin opinión pública como el Presidente?

Nuestros trastornos del orden han tenido dos causas bien conocidas: las imposiciones electorales y el apoyo de los gobiernos vecinos. Ninguna de esas causas entra en el actual zafarrancho, pues la libertad electoral ha sido irrestricta en esta administración y los gobiernos fronterizos están antes bien de parte de la autoridad legítima. Y que así es, lo prueba la reciente captura y reconcentración del general Filiberto Díaz Zelaya por el Gobierno de Guatemala.

No es extraño, pues, que los esclavos de las Compañías, ansiosos de prestigiar al desprestigiado zafarrancho, estén vivamente interesados en quitarle, mediante una propaganda de aparente apego al Gobierno, el calificativo de infamante que de fuerza le imprime su naturaleza de REBELIÓN DE LAS AGUAS. Y a este propósito, bien estará observar con verdadero sigilo a los esclavos de la United, porque es casi seguro que entre en sus planes el de proceder, para despistar, como voluntarios espías y defensores de la autoridad constituida, cuando en realidad lo que son es espías y defensores de las Compañías y del zafarrancho.

Personas venidas de la Costa Norte nos informan que, la víspera misma del levantamiento, las Compañías dieron de baja a varios centenares de trabajadores, los cuales pasaron a engrosar, acto seguido, las filas de los revoltosos.

Don Mario Ribas de Cantruy recibió un radiograma procedente de Nueva York comunicándole que la revolución había estallado en el Valle de Aguán. Esta advertencia vino de la metrópoli norteamericana casi simultáneamente con el primer disparo del zafarrancho, que dio

173

principio en Sabá, campo de la Compañía, situado en el Valle del Aguán. Don Mario Ribas recibe sus noticias por medio de la All American Cables y no por radio, porque se trata de dos agencias competidoras. ¿Por qué recibió don Mario esta vez un radiograma y no un cable? ¿Quién se lo envió? ¿Cómo pudo estar enterado en tan pocas horas de que la revuelta había estallado en el propio sitio y fecha en que estalló? ¿Quién controla en los Trópicos el radio? La Tropical Radio Telegraph Company. ¿Y qué es la Tropical sino una Compañía afiliada de la United Fruit Company?

Con todas estas coincidencias y con la imposibilidad de hacer una guerra cuando no se tiene opinión pública ni dinero, ¿habrá o no habrá razón para que esta degollina se llame la REBELIÓN DE LAS AGUAS?

Para cualquier observador inteligente, que contemple el ambiente de paz y de repulsión por la guerra que existe en la mayoría de las conciencias, la montonera presente es algo completamente artificial, que no ha incubado la opinión pública hondureña. Y de ahí que, aunque los esclavos de la United gesticulen, vociferen y pataleen, este bochinche será hoy, mañana y pasado, la REBELIÓN DE LAS AGUAS, y como tal pasará a la historia política de la Nación.

Con intención que se dibuja en alto relieve, la prensa delatora habla de que los pueblos pueden dedicarse al sabotaje como medida de revancha contra las propiedades de las empresas bananeras, y en un afán aparente de querer evitar esa clase de represalia, lo que hace en realidad es sugerirla, probablemente de acuerdo con sus amos, que muy bien pueden impartir órdenes en ese sentido, cumpliendo su programa de aniquilar el país. Pero, gracias a Dios, ya estamos sobre aviso, debido a que los delatores, por la fuerza de su oficio, se delatan a sí mismos cuando más empeñados están en delatar a los demás.

Habíamos ya previsto que, a la sombra del zafarrancho, se trataría de silenciar la prensa y las manifestaciones del sentimiento público, para hacer triunfar en la Cámara las contratas para riego. Y la prueba no se ha hecho esperar. Ayer, uno de los espías de la United se despoja de la careta y pide al Gobierno, en tono desesperado, como quien se siente al borde de un naufragio, que se suprima este diario. Oigámosle:

"¿No habrá -se pregunta- un medio de contener las demasías de los agitadores?"

Sí lo hay. Ese medio es silenciar la prensa libre para que en Honduras hable solamente la United Fruit Company por la boca de sus esclavos.

Pero hay un medio mejor para que el país no siga exponiéndose a la degollina y a la venta, y ese medio puede emplearse con éxito inmediato, lanzando a puntapiés del sagrado campo de la prensa nacional a la cáfila de esbirros y delatores que prostituyen su apostolado.

El Pueblo, abril 23, 1931.

LA REBELION DE LAS AGUAS (III)

"Allá donde digo, no vayas a creer que te digo, es que te digo Diego". Así es la chanfaina confeccionada en Palacio por el periodista palaciego, en un empeño inútil de cambiar el recto sentido de la verdad.

"¿Piensa usted que por cobardía moral inmensa he argumentado que la improbación de esas contratas en el Congreso pudiera propiciar una revuelta?", dijo el Presidente de la República en su mensaje de Sicaguara al doctor Manuel F. Rodríguez.

Repetimos que esta afirmación constituye un cargo implícito contra las Compañías bananeras, que no podrán desvanecer entrevistas incidentales ni previamente arregladas. Las interpretaciones para demostrar que lo que se dijo no es lo que se quiso decir, antes afirman que destruyen el concepto cabal de las ideas en la mente de todo espíritu imparcial.

Precisamente estas oscilaciones, esta indecisión para sostener de manera definitiva lo que se piensa y se siente, es lo que hunde los países, y nunca la firmeza para discernir las responsabilidades.

El Gobierno de Estados Unidos es un Gobierno honorable, que no compromete su seriedad colocándose al lado de quienes propician las alteraciones de la paz, que ha sido y es la plataforma fundamental sobre que descansa la política del Presidente Hoover. Y conociendo esa verdad, lo que debió hacerse ha sido denunciar el hecho de este bochinche ingrato ante el Departamento de Estado, por medio del señor Ministro Americano Lay, funcionario que hace honor a su país por su competencia y su probidad, y quien, estamos seguros, habría cooperado solícito con el Gobierno en el esclarecimiento de los hechos, para dar la justicia a quien la tenga.

Nuestra pluma no ha estado jamás al servicio de ninguna compañía extranjera, llámese Cuyamel, Standard o United. La mayor campaña por la redención del Ferrocarril Nacional y la nulidad del contrato de anticresis, la hemos hecho nosotros. Y ya se sabe que era la Cuyamel, pues no se había efectuado el traspaso a la United Fruit, la afectada con nuestra labor.

Tampoco hemos vendido una sola pulgada de tierra nacional a compañía alguna, extranjera o nacional. Es más, hasta hoy no hemos vendido a nadie tierra de ninguna clase. De suerte que el espía de la United MIENTE una y otra vez cuando, queriendo colocarnos en su mismo campo de ignominia, echa sobre nuestra reputación culpas que no tenemos.

Pero no debemos injuriar las columnas de este diario aludiendo a un desperdicio humano. Lo mejor es darle en primera oportunidad, para bien de sí mismo y de la sociedad, una lección edificante, pues ésa y no otra tiene que ser la actitud de todo hombre digno cuando le salen al paso individuos que debieran estar en las cárceles con una cadena en cada oreja.

Y para concluir, ratificamos que el actual zafarrancho será hoy, mañana y siempre, la REBELIÓN DE LAS AGUAS.

El Pueblo, 1931.

APROVECHAMIENTO DE AGUAS
NACIONALES (X)

Repetidas veces hemos afirmado en estas mismas columnas, desde que empezaron a discutirse las concesiones para riego, que en los contratos administrativos el Poder Ejecutivo no actúa como persona jurídica, sujeto de derechos y obligaciones, sino como poder del Estado, y que, en consecuencia, quien contrata con la Administración lo hace subordinando su interés al interés público, cualquiera que sea la forma en que contrate, especialmente tratándose del uso de las aguas.

Ratificando estas ideas y para desvanecer las afirmaciones que la ignorancia o la parcialidad han venido haciendo en pugna con los principios del derecho administrativo y con las propias leyes que nos rigen, nos preguntamos en nota editorial correspondiente al 18 de marzo pasado:

"¿Y quién ignora que la fe pública no puede salir maltrecha en los contratos administrativos porque estén sujetos a modificarse, primero porque así se expresaría en la ley, y segundo porque dentro de los principios del derecho administrativo, quien contrata con el Estado contrata sujeto a limitaciones, por más que éstas no se hayan establecido o aunque se haya hecho estipulación en contrario; porque jamás puede suponerse que el Estado renuncie a su libre desenvolvimiento, que cometa suicidio, en provecho de los particulares?"

Jamás los defensores de las Compañías han podido desvanecer uno siquiera de los hechos o razones que prueban la ilegalidad e inconveniencia de las concesiones para riego, ni es posible que lo consigan. Su argumentación se reduce a sostener que las contratas son legales porque son legales. Eso en cuanto a la parte jurídica. Y en cuanto a la que se relaciona con la conveniencia nacional, se pierden en tediosas parrafadas demostrando las bonanzas de la agricultura, como si alguien negara esa afirmación de Perogrullo, o como si el hecho de que el desarrollo agrícola sea fuente de prosperidad, pudiera servir de argumento para que un país regale el uso del agua a quienes ese uso no significa más que el acrecentamiento en más del doble de sus utilidades.

Un acto de tal naturaleza equivaldría a la emisión de una ley de despojo, subordinando el interés público al interés de los particulares, lo cual no sólo repugna a la protección que el derecho otorga preferentemente a las sociedades sobre el individuo, sino que implicaría, por injusta y por inhumana, una retrogradación a la época de los bajos egoísmos primitivos, en que el tosco instinto de la bestia prevalecía sobre el espíritu de equidad en la distribución de los bienes naturales, que es norte y guía de la humanidad civilizada.

Laurent, en sus principios de Derecho Civil, dice que "la concesión regla el ejercicio de un derecho preexistente, pero no confiere ninguno al concesionario". Y comentando su pensamiento, el eminente tratadista prosigue: "Claro es que éste no puede valerse de la concesión, como de un derecho adquirido, con relación a la Administración; la autoridad administrativa interviene siempre por interés público; menos aún, se puede fundar un derecho en un acto administrativo. Las autoridades que proceden por interés público, el Poder Ejecutivo, siempre pueden enmendar lo que han hecho, abrogando sus actos o modificándolos, pues no hay derecho adquirido contra el Estado".

Y siguiendo la línea de sus ideas, que no es otra que la de la ciencia jurídica, al referirse al caso concreto de los aprovechamientos de aguas nacionales, concluye Laurent, con este párrafo rotundo: "De aquí el principio de que las concesiones en materia de corrientes de agua son esencialmente revocables, y la revocación se hace, como ya lo hemos dicho, sin que el concesionario tenga derecho a una indemnización, al menos por lo que se refiere a la concesión".

Tal vez este párrafo podría servir para suavizar la ignorancia de cuantos han tenido la valentía de sostener que las reformas a la Ley de Aprovechamiento de Aguas Nacionales, propuesta por el diputado Williams y que está debatiéndose en la Cámara, no podría aplicarse a las concesiones para riego, porque la ley no tiene efecto retroactivo. Y ojalá así sea, porque no deja realmente de causar pena un argumento, que si bien pudiera usarse en un poblacho para ganar un pleito de gallinas, no debiera jamás echarse a rodar en el solemne recinto del Poder Legislativo.

El Pueblo, abril 24, 1931

LLAMAMIENTO AL AVIADOR GARAY

Tenemos informes de que el Gobierno de la República ha llamado al aviador Lisandro Garay. El aviador, con ese motivo, saldrá inmediatamente, tratando de llegar a Tegucigalpa por la ruta más segura.

Entendemos que el llamamiento del capitán aviador Garay tiene por objeto principal utilizar sus servicios para localizar sin dificultad a los revoltosos y batirlos sin pérdida de tiempo y con toda eficacia, evitando, mediante una acción rápida y decisiva, no sólo la prolongación del zafarrancho, sino también que se desarrolle el bandolerismo por los pequeños grupos dispersos como consecuencia natural de las derrotas.

Creemos que la medida del Gobierno no puede ser más oportuna y necesaria para el restablecimiento de la paz, de la cual el país tiene menester, especialmente en esta hora negra de crisis y rebelión de las aguas.

Esperemos, pues, a Garay con la satisfacción de que podremos convencernos de que los esfuerzos hechos por el pueblo hondureño para ayudarle en su vuelo, que debía darle gloria a Honduras, no serán vanos, como que van a pagarse en la forma que más grata debe sernos: defender a la patria de las tremendas amenazas de los que, habiéndonos arrebatado el suelo, han querido y quieren quitarnos el aire y el agua.

El Pueblo, abril 25,1931.

APROVECHAMIENTO DE AGUAS NACIONALES (XI)

La Ley de Aprovechamiento de Aguas Nacionales establece que "el que intentare celebrar contrata con el fin de obtener el uso de las aguas para irrigación en cantidad que exceda de cincuenta litros por segundo durante tres horas diarias, estará obligado, aparte de otros requisitos, a presentar los títulos que prueben la propiedad de los terrenos que se propone irrigar".

Los títulos de propiedad a que se refiere la ley son los del solicitante. Y la razón es clara.

El Estado exige contratar con el propietario de los terrenos cuya irrigación se solicita y no con el arrendatario, porque la irrigación no enriquece las tierras, sino que las hace dar en menor tiempo su potencialidad productiva.

Por ejemplo: un terreno que puede producir en condiciones normales un promedio de 500 racimos de bananos al año durante veinte años, con irrigación produce mil o más anualmente, pero queda agotado en diez años o en menos, lo cual constituye, como vamos a explicarlo, un grave perjuicio para el dueño y dobles o mayores utilidades para el arrendatario.

Supongamos que alguien arrienda cien hectáreas de terreno a razón de un dólar al año por hectárea para el cultivo del guineo y por un plazo de diez años. Para fijar el valor y el plazo del arrendamiento, el propietario ha tenido en cuenta que su terreno puede producir normalmente de 400 a 500 racimos anuales por hectárea como promedio, durante veinte años. Pero el arrendatario decide irrigar, y entonces la hectárea le produce 1000 o más racimos como promedio por año, y la fertilidad del terreno, su potencia productora, ha quedado totalmente agotada en diez años.

¿Qué pasa? Sencillamente que el dueño de la tierra pierde diez años de la producción de su terreno sin ninguna remuneración y en beneficio del arrendatario, quien ha duplicado sus utilidades. ¿Es eso justo? De ninguna manera.

Pues bien, es eso precisamente lo que la ley ha previsto y querido evitar, exigiendo al solicitante la presentación de los títulos que acrediten su propiedad sobre los terrenos que se propone irrigar.

Pero, ¿cómo hace entonces el arrendatario para irrigar? Eso no ofrece dificultad, ya que éste no necesita contrata para ese fin, puesto que así como el propietario le arrienda su terreno, bien puede arrendarle el servicio de aguas para riego.

¿Acaso los mismos que están defendiendo las contratas no han sugerido que las Compañías se comprometan a irrigar, mediante un canon equitativo, las plantaciones de los bananeros hondureños?

Además, si esta solución no bastare, el propietario puede traspasar su contrata previo consentimiento del Gobierno.

Como hemos dicho, la ley no puede ser más clara en cuanto a la obligación de presentar los títulos de propiedad sobre los terrenos a favor del interesado; pero como indudablemente se le han querido dar interpretaciones antojadizas, el doctor Venancio Callejas, para fijar su sentido de manera indubitable, presentó una moción, que fue aprobada y mediante la cual se exige en las contratas para riego la obligación de presentar los títulos de propiedad a favor del solicitante, debidamente legalizados.

Y el doctor Callejas ha procedido como un hondureño previsor, que se preocupa por la defensa de los intereses de su patria.

El Pueblo, abril 28, 1931.

EL ALMENDRO ESTÁ TRISTE

RAFAEL HELIODORO VALLE

Así como caen los altos pinos traicionados por la tempestad, así ha caído Alfonso Guillén Zelaya. Era uno de los hombres más tristes que han nacido en una de las más tristes tierras que se hallan en la más triste, la más dulce y amarga tierra. Llevaba en su mente esa niebla de melancolía que baja de las montañas paternas, se deshace en ternura y magnifica los valles y los ríos, impregnándolos del aroma con que las palmeras visitan con sus alas de polen diariamente al mar.

Poeta que nunca dejó de ser una rosa verdadera, a pesar de las ásperas espinas que le atormentaron, su poesía se queda temblando en urnas diáfanas, a la manera del agua que borbota sin estrépito porque no necesita el idioma del iris para hacer bien a los sedientos. Mientras haya un almendro en el patio, una casa blanca a lo lejos, un camino hacia los pueblos con muchachas y palomas, la voz de este poeta será como la bienvenida con que las almas sin voz saludan al amanecer. Honduras nuestra de cada día: hemos perdido a una de tus grandes almas, a un hombre que tenía la capacidad de amar y de comprender porque solo tienen la sonrisa los niños y los hombres buenos.

Su corazón cumplía el refrán sobre su tierra de Olancho: "ancho para entrar y angosto para salir". Porque lo tenía abierto a los grandes amores y le había puesto cerrojos inefables al amigo que aprisionaba para siempre. Su excelencia humana, su integridad, el oro de Guayape de su emoción frente al tormentoso espectáculo del mundo, se nos quedan en sus páginas de periodista vertical y en sus palabras que se encendían en la conversación como esas luminarias que, en las íntimas noches de Honduras, saben guiar en la oscuridad a los pasajeros que desean una puerta que se abra de par en par.

Amó la vida sin esperar sus recompensas; la amó como un trabajador que sabía que hay que conquistarla diariamente, sin desfallecer, sin buscar los vanos honores, solo porque es una disciplina y en ella estamos para dar lo más acendrado de nuestra pasión. Era uno de los soldados de la aurora y solo de ella recibía órdenes. Con la mente y con la pluma peleó al servicio del hombre; del hombre que está humillado por siglos de superstición y de iniquidad, y que tiene malas levaduras en el espíritu. Hizo su tarea y ha caído, al fin, sobre el áureo escudo. Pero deja amigos que sabrán librarle del olvido, y sus palabras no pasarán, como no cesa la semilla del sol de volcarse en diaria acción de milagro, y porque los que como él han llevado un diamante bajo la bóveda celeste del alma, siguen iluminando la tierra.

Aquí estamos diciéndole todo lo que le queríamos. El poeta vivirá en lo más puro de sus poemas; el periodista continuará abriendo horizonte a las nuevas ideas que harán florecer al mundo; el hombre de pensamiento volverá siempre a nosotros para recordarnos -como Martí- que la vida es agonía y deber.

Se quedan sus huesos en tierra mexicana bajo este cielo que ha visto las largas agonías del hombre en su viaje hacia los oasis prometidos. Los ojos que le lloran tienen la luz del mediodía pleno que él llevaba en la intimidad y las manos que despiden su figura corpórea le entregan un vestido resplandeciente, el que solo pueden tejer las manos del amor. Aquí le dejamos mientras el alma de Isabelita se junta más a la de él, como en los círculos estelares se entrelazan el sol y la luna. Que duerma bajo las ramas del almendro entremezcladas a la eterna primavera del pino.

Discurso pronunciado en la tarde del viernes 5 de septiembre de 1947.

Panteón Español, Distrito Federal, México.

(Revista Tegucigalpa No. 1015, septiembre 14, 1947).

APROVECHAMIENTO DE LAS AGUAS (XII)

La Ley, los números, la conveniencia nacional, las utilidades obtenidas por las empresas bananeras, todo ha demostrado la necesidad de llevar a cabo, no solamente la aprobación de la reforma parcial a la Ley de Aprovechamiento de Aguas Nacionales presentada a la Cámara por el diputado ingeniero Abraham Williams, sino la de operar una reforma total a dicha Ley y la de improbar las concesiones ilegales de riego, firmadas entre el Poder Ejecutivo y las Compañías. Nada tienen ni han tenido que argumentar los defensores del Trust Bananero. Toda su labor se ha reducido a hablar de xenofobia; de los beneficios de la agricultura; de que el capital extranjero es necesario para el progreso; y así, por ese orden, de una serie de ridiculeces y perogrulladas que dan lástima, porque nadie odia a los extranjeros ni niega que la agricultura es fuente de prosperidad ni que el capital extranjero se necesita en Honduras. Lo que nadie acepta es que el amor al extranjero implique el odio a la patria; ni que las bonanzas de la agricultura impongan al dueño de un terreno la obligación de regalarlo al que pueda hacerlo producir mejor porque tenga más dinero; ni que el capital extranjero haya de importarse a condición de entregar los países a beneficio exclusivo de explotadores extraños.

Es con este criterio racional y justo que han legislado casi todas las naciones civilizadas, y es con él que desean que se legisle cuantos aspiran a que en Honduras el trabajo no constituya fuente de privilegios, franquicias y exenciones para unos, las Compañías, y carga diaria, dura y perpetua carga, sujeta a todos los rigores de las leyes, restricciones que imponga el interés colectivo, la equidad, etc., para los hondureños y para los extranjeros que no sean las empresas bananeras.

En la Argentina, por ejemplo, el Poder Ejecutivo está autorizado para contratar, "directa y respectivamente con las compañías ferrocarrileras", la construcción de obras para irrigación, si éstas aceptan "construir las obras por su costo real, sin otra utilidad que la que le proporciona el aumento de tráfico para sus líneas, producido por el mayor rendimiento de las tierras que recorren".

El aumento de tráfico para sus líneas es la única utilidad que obtienen las empresas en la construcción de obras de irrigación, sin

185

perjuicio de que esas obras se pagan con el canon de agua y son de propiedad del Estado y no de las compañías.

Aquí las Compañías tienen el monopolio del tráfico ferrocarrilero, el del tráfico marítimo y son, a su vez, empresas consagradas al comercio de mercaderías, en condiciones que nadie, ni hondureños ni extranjeros, pueden hacerles competencia. Por eso se ha dicho y seguirá diciéndose con sobra de justicia, que los comisariatos son los asesinos del comercio nacional. Y aquí, sin embargo, con todas esas ventajas, todavía existen quienes quieran que las Compañías fruteras construyan las obras para su exclusivo beneficio y que usen las aguas a título gratuito, y si es posible que les paguemos porque las usen.

El Pueblo, mayo 2, 1931.

APROVECHAMIENTO DE AGUAS NACIONALES (XIII)

Frente a las amenazas, frente al oro corruptor, frente a las maquinaciones de toda índole, triunfó el criterio de la justicia, se impuso la fuerza del patriotismo, al fijar el canon que debe pagarse por el uso del agua para riego de bananos.

Solos, obstaculizados aquí y allá, sin otra fuerza que la que da la razón, la equidad y el sentido recto del deber, triunfaron en la Cámara los diputados que defendían los intereses de Honduras. Una vez más viene a comprobarse que no se puede luchar con pueblos, y que el camino que tienen las Compañías para desenvolverse sin estorbos y con la cooperación de todos los hondureños, no es el de imponerse por medio de la amenaza ni del dinero, sino el legítimo y honesto de la reciprocidad en las utilidades con el país que produce los bananos. Que termine la explotación unilateral y que trabajemos todos, bajo la más sincera armonía, justamente retribuidos e impulsados por ese espíritu de cooperación cristiana, esencial a la buena marcha de toda empresa. Sólo así se asientan en el mundo sobre bases permanentes la simpatía y el respeto, factores indispensables en el ascenso ininterrumpido de los capitales.

El canon de diez dólares anuales por hectárea, dadas las enormes utilidades que obtienen las empresas bananeras y el cúmulo de franquicias, exenciones y privilegios de que gozan, es ínfimo. Sin embargo, ya constituye una retribución aceptable para el país que las ha enriquecido y continúa enriqueciéndolas, sin obtener otra recompensa que la de una batalla constante y desigual, librada en defensa de su prestigio moral y de su honor. Veremos si las Compañías se resisten a pagar la miseria de ese canon, que como muy bien ha dicho el diputado Williams, apenas representaría el aumento de un centavo oro por cada racimo exportado, si pudiera gravarse la exportación de los bananos.

Por veintiún votos contra diecinueve triunfó el canon de diez dólares contra el de cinco, a que se adhirieron los propios miembros de la comisión dictaminadora que habían señalado tres como máximum. En justicia, desde luego, el canon no triunfó con dos votos de mayoría, sino con ocho. Y eso porque faltaron los diputados

Bonilla Contreras, Luna, Dubón, Raudales, Jiménez y Triminio, que estaban de parte del canon de diez dólares.

Se ha triunfado contra la montaña de la United, ante la cual, según algunos de sus abogados, no cabe otra actitud que la de andar de rodillas. No ha faltado, sin embargo, quien afirmara en plena Asamblea que era inútil aprobar otro canon que no fuera el que las Compañías quisieran pagar, porque si se aprobaba lo vetaría el Ejecutivo y si no lo vetaba pedirían amparo. La amenaza constituye una revelación, y el pueblo hondureño debe estar alerta para observar el desenlace de esta profecía diputadil.

Ya es tiempo de ir formando juicios definitivos sobre nuestros hombres. Y las contratas de riego nos ofrecen una ocasión insuperable. Esperemos tranquilos.

El Pueblo, mayo 4, 1931.

UNA REVOLUCION ORGANIZADA

En las instrucciones del Departamento de Estado a los Comandantes de los barcos de guerra, surtos en aguas hondureñas, se dice que una "revolución organizada ha estallado en Honduras", y que la "misión de la marina de los Estados Unidos es proteger la vida y propiedad de los americanos en los puertos y ciudades costeñas, aunque en el caso de la actual emergencia bien pueden ustedes extender sus actividades al interior".

No vamos a comentar la orden emitida a los Comandantes de los barcos estadounidenses, que de hecho significa un total desconocimiento de nuestra soberanía y un profundo menosprecio a quienes la Constitución impone la obligación de "defender la independencia y el honor de la Nación". Y no la comentaremos, porque ese comentario resulta un motivo de censura en una hora en que el silencio, la inacción y el sometimiento representan la trinidad, el recurso inteligente y decoroso para salvar, con mengua de la Carta Fundamental y burla de la conciencia ciudadana, la suerte de la República.

Nuestro propósito es otro. Deseamos solamente demostrar que, previo al levantamiento del general Ferrera, existía una propaganda interesada que llevó hasta el Departamento de Estado noticias absolutamente falsas, tan falsas como que los hechos mismos están contradiciéndolas. En estos propios momentos no existe tal revolución organizada. Lo que ha habido, lo que hubo, fue un plan organizado que se esperó desarrollar matemáticamente, y de ahí las informaciones erradas y anticipadas sobre el desorganizado zafarrancho.

Pero ¿quién hizo esa propaganda que pudo llegar hasta sorprender la buena fe del Departamento de Estado? ¿Quién tiene dinero y agencias de noticias para realizar empresa tal? Eso que lo responda la propia prensa norteamericana en cuyas columnas se consideró a Honduras en poder de los revoltosos y al Gobierno hondureño impotente para defenderse y para evitar que sus soldados mataran ciudadanos norteamericanos.

Ante estos hechos, de suyo reveladores y sintomáticos, los hondureños debemos formar un solo frente para trabajar por la paz. Y

189

se trabaja por la paz imponiendo el respeto a nuestros derechos y defendiendo de manera digna lo que nos es más caro: la independencia y el honor de la Nación.

Los grandes pueblos siempre han respetado y admirado a los países ordenados, donde, no importa cuán pequeños, existe, como en el Uruguay, un sentido claro y firme, una conciencia entera de la nacionalidad. Pero así como admiran y respetan a quienes poseen los atributos de la libertad y son dignos de ellos, así desprecian, con desprecio justo y hondo, a quienes se inclinan sumidos y resignados, seguros de su irredención, ante el menosprecio y el ultraje.

El Pueblo, mayo 5, 1931.

CONCIENCIA PACÍFICA

A pesar del hambre, a pesar de los fracasos administrativos, a pesar de la obra criminal realizada en la sombra por los mercaderes de sangre, la conciencia de la paz se ha mantenido firme en Honduras. El pueblo hondureño no ha respondido a la montonera. No es él quien anda hoy por las serranías tocando el clarín de la devastación y de la muerte. Son elementos no hondureños, a quienes se les retiró el trabajo para compelerlos a la matanza. Todo eso se sabe, todo eso se siente, todo eso se vive y se respira; pero no solo no se dice, sino que se oculta, porque estamos llegando a un estado de renunciamiento y cobardía en que se considera una insensatez asumir la actitud que en todas partes asumen los gobiernos y los hombres que creen y confían en su derecho a la libertad y a la justicia. Y naturalmente, por ese camino, Honduras dentro de poco no sería Honduras, sino un girón de tierra sin dueño, abierto a la voracidad del primer ocupante.

Es preciso que nos convenzamos de que las fuerzas morales gobiernan el mundo, y que hoy, mañana o pasado, los pueblos que defienden de pie su derecho a la vida libre y al respeto internacional, libres y respetados serán, por más vaticinios siniestros que formule la ignorancia, el esclavismo y la cobardía. La historia de la humanidad no tiene un solo ejemplo de un naufragio definitivo de las fuerzas morales. Y de ahí que donde quiera que arraigan, tarde o temprano, por más que se les aniquile, ellas se levantan y dominan. Conservemos siempre la conciencia de nuestro derecho, exijamos el respeto a nuestro derecho, y estemos seguros de que, violado hoy, ultrajado mañana, ese derecho volverá.

Nuestra resolución de que debemos vivir en paz, de que necesitamos vivir en paz, debe ser de tal firmeza que nada ni nadie pueda quebrantarla. Porque precisamente en la guerra, en la guerra que han hecho la mayor parte de las veces nuestros explotadores, está su negocio: aniquilarnos moralmente, económicamente, políticamente.

Formemos una escuela de resistencia a la guerra, para hacer más firme nuestra conciencia pacifista. Opongámonos siempre a la entrega del país en concesiones leoninas. Exijamos la retribución a que tenemos derecho, y marcharemos, a pesar de todos los obstáculos, porque si es posible comprar hombres, jamás lo ha sido sobornar pueblos.

Tengamos esperanza. Luchemos con valentía, que a la larga, siempre se desorganizarán las revoluciones organizadas.

Nuestra conciencia pacifista iluminará como un estigma la culpa de nuestros explotadores.

El Pueblo, mayo 7, 1931.

LA EXPLOTACIÓN DEL TELEGRAFISTA Y DEL MAESTRO

A todos ha afectado la crisis económica en que estamos hundidos, gracias a la inercia, la timidez y la imprevisión. El profesional, el comerciante, el agricultor, el artesano, el jornalero, todos han visto descender sus entradas, no solo por remuneración menor de su trabajo, sino por escasez del mismo o falta de negocios. Cada uno en su clase ha tenido sus alternativas, es decir, días buenos y malos, o, si se quiere, momentos magníficos y momentos de miseria. Pero los telegrafistas y los maestros están fuera de la regla general. Estos parecen que trabajan sin esperanza de cambio. No tienen bonanza, sino perpetua penuria. Como si en los encargados de retribuir sus esfuerzos, que son verdaderos sacrificios, privara el criterio arraigado de que el telegrafista y el maestro no necesitan comer para vivir, siempre se resuelve asignarles sueldos escasos que al final, para hacer más sangrienta la ironía, no se les pagan.

Nada menos ayer, nuestro corresponsal en Comayagua nos dice: "Los pobres telegrafistas de esta ciudad están sin sueldo desde hace tres meses, lo cual constituye una injusticia con estos esclavos del deber. Debe hacerse –agrega– todo esfuerzo por pagárseles. Por de pronto, siquiera una parte de lo que se les adeuda. Querer es poder".

Con respecto a los sueldos de los maestros, han llegado ya tantos mensajes quejándose de la falta de pagos, que no creemos necesario repetir ninguno.

Merece realmente una enérgica censura el descuido y la indiferencia con que se ve la remuneración de los telegrafistas y maestros, no solo por el hecho de que sus sueldos, como decimos antes, han sido siempre y son ahora demasiado reducidos, sino porque ese trabajo es un trabajo sagrado, un trabajo de los más duros, que debiera pagarse de preferencia. Parte de la seguridad del Estado está en los telegrafistas. La seguridad del porvenir está en los maestros.

El telegrafista está condenado a transmitir en silencio, bajo discreción y reserva, la monotonía somnolienta del diario lugar común o de la necedad fatigante. Raras veces pasa por sus ojos la frase perfumada de un amor lejano, el interés de los grandes acontecimientos del mundo o la palabra eminente de las inteligencias mejores. Pero nadie piensa en eso, sino en exigirle, sin reconocimiento y sin pago, el máximum de trabajo y de lealtad.

El maestro perdura modelando vidas, orientando espíritus, y apenas si le es dable, ya viejo, amargado y empobrecido, alzarse en la eficacia de su labor realizada, de su deber cumplido. Sin embargo, todos le piden más, siempre más, a su sacrificio irretribuido.

El Gobierno debiera poner término a esta explotación injusta y despiadada del telegrafista y del maestro, no solamente pagándoles de preferencia y cumplidamente sus sueldos, sino empeñándose en que basten a la satisfacción holgada de sus necesidades.

El Pueblo, abril 15, 1931.

EL DIA DE LA MADRES

Del fondo mismo del instinto de conservación, surgió el amor de madre. Vinculado se halla este sentimiento a la permanencia de la raza humana en el mundo. Nada es tan espiritual, ni tan sincero, ni tan conmovedor, ni tan hondo, como el cariño maternal. La madre no reconoce culpas ni defectos ni vicios en sus hijos. Y si los admite alguna vez, los excusa siempre, porque para la madre, dentro de la intimidad de su vida, el hijo constituye la conquista de su destino, la encarnación de cuanto en ella ha sido aspiración ideal, ansia insatisfecha de prolongarse en el espacio y en el tiempo.

Los más grandes filósofos se quedan perplejos ante esta fuente de amor inagotable, manantial constante de abnegación y sacrificio, filón perenne de bondad y de ternura. Y es que el amor de madre ha ido más allá de todos los cálculos y de todas las teorías. Jamás ha podido señalársele un límite. Como Dios, ha sido infinito.

Si alguna duda existiera sobre la chispa divina que vive en la humanidad, bastaría el amor de madre para desvanecerla. Esa prueba de la superioridad de nuestra especie, ese hálito de Dios que se agita en nosotros, se hace más fuerte y magnífico en la madre, símbolo excelso que purifica las culpas y redime en sus caídas a la raza humana. Tenía, pues, que existir algo para venerar a la madre, una fecha especialmente consagrada a rendirle culto. Y de ahí el DÍA DE LA MADRE.

Mañana los hijos que tengan la dicha de estar junto a la autora de sus días, la estrecharán en sus brazos.

Mañana los que se encuentren lejos, le enviarán un mensaje cariñoso consagrándole un recuerdo puro.

Mañana derramarán una lágrima y rogarán por ella cuantos hayan tenido la desdicha de perderla.

Mañana probaremos todos que existe en la vida, sobre los bajos egoísmos y los odios pequeños, algo grande, luminoso y eterno: el amor de la madre.

El Pueblo, mayo 9, 1931.

LA CONDICION DE LOS MAESTROS

Al leer las diarias dificultades con que tropiezan los maestros por la falta de pagos, cualquiera creería que nuestro país es de los muy pocos y tal vez el único en donde ocurre algo semejante. Y sin embargo,no es así.

Países ricos se encuentra, en iguales condiciones. Estados Unidos, nada menos que es la nación más rica del mundo,se ve precisada no sólo a reducir los presupuestos en varios Estados, sino que existen millares de maestros de escuela a quienes se ha pagado apenas una o dos mensualidades, a partir de septiembre. Debido a la crisis se ha hecho imposible recaudar los impuestos correspondientes a las escuelas en determinadas regiones. Y es de tal manera seria la situación,que existe Estado en donde se está tratando de cerrar todas las escuelas por el término de un año, en espera de días mejores.

La reducción del período escolar y de los sueldos, el aumento del número de alumnos en cada clase y para cada maestro, en fin, casi no ha habido en qué no se haya pensado o a qué no se haya recurrido,tratando de sostener abiertas las escuelas; pero en muchos lugares ha sido imposible contrarrestar los efectos de la crisis.

Solamente los grandes centros de población, como New York,Chicago,Boston, han sostenido y sostienen el funcionamiento normal de sus escuelas. Tratando de impedir la reducción de los presupuestos escolares y estimulada por la actitud de las ciudades mencionadas y de algunas otras, la Asociación Nacional de Educación, ha lanzado una proclama excitando a las clases directoras para que sumen su esfuerzo a la obra de protección de la instrucción pública.

La proclama es un documento digno de leerse y vale la pena de que lo conozcan nuestros estadistas, nuestros maestros y especialmente el pueblo hondureño. Dice así:

"Muchos de los progresos realizados por el sistema educativo durante los últimos diez años corren el riesgo de perderse, si los habitantes del país no adquieren la convicción de que los niños deben ser los últimos en sufrir las consecuencias de la depresión económica".

"Cuando el desastre se avecina, cuando el barco se va a pique,cualquiera persona procedería a derribar a quien quisiera salvarse antes que un niño. Y así como en la ley del mar, los niños son los primeros,así también deben serlo en toda crisis. El niño debe ser el primero en nuestros hogares, el primero en nuestras iglesias, el primero en nuestras escuelas, el primero en nuestros corazones. El niño, por su condición de niño, tiene el derecho de primacía y el derecho de prioridad. La raza se salva y perece, se eleva o decae, en cuanto se salvan o elevan,perecen o decaen los niños".

"En este período de depresión en que la extrema buena suerte de los unos se ha traducido en la extrema necesidad de los otros, muchas son las escuelas que se vienen abajo, muchas las puertas que se cierran,muchos los presupuestos que se reducen ante el ímpetu del desastre.Pero aunque no hay que descargar toda la responsabilidad sobre las juntas de educación que se han visto de súbito sin dinero, lo cierto es que en esta hora de crisis precisa recordar que la niñez es lo primero."

"Sin embargo, para salvaguardar los derechos inalienables del niño,se impone hacerle justicia a losdel maestro. Recordaremos que el maestro de escuela nunca ha obtenido justicia plena de parte de la sociedad. Sus salarios siempre han sido ínfimos, si se tiene en cuenta la preparación técnica y la responsabilidad de todo mentor de la niñez. Y de ahí que el maestro de escuela, nunca haya podido conservar las pautas de vida que reclaman el carácter y el apostolado de su labor."

"Nunca en las regiones rurales de Estados Unidos se ha tenido una profesión pedagógica bien pagada, estable y bien preparada.Y ahora se trata de reducir salarios de suyo bajos. Hacerlo significaría debilitar la primera línea de defensa popular y debilitar esa gran institución estadunidense, la escuela pública, de donde ha salido y habrán de salir los conductores que saquen al país de crisis como la presente."

Tal la proclama de la Asociación Nacional de Educación. Ella revela cómo anda todavía por el mundo la protección de los niños y los maestros, y ha de servirnos a nosotros, si no para consolarnos, por lo menos para no hacer tan pesada nuestra culpa.

El Pueblo, mayo 16,1931.

POLÍTICA DE COMPRENSIÓN Y DE RESPETO

En las instrucciones que publicó la prensa local, dadas por el Departamento de Estado a los buques de guerra norteamericanos surtos en aguas hondureñas, se reconoce la existencia en Honduras de una "revolución organizada", y se establece que "la misión de la marina de los Estados Unidos en Honduras es proteger la vida y la propiedad de los americanos en los puertos y ciudades costeñas, aunque en caso de la actual emergencia, pueden extender sus actividades al interior".

Si a la propiedad privada no debe entrarse ni se entra en ninguna parte sin permiso del dueño, es natural que no haya de penetrarse a los dominios territoriales de una Nación soberana sin llenar los requisitos que imponen sus leyes, el derecho de gentes y los dictados mismos de la civilización. Y dentro de este concepto del derecho, que arranca de la justicia y de la dignidad humana, era asimismo natural y obligatorio esperar que el Gobierno y la prensa protestaran por una orden que resta a Honduras el atributo de soberanía, colocándola en la condición de cosa ajena o predio sin dueño.

Sin negar las instrucciones dadas a los Comandantes de las unidades de guerra para extender sus actividades al interior del país, se dice ayer en cablegrama llegado a don Mario Ribas, que "las palabras empleadas en el Departamento de Estado en la Conferencia del 19 de abril fueron estas: Las fuerzas americanas en aguas hondureñas limitarán sus actividades a la protección de los intereses americanos, en caso necesario, y no intervendrán a favor de uno ni de otro bando".

Nadie se opone a la neutralidad o a la no intervención de los Estados Unidos en nuestros asuntos interiores, ni nadie protesta por ellas. Al contrario. Es eso lo que deseamos todos los hondureños, para evitar que se lesione la soberanía de la República con el falso pretexto de proteger vida y propiedades que nunca, y aun en los momentos más trágicos de nuestras contiendas fratricidas, han estado amenazadas.

Como resultado de la guerra, ningún norteamericano ha perdido en Honduras su propiedad, y todos tienen garantizada su vida. Con respecto a la propiedad, nuestro país ha gastado con los extranjeros, pero especialmente con los hijos del Tío Samuel, una generosidad que solo puede encontrar paralelo en Jesucristo: generalmente por cada centavo ha pagado un dólar. Y lo ha hecho sin dilación y de preferencia. Con respecto a la seguridad individual, sobra decir que jamás ha estado un ciudadano de los Estados Unidos más protegido en su vida allá en su patria que aquí en Honduras. Esto lo decimos y lo afirmamos nosotros, que hemos vivido largos años en aquella gran Nación. Y cuantos conocen aquel país y el nuestro, saben que no mentimos.

La política de manos afuera que viene tratando de implantar el presidente Hoover desde los principios de su administración, probablemente siguiendo la huella de los próceres norteamericanos, es la que todos ansiamos que los Estados Unidos observen en sus relaciones con la América Española, para que los lazos del panamericanismo pasen de la farsa de los discursos y de los banquetes en que los oradores lloran de preconcebida emoción continental, al vínculo fuerte y leal de una unión efectiva en que todas y cada una de las naciones de este hemisferio estén decididas a defenderse y apoyarse mediante el más sólido e inteligente espíritu de cooperación.

Tarde o temprano, este hecho ocurrirá fatalmente. La impondrá la marcha misma de la civilización y la conveniencia mutua. Entonces los estadistas norteamericanos, el capital norteamericano, comprenderán que malgastaron su tiempo y su dinero, pagando la música torpe, infecunda y odiosa del servilismo sin Dios, sin patria y sin ley.

Una política de respeto al derecho de las naciones débiles en la América Latina, una política más comprensiva, conquistará a los Estados Unidos la amistad duradera de nuestros pueblos. Y la amistad ensancha los negocios y es fuente de economía. Eso lo sabe el presidente Hoover, y de ahí su empeño en orientar por senderos nuevos, acordes con la justicia y el espíritu de los tiempos, la política de su patria.

El Pueblo, mayo 8,1931.

CONCIENCIA PACIFISTA (I)

A pesar del hambre, a pesar de los fracasos administrativos, a pesar de la obra criminal realizada en la sombra por los mercaderes de sangre, la conciencia de la paz se ha mantenido firme en Honduras. El pueblo hondureño no ha respondido a la montonera. No es él quien anda hoy por las serranías tocando el clarín de la devastación y de la muerte. Son elementos no hondureños, a quienes se les retiró el trabajo para compelerlos a la matanza.

Todo eso se sabe, todo eso se siente, todo eso se vive y se respira; pero no solo no se dice, sino que se oculta, porque estamos llegando a un estado de renunciamiento y cobardía en que se considera una insensatez asumir la actitud que en todas partes asumen los gobiernos y los hombres que creen y confían en su derecho a la libertad y a la justicia. Y naturalmente, por ese camino, Honduras dentro de poco no sería Honduras, sino un girón de tierra sin dueño, abierto a la voracidad del primer ocupante.

Es preciso que nos convenzamos de que las fuerzas morales gobiernan el mundo, y que hoy, mañana o pasado, los pueblos que defienden de pie su derecho a la vida libre y al respeto internacional, libres y respetados serán, por más vaticinios siniestros que formule la ignorancia, el esclavismo y la cobardía.

La historia de la humanidad no tiene un solo ejemplo de un naufragio definitivo de las fuerzas morales. Y de ahí que donde quiera que arraigan, tarde o temprano, por más que se les aniquile, ellas se levantan y dominan. Conservemos siempre la conciencia de nuestro derecho, exijamos el respeto a nuestro derecho, y estemos seguros de que, violado hoy, ultrajado mañana, ese derecho volverá.

Nuestra resolución de que debemos vivir en paz, de que necesitamos vivir en paz, debe ser de tal firmeza que nada ni nadie pueda quebrantarla. Porque precisamente en la guerra, en la guerra que han hecho la mayor parte de las veces nuestros explotadores, está su negocio: aniquilarnos moralmente, económicamente, políticamente.

Formemos una escuela de resistencia a la guerra, para hacer más firme nuestra conciencia pacifista. Opongámonos siempre a la entrega del país en concesiones leoninas. Exijamos la retribución a que tenemos derecho, y marcharemos, a pesar de todos los obstáculos, porque si es posible comprar hombres, jamás lo ha sido sobornar pueblos.

Tengamos esperanza. Luchemos con valentía, que a la larga, siempre se desorganizarán las revoluciones organizadas.

Nuestra conciencia pacifista iluminará como un estigma la culpa de nuestros explotadores.

El Pueblo, mayo 7, 1931.

LA EXPLOTACION DEL TELEGRAFISTA Y DEL MAESTRO

A todos ha afectado la crisis económica en que estamos hundidos, gracias a la inercia, la timidez y la imprevisión. El profesional, el comerciante, el agricultor, el artesano, el jornalero, todos han visto descender sus entradas, no solo por remuneración menor de su trabajo, sino por escasez del mismo o falta de negocios. Cada uno en su clase ha tenido sus alternativas, es decir, días buenos y malos, o, si se quiere, momentos magníficos y momentos de miseria. Pero los telegrafistas y los maestros están fuera de la regla general. Estos parecen que trabajan sin esperanza de cambio. No tienen bonanza, sino perpetua penuria. Como si en los encargados de retribuir sus esfuerzos, que son verdaderos sacrificios, privara el criterio arraigado de que el telegrafista y el maestro no necesitan comer para vivir, siempre se resuelve asignarles sueldos escasos que al final, para hacer más sangrienta la ironía, no se les pagan.

Nada menos ayer, nuestro corresponsal en Comayagua nos dice: "Los pobres telegrafistas de esta ciudad están sin sueldo desde hace tres meses, lo cual constituye una injusticia con estos esclavos del deber. Debe hacerse –agrega– todo esfuerzo por pagárseles. Por de pronto, siquiera una parte de lo que se les adeuda. Querer es poder".

Con respecto a los sueldos de los maestros, han llegado ya tantos mensajes quejándose de la falta de pagos, que no creemos necesario repetir ninguno.

Merece realmente una enérgica censura el descuido y la indiferencia con que se ve la remuneración de los telegrafistas y maestros, no solo por el hecho de que sus sueldos, como decimos antes, han sido siempre y son ahora demasiado reducidos, sino porque ese trabajo es un trabajo sagrado, un trabajo de los más duros, que debiera pagarse de preferencia. Parte de la seguridad del Estado está en los telegrafistas. La seguridad del porvenir está en los maestros.

El telegrafista está condenado a transmitir en silencio, bajo discreción y reserva, la monotonía somnolienta del diario lugar común o de la necedad fatigante. Raras veces pasa por sus ojos la frase perfumada de un amor lejano, el interés de los grandes acontecimientos del mundo o la palabra eminente de las inteligencias

202

mejores. Pero nadie piensa en eso, sino en exigirle, sin reconocimiento y sin pago, el máximum de trabajo y de lealtad.

El maestro perdura modelando vidas, orientando espíritus, y apenas si le es dable, ya viejo, amargado y empobrecido, alzarse en la eficacia de su labor realizada, de su deber cumplido. Sin embargo, todos le piden más, siempre más, a su sacrificio irretribuido.

El Gobierno debiera poner término a esta explotación injusta y despiadada del telegrafista y del maestro, no solamente pagándoles de preferencia y cumplidamente sus sueldos, sino empeñándose en que basten a la satisfacción holgada de sus necesidades.

El Pueblo, abril 15, 1931.

POLÍTICA DE COMPRENSION Y RESPETO

En las instrucciones que publicó la prensa local, dadas por el Departamento de Estado a los buques de guerra norteamericanos surtos en aguas hondureñas, se reconoce la existencia en Honduras de una "revolución organizada", y se establece que "la misión de la marina de los Estados Unidos en Honduras es proteger la vida y la propiedad de los americanos en los puertos y ciudades costeñas, aunque en caso de la actual emergencia, pueden extender sus actividades al interior".

Si a la propiedad privada no debe entrarse ni se entra en ninguna parte sin permiso del dueño, es natural que no haya de penetrarse a los dominios territoriales de una Nación soberana sin llenar los requisitos que imponen sus leyes, el derecho de gentes y los dictados mismos de la civilización. Y dentro de este concepto del derecho, que arranca de la justicia y de la dignidad humana, era asimismo natural y obligatorio esperar que el Gobierno y la prensa protestaran por una orden que resta a Honduras el atributo de soberanía, colocándola en la condición de cosa ajena o predio sin dueño.

Sin negar las instrucciones dadas a los Comandantes de las unidades de guerra para extender sus actividades al interior del país, se dice ayer en cablegrama llegado a don Mario Ribas, que "las palabras empleadas en el Departamento de Estado en la Conferencia del 19 de abril fueron estas: Las fuerzas americanas en aguas hondureñas limitarán sus actividades a la protección de los intereses americanos, en caso necesario, y no intervendrán a favor de uno ni de otro bando".

Nadie se opone a la neutralidad o a la no intervención de los Estados Unidos en nuestros asuntos interiores, ni nadie protesta por ellas. Al contrario. Es eso lo que deseamos todos los hondureños, para evitar que se lesione la soberanía de la República con el falso pretexto de proteger vida y propiedades que nunca, y aun en los momentos más trágicos de nuestras contiendas fratricidas, han estado amenazadas.

Como resultado de la guerra, ningún norteamericano ha perdido en Honduras su propiedad, y todos tienen garantizada su vida. Con respecto a la propiedad, nuestro país ha gastado con los extranjeros, pero especialmente con los hijos del Tío Samuel, una generosidad que solo puede encontrar paralelo en Jesucristo: generalmente por cada centavo ha pagado un dólar. Y lo ha hecho sin dilación y de preferencia. Con respecto a la seguridad individual, sobra decir que jamás ha estado un ciudadano de los Estados Unidos más protegido en su vida allá en su patria que aquí en Honduras. Esto lo decimos y lo afirmamos nosotros, que hemos vivido largos años en aquella gran Nación. Y cuantos conocen aquel país y el nuestro, saben que no mentimos.

La política de manos afuera que viene tratando de implantar el presidente Hoover desde los principios de su administración, probablemente siguiendo la huella de los próceres norteamericanos, es la que todos ansiamos que los Estados Unidos observen en sus relaciones con la América Española, para que los lazos del panamericanismo pasen de la farsa de los discursos y de los banquetes en que los oradores lloran de preconcebida emoción continental, al vínculo fuerte y leal de una unión efectiva en que todas y cada una de las naciones de este hemisferio estén decididas a defenderse y apoyarse mediante el más sólido e inteligente espíritu de cooperación.

Tarde o temprano, este hecho ocurrirá fatalmente. La impondrá la marcha misma de la civilización y la conveniencia mutua. Entonces los estadistas norteamericanos, el capital norteamericano, comprenderán que malgastaron su tiempo y su dinero, pagando la música torpe, infecunda y odiosa del servilismo sin Dios, sin patria y sin ley.

Una política de respeto al derecho de las naciones débiles en la América Latina, una política más comprensiva, conquistará a los Estados Unidos la amistad duradera de nuestros pueblos. Y la amistad ensancha los negocios y es fuente de economía. Eso lo sabe el presidente Hoover, y de ahí su empeño en orientar por senderos nuevos, acordes con la justicia y el espíritu de los tiempos, la política de su patria.

El Pueblo, mayo 8, 1931.

LA COOPERACIÓN

Es viejo el tópico de la cooperación. El Gobierno pide a los ciudadanos cooperación, pide a los partidos cooperación, pide cooperación a los habitantes todos de la República, para solucionar la crisis. Y el Gobierno está en lo justo. Con la hostilidad de todos, en ninguna parte del mundo se puede hacer nada.

Nada hay hasta aquí que objetar al reclamo de apoyo que solicita el Poder Público. Y, a nuestro juicio, debe antes bien reconocerse como una manifestación de la buena voluntad. Precisa, sin embargo, conocer en qué forma quiere el Gobierno obtener esa cooperación. Esto es lo esencial.

En nuestros países, sobre todo por los voceros irresponsables de los presidentes, se ha dado en llamar cooperación a la sumisión. Por ejemplo:

Que el Ejecutivo quiere llevar a cabo la ruina del país mediante un contrato oneroso, pues el Congreso, la prensa, los partidos, la Nación entera, deben, a juicio de sus voceros, contribuir a esa obra reprobable, por cooperación.

Que el Ejecutivo quiere entregar el país, por negligencia, por cobardía o realizando actos contrarios al honor, a la soberanía y a la seguridad de la República, pues el Congreso, la prensa, los partidos, Honduras toda, deben ayudarle en esa labor patricida, por cooperación.

En fin, que por cooperación debemos todos, no solo inclinar la cabeza, sino cargar con responsabilidades que repudia, no ya el decoro y el sentido común, sino el instinto mismo de la defensa en el seno de la sociedad civilizada.

Esa clase de cooperación es indudable que nunca podrá obtenerla el Gobierno, a menos que el país degenere o que la fuerza, en cualquiera de sus manifestaciones odiosas, se imponga sobre el juicio sano y libre de los hondureños.

No ha de ser esa, sin duda, la cooperación que el Poder Ejecutivo necesita. Y siendo otra, es decir, la cooperación de los hombres bien intencionados y capaces, la cooperación que no tenga otros fines que la salvación nacional, esa, nadie, podemos asegurarlo, tendría valor bastante para resistirse a prestarla con la mayor buena voluntad.

Conviene, pues, al Gobierno estudiar la manera de obtener el concurso de todos, prensa, partidos, particulares, para iniciar la salvación del país. Eso es lo serio y lo patriótico. Ese es su deber como administrador público. Alimentar las injurias de una prensa a quien nadie le hace caso, eso no solo es inútil, sino contraproducente.

El Pueblo, 1931.

CONCIENCIA PACIFISTA (II)

Ni el fracaso, ni la crisis, ni la política de incertidumbre, oscilaciones y claudicaciones, ni aun el afán pertinaz e inmoderado de la venalidad y el servilismo por entregar el país en concesiones leoninas, nada de todo eso, que es capaz de exasperar y enardecer al pueblo más resignado, ha podido remover la conciencia pacifista de la Nación.

Y los hondureños no se prestaron a alentar la chispa que soplan las fauces de la traición y el filibusterismo, con prensa a sueldo y "greenbacks" nuevecitos, porque de sobra comprenden que se trata de resucitar un pasado de exterminio y de sangre, para obtener en el laberinto y en el aniquilamiento de la guerra lo que ya no es posible conseguir en el seno de la paz y el orden. La experiencia de un siglo, conquistada tras una sucesión de hecatombes, ha hecho que la chispa no llegara a incendio.

Los hondureños han usado la paz como un nuevo argumento, como el argumento mayor para hacer más inexpugnable la defensa y más firme la victoria de cuantos luchan por salvar los intereses nacionales. Todas las combinaciones, todas las medidas, todos los consejos, todos los empeños, todas las argucias, todas las influencias, todo, todo eso fue ineficaz para arrojar al pueblo a la matanza. Y por eso la Rebelión de las Aguas, cadáver ambulante, vaga sola, sobre hombros mercenarios, huérfana de hondureños.

Pero ¿se ha apagado la chispa definitivamente? ¿No habrá medio de alentarla? El miedo, la inercia y el hambre son capaces de incendiar el hielo. La política de NO HACER, que ha sido tan sistemática y tan inexplicable en una administración surgida del voto libre, en el seno de la paz y de la simpatía general, pues contaba aun con la de los adversarios, si es capaz de practicarse sin daños trascendentes en épocas de normalidad o de bonanza económica, en épocas de crisis puede traer consigo desastres irreparables.

Para salvar el país, se necesita, en consecuencia, la acción; pero la acción creadora que se encara de frente con los graves problemas nacionales y los resuelve con inteligencia, prontitud y energía; nunca la acción que significa atropello, represión o anulación de las libertades, como aconsejan los esclavos, porque si la represión está bien para ellos, que se asfixian en la atmósfera de la libertad, de la justicia y del bien, para los hombres libres entraña la protesta inmediata y la reacción imprescindible. Es lo natural y, precisamente por eso, la recetan los amigos encubiertos de la guerra, que no son otros que los aliados de nuestros explotadores.

Por fortuna, a nadie engañan. Se conocen sus maniobras, y quién sabe si, a la postre, no perezcan ahogados en su propia ignominia.

El Pueblo, mayo 13, 1931.

COMENTARIOS

En estos momentos, a juzgar por las informaciones que conocemos, no se sabe en dónde se halla el general Ferrera con sus huestes. El guerrillero va, viene, regresa, en una palabra, se agita con una velocidad inconcebible. A veces se pierde, quién sabe en qué selvas u hondonadas, y entretanto los ejércitos legitimistas se quedan desorientados e indecisos, escrutando el horizonte para continuar la marcha.

En todas estas idas y venidas, en todas estas fugas a la hondonada o a la selva, en todo este trajín inquietante que pareciera obra de la desesperación o la locura, debe existir, sin embargo, un propósito ulterior, un plan del cual el caudillo se haya quizás propuesto no apartarse. Se nos antoja que acecha un minuto propicio de imprevisión o descuido para asestar un golpe que pudiera sumarle algunas posibilidades de éxito.

Desde el principio de la revuelta anticipamos la idea de que el jefe rebelde buscaba, sobre todas las cosas, un puerto, y su llegada a Villanueva, de regreso de Occidente en rápido avance sobre Progreso y enseguida hacia Tela, en donde le cerraron el paso, confirma una vez más nuestra sospecha. Su cambio hacia Yoro puede muy bien tener por objeto encaminarse, mediante un brusco movimiento de regresión, hacia Trujillo o La Ceiba. El objetivo de un puerto puede, como dijimos, explicar sus juegos al escondite, al igual que sus movimientos rápidos y repentinos.

Sin embargo, hay otra razón que pudiera ser causa de las marchas inquietas, veloces y ocultas del caudillo intibucano, y es ella la de vencer al Gobierno por agotamiento económico y por hastío de sus soldados.

Y si tal es su empeño, ya le veremos correr de uno a otro confín de la República, tanteando aquí y allá el espíritu bélico, que ha encontrado muerto en otras partes.

Este último propósito, de habitar en la mente del general Ferrera, no sería jamás un camino hacia la victoria, sino hacia el desastre nacional, que envolvería no solamente al Gobierno, sino al propio caudillo y sus huestes. Eso por una parte. Y por otra, ¿quién puede responder que el cansancio y el desaliento no invadieran primero a los soldados rebeldes que a los legitimistas? En Honduras, la revolución que no ha obtenido éxitos prontos y dignos de tomarse en cuenta, ha fracasado siempre.

Estos comentarios, por supuesto, no tienen por qué hacer gala de intuición militar, ¡ni lo quiera Dios! Queremos, eso sí, llamar la atención con respecto a la necesidad imperiosa, a la obligación inaplazable en que se encuentra el Gobierno para poner término a la revuelta del guerrillero intibucano, a fin de evitar toda posibilidad, aun la más remota, de que el país se hunda en la anarquía y en el caos.

El Pueblo, mayo 20, 1931.

REVISION DE CONCESIONES

El doctor Medina Raudales teme que se cifren en él demasiadas esperanzas. Así nos lo dice en la entrevista que publicamos hoy en esta misma página. Para un hombre sincero, enemigo de engañarse a sí mismo y a los demás con promesas que no se tiene la seguridad de realizar, hay siempre un justo temor frente a cada actividad nueva que se echa sobre sus hombros, por más capacitado que se sienta íntimamente para cumplir con su deber.

Sacar de su rutina y de su desorganización el Ramo de Fomento, empujar el progreso del país con obras de aliento, cuando el Tesoro Nacional está exhausto, es tarea que necesariamente debe inquietar a cualquier espíritu de buena fe, no importa cuán capaz, enérgico y laborioso se considere para desempeñar las funciones que se le han encomendado. Y desde ese punto de vista, es justo que preocupe al doctor Medina Raudales el hecho de que la generalidad espere de él lo que, por la penuria económica que aflige al país, le sea imposible dar o hacer.

Sin embargo, nadie sospecha lo que puede hacer el orden. Una mediana organización es una fuente de recursos, una reserva para sus horas difíciles de que no se ha dado cuenta Honduras. Estamos seguros de que el doctor Medina Raudales tendrá que asombrarse cuando aprecie la diferencia entre lo que gasta el acaso y lo que invierte el orden. El saldo que deje un control efectivo, un sistema severo en el Ramo a su cargo, será una contribución valiosa, una economía fuerte, capaz de producir lo bastante para realizar obras de importancia. Convénzase el nuevo Ministro de que su honestidad y su espíritu organizador encontrarán recursos en donde se ha considerado que no existen.

Y yendo ahora al punto fundamental de su entrevista, la revisión de concesiones, debemos declarar que nos entusiasma la idea del nuevo Secretario de Fomento. Estamos de acuerdo con él en que el país y las Compañías necesitan arreglar sus diferencias a base de equidad y de justicia. Creemos que el progreso es cooperación, entendimiento mutuo, simpatía efectiva entre los que trabajan y que, como natural consecuencia, conviene a Honduras y a las empresas bananeras de la Costa Norte llegar a un arreglo de buena fe en que el beneficio recíproco garantice el desarrollo sin estorbos de las partes interesadas. Así lo reclama la paz pública y el decoro mismo de la Nación.

La revisión de concesiones sería de trascendencia incalculable para el porvenir del país, como muy bien dice el señor Ministro Medina Raudales. Así lo creemos nosotros, así lo sentimos y así lo hemos expresado ya. Las Compañías economizarán dinero librándose de sostener a un ejército de parásitos y harían mejores negocios apoyadas por la buena voluntad de todos los hondureños. Y en cuanto a Honduras, sobra decir que desde ese momento la paz sería invulnerable.

El Pueblo, mayo 27, 1931.

¿QUÉ SE HIZO FERRERA?

Después de dos días de informaciones exclusivas sobre el levantamiento en Olancho, deshecho en su iniciación por las fuerzas que comanda el general Roque Jacinto Pérez, la generalidad se pregunta: ¿Pero qué se hizo Ferrera?

El alzamiento en armas de los generales López y Ramos es algo sin trascendencia, tanto por el lugar escogido para su campaña rebelde, como porque fueron batidos por el ejército legalista antes de que pudieran componerse. Nadie le ha dado importancia a la revuelta olanchana. Lo que inquieta al público es Ferrera. El sitio en donde se encuentra el guerrillero intibucano.

Se habla de Ladislao Santos, de Román Díaz y de otros jefes; pero en realidad nadie se ha intranquilizado por sus movimientos. Nadie ha creído que ellos pudieran llevar a cabo ninguna acción que hiciera subir los valores de la revuelta. Esa posibilidad solo se ha visto en el líder, en el caudillo. Y de ahí que el general Ferrera centralice en torno suyo la especulación y el atisbo del público en cuanto a los sucesos políticos.

¿Dónde está? ¿Para dónde va? ¿Cuáles son sus planes? ¿Qué se propone con esas idas y venidas? ¿Qué intenta en sus desaparecimientos repentinos? ¿Estará oculto en alguno de los bananales costeños? ¿Guerra de súbito sobre uno de los puertos de nuestra costa atlántica? Estas son las preguntas que se hace todo el mundo cada vez que el guerrillero se evapora, mientras los ejércitos que lo persiguen se quedan interrogando el horizonte.

Hay razón. La curiosidad humana es insaciable. Y del general Ferrera, nada sabemos desde que fue tiroteado fuertemente en su retaguardia por las fuerzas del general Rodas Alvarado.

¿Qué se hizo Ferrera? Quizás entre en los planes del Gobierno no revelar el paradero del caudillo rebelde para batirlo mejor. Tal vez haya habido negligencia para enfrentarlo.

Tal vez. Pero sea la causa la que fuere, lo cierto es que la Rebelión de las Aguas es algo frío, tétrico, que vaga por las montañas frente al vacío de los hondureños.

El Pueblo, mayo 30, 1931.

EL MUSEO HONDUREÑO

Tenemos ya ciento diez años de vida libre y no hemos podido fundar nuestro museo. Nos hace falta la historia objetiva de nuestras dos civilizaciones: la indígena y la española. Disperso y desconocido perdura el tesoro de las dos razas que se fundieron para producir la nuestra. Una que otra piedra perdida en las ruinas, abandonadas; uno que otro barro encontrado al azar por el turista o por el hondureño acucioso; algún utensilio raro transmitido de generación en generación por familias leales a sus tradiciones; alguna joya, tal vez una reliquia, es apenas lo que logra encontrar el estudioso que se aventura a indagar nuestro pasado.

Necesitamos un sitio para custodiar la historia. Es preciso que veamos en páginas de piedra o de bronce el pensamiento de nuestros antepasados. Es preciso que los evoquemos, sencillos, sutiles y laboriosos, en cuanto objeto material creó su necesidad o su fantasía, ora para los menesteres domésticos, ora para obedecer al reclamo interior de una emoción o de un arte que ansiaba materializarse en algo.

Pero no queremos que nuestro museo sea simplemente esa cosa muerta que se contenta con exhibir reliquias, fósiles u objetos de arte; ni tampoco un centro como el Museo de Alejandría, que era biblioteca y universidad, y en donde se estudiaban ciencias, artes y literaturas. Queremos una cosa viva, algo humano para los demás. Queremos, dentro de nuestra modestia intelectual y económica, un museo moderno, es decir, un centro desde el cual irradie la cultura nacional.

El museo de estos tiempos es una verdadera agencia educativa, que no se contenta con ser objeto de contemplación inerte, sino que trabaja, acciona y difunde cultura por medio de conferencias y cursos escolares adecuados para los niños y para cuantos, devotos de una especialidad, buscan quien les oriente hacia el verdadero camino, ya sea en el arte, en la ciencia o en los negocios. Nosotros, naturalmente, no aspiramos a tanto. Deseamos, eso sí, que el museo que se funde se agite y viva, y difunda la cultura que nosotros podemos difundir. Que sea una fuente de información nacional, en donde el hondureño se encuentre fácilmente con su pasado, con su presente y su porvenir.

Con el tiempo podremos hacer el verdadero museo contemporáneo. El que da cursos gratis a millares de personas sobre asuntos científicos. El que da conciertos de música selecta. El que exhibe películas educativas a los niños para familiarizarlos objetivamente con la geografía, el arte, la mecánica, etc., ampliando de este modo su inteligencia y su concepto del mundo. Por hoy, hemos de conformarnos con un museo que se mueva, que esté vivo y que esparza vida.

Alentados por la buena acogida dada a nuestra excitativa para editar la obra de nuestros próceres, no vacilamos en pedirle al doctor Corleto que intente, con su entusiasmo y su amor de intelectual, la fundación de ese museo, del MUSEO HONDUREÑO.

El Pueblo, junio 7, 1931.

EL DESTINO DE CUYAMEL

Los trabajos de Cuyamel tenían para don Samuel Zemurray un indudable valor de afección. En ese lugar había sentado él las verdaderas bases de su fortuna. De esa zona había surgido la fuente rubia y sonora de sus millones. Cuyamel, en fin, representa por mil causas uno de los mejores capítulos de su biografía, y era natural que guardase por ese pedazo de tierra hondureña no solo la necesaria gratitud que existe en el corazón humano, sino que tuviese para él cierta predilección, cierto prestigio romántico con que nuestro amor propio y nuestra fantasía perfuman y engrandecen nuestras victorias, sobre todo las más humildes y ajenas.

Pero Cuyamel se había cansado de dar. Madre pródiga, le había llegado la fatiga. Y era preciso vigorizarla. Ese pensamiento, sin duda, existió en la mente del señor Zemurray cuando en su última concesión solicitaba prolongar el ferrocarril de Cuyamel hasta empalmar con el Nacional en Baracoa, si mal no recordamos, para extenderlo, en seguida, buscando el ferrocarril de Guatemala. Como la concesión fracasó y el pensamiento de Zemurray no pudo llevarse a cabo, Cuyamel vino decayendo cada día más, y si no había muerto antes era debido a ese valor de afección a que nos hemos referido. Pero Zemurray vendió a la United Fruit Company; y para la United, Cuyamel no podía tener sino un valor comercial. En consecuencia, no producía, había que cerrarlo. Eso es lógico, y desde ese punto de vista, nadie, absolutamente nadie, podría censurarla. Lo grave está en la hora escogida para realizar el hecho.

Comercialmente, la United debió haber cerrado Cuyamel tan pronto como compró al señor Zemurray. ¿Por qué no lo hizo entonces? ¿Por qué lo hace hasta ahora? Sencillamente porque no quería herir el sentimiento público antes de conocer el resultado de las concesiones para riego. Una vez conocido ese resultado, fuese favorable o adverso, los trabajos de Cuyamel se hubiesen cerrado. Si favorable, porque ya no le interesaba el sentimiento público. Si adverso, por la misma razón. Ni más ni menos que una nueva modalidad del juego de la correa: si obtengo las concesiones, te cierras; y si no, te cerraste. Ese era el destino de Cuyamel, con la única diferencia de que en el primer caso se cierra cuando todavía somos dueños de nuestras aguas, y en el segundo hubiese sucedido lo mismo cuando ya las hubiéramos regalado.

Ha sido, pues, una causa comercial la que ha dado origen a la paralización de los trabajos en Cuyamel. Desde ese punto de vista nada tenemos que objetar porque las Compañías no son instituciones de beneficencia. Lo grave está, decíamos, en la hora escogida para cerrar esos trabajos. Llega el paro en el propio momento en que el país ha agotado casi todos sus recursos sofocando una montonera, cuyo origen conoce de sobra el pueblo hondureño. Eso, sin embargo, nada significa. El cierre de Cuyamel no va a hundir a Honduras, no va a conseguir hacer zozobrar su economía ni sus finanzas. Lo grave es otra cosa. Lo grave es el abandono de Cuyamel.

En el momento en que Honduras va a dirimir su disputa de límites con Guatemala, se quiere dar la impresión de que Honduras no tiene intereses de ninguna clase en esa zona. La intención es manifiesta y viene a confirmar a los hondureños cuál ha sido, es y será la actitud de una Compañía que, teniendo la mayor parte de sus intereses en Honduras, las mayores utilidades en Honduras y habiendo obtenido concesiones inconcebibles en Honduras, no solamente no las ha agradecido sino que trabaja por todos los medios a su alcance para perjudicar los intereses de Honduras.

Pero estas causas lejanas no las ha visto ni podrá ver jamás la mentalidad raquítica de quienes se disputan la defensa de la United Fruit Company.

El Pueblo, junio 9, 1931.

EL LIBRO HONDUREÑO

En nota editorial reciente, nos permitimos excitar al doctor Salvador Corleto, Ministro de Educación Pública, para que hiciera editar, por cuenta del Estado, la obra de nuestros próceres. Acabamos de recibir la respuesta a nuestra excitativa.

Reconoce el distinguido Ministro el valor de las sugestiones de nuestro editorial, y nos manifiesta que desde mayo ha venido celebrando una serie de conferencias con profesores distinguidos como Rojas y Hernández, y con nuestro gran poeta Luis Andrés Zúniga, para consagrarse al cultivo de nuestra bibliografía, no solamente en cuanto atañe a la edición de obras nacionales, sino de libros extranjeros que se refieran a Honduras.

Hace después el doctor Corleto un breve recuento de las gestiones que, por encargo de los doctores Marco Aurelio Soto y Ramón Rosa, llevó a cabo en Guatemala el poeta Joaquín Palma ante la familia del Sabio Valle para conseguir sus manuscritos, y concluye declarándonos su propósito de solicitar del Congreso Nacional, en sus próximas sesiones, la suma necesaria para EL LIBRO HONDUREÑO.

De continuar el doctor Corleto en el Ministerio de Educación Pública, su nota revela que en 1932 tendremos una colección de volúmenes de nuestros próceres, que ha de ser algo así como la obra clásica de nuestra literatura y de nuestra política. EL LIBRO HONDUREÑO –y ningún nombre mejor ni más preciso para designar nuestro acervo intelectual– irá entonces de uno a otro extremo de la tierra, revelando al mundo que no constituimos un grupo de salvajes nacidos para la montonera y para el odio, sino un pueblo altivo que viene luchando, desde hace más de un siglo, con tenacidad inimitable, contra todos los obstáculos, contra todos los asechos malintencionados que atajan su progreso, por constituir una nación pacífica, seria y laboriosa en donde el respeto a la libertad y a la ley sean norma y ejemplo.

A la obra de nuestros próceres ha de seguir la de otros intelectuales desaparecidos, que son muchos y valiosos. Y a la de estos, la de los que viven hoy, consagrados ya por la fuerza de su pensamiento y de su numen.

Es inconcebible la eficacia que tendrá contra la propaganda injusta que se nos hace en el exterior la exportación del pensamiento nacional. Porque un pueblo que piensa y siente como ha pensado y sentido el pueblo hondureño, tiene por mil títulos derecho a la libertad y a todos los beneficios de la civilización. Honduras merece desenvolverse feliz y tranquila, y se desenvolverá. Cayendo hoy y levantándose mañana, levantará sobre base permanente su porvenir para cooperar sistemáticamente al mejoramiento de la sociedad civilizada. Dios está con nosotros.

Pero ayudémonos. Luchemos contra las fuerzas oscuras y busquemos en el orden, en el trabajo y en la paz, el camino de nuestra redención.

EL LIBRO HONDUREÑO será una noble simiente, de la cual podrá Honduras recoger una abundosa y bienhechora cosecha de prestigio.

El Pueblo, junio 15, 1931.

LA MUJER

Si la mujer no es naturalmente más débil que el hombre, es cierto por lo menos que hemos venido cultivando su debilidad a través de los siglos.

Lo más delicado, lo más sutil, lo más evanescente, lo hemos querido para la mujer y se lo hemos dado a la mujer. Las telas más vaporosas, los perfumes insospechados, las flores más bellas, las joyas más raras, los ritmos más puros, los colores imposibles, todo cuanto hay de imponderable, perfumado y luminoso, toda maravilla de la naturaleza, han sido para ella.

En boca de la mujer no concebimos las malas palabras, ni siquiera la frase fuera de tono. La mujer debe ser la imagen de la pulcritud, del recato, de la suavidad, de la dulzura. Así la concebimos, así la queremos y así la hemos hecho.

Y de ahí que ella sea una vida más delicada, un ser de menor fortaleza física que el hombre.

¿Habrá perdido o ganado el mundo con este debilitamiento de las fuerzas físicas de la mujer? ¿La huella que este género de educación ha dejado en su espíritu constituye un bien o un mal para la civilización?

La comprensión rápida, la vibración sutil, la intuición, el presentimiento, todas estas virtudes se han intensificado en la raza humana merced a la delicada estructura de la mujer. Es esa estructura la que le ha dado el don de percibir estados y matices para los cuales resulta generalmente sorda, ciega e insensible la tosca envoltura del hombre.

La ternura del mundo vive magnificada por la mujer. Nuestro mayor acercamiento al misterio, que es Dios, lo hemos alcanzado por ese refinamiento físico, por esa debilidad corporal que en el correr de los siglos ha realizado la educación recibida por la mujer. La mujer es el instrumento más sutil, en cuyo cordaje suena la armonía del Universo.

Si la mujer no es por naturaleza este ser delicado, inquieto, dulce, sutil, intuitivo y previsor, entonces es ella la obra más grande que ha creado la civilización, porque su ejemplo compele al hombre a pulir su vida, a suavizar las asperezas de su barro tosco, de su rudeza primera.

Desde este punto de vista, la mujer es el más potente y elevado estímulo y también la mayor reserva de espíritu en el mundo.

El Pueblo, junio 25, 1931.

LA CONCIENCIA PACIFISTA

Honduras afirma cada vez con raíces más sólidas y hondas que la violencia es un recurso ineficaz para realizar las aspiraciones ciudadanas. El vacío que el general Ferrera encontró a su paso de uno a otro extremo de la República, y su caída para siempre en los campos de combate, es la demostración más elocuente de que el pueblo hondureño ha decidido renunciar definitivamente a la guerra, para buscar en la ruta de la paz todo el bienestar y la libertad a que tienen derecho los pueblos laboriosos y ordenados.

Nuestra conciencia pacifista no es una ilusión, no es una vana teoría ni una frase sin sentido. Constituye un hecho probado por una experiencia reciente en que un sinnúmero de circunstancias, tales como la crisis económica, la desorientación administrativa, etc., etc., antes tendían más a propiciar que a destruir el viejo espíritu levantisco. Porque, ¿qué mayor aliciente para un zafarrancho que los centenares de obreros que se quedan sin trabajo en el momento en que estalla? ¿No es esto lo mismo que echar leña a la hoguera?

Sin embargo, esta leña no ardía. Iban y volvían los revoltosos, y el obrero despedido de su trabajo les volvía las espaldas, y buscaba solución a su penuria cultivando la tierra por su propia cuenta. No son pocas las parcelas cultivadas que ahora existen, y de las cuales se surten de toda clase de legumbres, a precios como no existieron nunca en la Costa, San Pedro y casi todos los lugares situados a lo largo de la línea férrea.

En torno a las parcelas cultivadas empiezan a formarse, como es natural, núcleos de población laboriosa, capaz de bastarse a sí misma.

La decisión de no buscar en la guerra el salario que se les quita ha hecho a muchos de nuestros obreros decidirse a buscar en el trabajo independiente la satisfacción de sus necesidades. Una razón de defensa les ha señalado el camino de su independencia. Y así, en vez de permanecer sujetos a las eventualidades de un salario inestable, podrán vivir amparados por el bienestar permanente que da la tierra a quienes, no importa cuán humildes y pobres, la cultivan perseverantes con sus propias manos y la abonan con el sudor de su frente.

No hay, pues, por qué desalentarnos. Debemos tener confianza en nuestro porvenir. La paz se afirma cada vez con más sólidas y hondas raíces sobre la tierra que cultiva el brazo del trabajador independiente.

Las dificultades de hoy son transitorias. Seamos fuertes en la resistencia y en la fe. Seamos tranquilos y perseverantes en el esfuerzo diario. No nos acobardemos. El mañana será de liberación y prosperidad.

El Pueblo, junio 29, 1931.

EL HIMNO DE LA PAZ

Ya dijimos que la paz va entrándose más y más en la conciencia del pueblo hondureño; y que cada día se agarra a ella con más hondas y vigorosas raíces.

Ya dijimos que el fracaso del general Ferrera y el vacío que encontró de uno a otro extremo de la República en su aventura bélica es un ejemplo desalentador, una añoranza tétrica para cuantos, enfermos todavía de machetismo, pretendan buscar en la matanza de hermanos la conquista de sus ambiciones.

Ya dijimos que la revuelta pasada no fue otra cosa que el último estertor, el postrer fogonazo, el destello final de la guerra que moría.

Todo eso hemos dicho. Y todo eso constituye una verdad que puede comprobar el espíritu menos observador y más pesimista. Pero no tenemos derecho al descanso todavía. Precisa continuar luchando sin perder un solo momento, hasta hacer de la paz una condición de nuestra naturaleza, una necesidad orgánica de nuestro ser.

La oficina de salubridad que más nos hace falta es la Oficina de la Paz. Necesitamos un centro que se encargue de hacer de la paz una verdadera epidemia. Algo más todavía. Que se encargue de hacerla una enfermedad contagiosa e incurable, que la adquiramos todos y contra la cual no exista ni inmunidad ni preventivo alguno. Porque la guerra es un muerto, a quien solo la atmósfera constante del trabajo, del orden y de la armonía impide resucitar.

Desde este punto de vista, se hace indispensable quitar de los pueblos la inquietud y la desconfianza, mediante la buena administración pública, el respeto a la libertad y al derecho, el acatamiento de la justicia y la defensa de la seguridad e intereses del país. Porque la paz es cooperación, apoyo recíproco que se dan gobernantes y gobernados, y de ninguna manera producto espontáneo de la naturaleza que surge, vive y prospera en cualquier clima y bajo cualquier condición.

La paz es una conquista de la civilización, y de ahí que para mantenerla se necesita la acción constante e inteligente del hombre civilizado. Por eso vemos con honda simpatía la voz de los estudiantes y maestros de Comayagua, pidiendo al patriotismo que se una a ellos en su "cruzada nobilísima por el más alto anhelo ciudadano, como es la Paz, base inconmovible de la grandeza nacional, y sobre la que descansa inmaculada, próspera y fecunda la verdadera República".

Acojamos esa voz, que es como decir la voz del sembrador y la simiente, pues no son otra cosa el maestro y el discípulo que se inclinan fervorosos ante la tierra fecunda para preparar las cosechas del mañana. Acoplemos esa voz y formemos con ella el himno del porvenir, que debe ser el Himno de la Paz.

Cantemos y vivamos todos este himno sagrado, y estemos seguros de que a su ritmo se organizarán el trabajo y la industria, vendrá la inmigración, y seremos, con el correr de los años, un pueblo feliz, próspero y respetado.

Tengamos fe en nosotros mismos. Tengamos fe en el esfuerzo constante. Para ser grandes no es preciso regalar lo que tenemos.

El Pueblo, julio 2, 1931.

EL PALABRISMO

Aparte de sus virtudes, la vida oficial de Honduras está cargada de vicios. Uno de ellos es el palabrismo.

No bien se llega a una Secretaría de Estado, a una Gobernación Política y aun a puestos ínfimos, el agraciado nos aturde haciendo volar por todos los rumbos sus elevados propósitos.

Las entrevistas, las circulares y los programas caen sobre los ciudadanos como lluvia incesante. Llegan a ser tantos que, si se alinearan, le darían la vuelta al globo, y enfilados hacia arriba, fácilmente transpondrían las nubes y quizá se saldrían de la capa atmosférica. Sin embargo, en toda esa masa enorme de papel, por regla general, jamás se encuentra un hecho.

Palabras... Palabras... Palabras... Y nada más.

Palabras es todo lo que dejan a la República los funcionarios palabreros. Concreto, real, no dejan nada.

En materia administrativa, el silencio es condición de laboriosidad y de acción. Los funcionarios públicos que menos hablan son los que más hacen. Y en Honduras, se puede tener el concepto anterior como un verdadero axioma.

A través de nuestra historia política, los varones más batalladores, los que más la han engrandecido con la acción de su inteligencia y de su esfuerzo, son los que llegaron a los puestos públicos, y, una vez en ellos, abejas laboriosas, no tuvieron para hablar a sus conciudadanos otro lenguaje que el de los hechos.

La palabra está bien para que los ciudadanos digan desde afuera lo que pueden hacer; para que enseñen a los suyos la fuerza y el alcance de su espíritu de iniciativa; para que hagan visible su preparación; para que impidan o alienten la labor perjudicial o mal dirigida de los funcionarios. Para todo eso y para muchas cosas más está bien acudir a la palabra, porque entonces la palabra es acción. Pero en los cargos públicos, la palabra debe ceder el campo a los hechos.

Los hechos deben ser el lenguaje del funcionario público. Y no hay derecho de restarles, hablando, el tiempo, el precioso tiempo que se necesita para producirlos.

Hay momentos y casos en que se hace preciso hablar; pero estos son la excepción. Generalmente, el silencio laborioso se impone como norma al servidor del Estado. Por eso, en vez de entrevistas, circulares y programas, ha de hacerse presente ante sus conciudadanos mostrando su obra. De no ser así, su palabrerismo no será sino un medio para ocultar su inacción.

En Honduras, la palabra de los funcionarios públicos se recibe generalmente con desconfianza, porque no ha pasado de ser un medio teórico de realizar el progreso y el bienestar colectivo. En la práctica, todo se queda flotando en el mundo de las esperanzas.

Nuestra Administración Pública está enferma de palabrismo. Curémosla limpiándola de circulares, entrevistas y programas, y colocando en su lugar la fuerza tangible de las realidades.

El Pueblo, julio 3, 1931.

PRECEDENTE

El precedente es la experiencia solidificada. En el reino de las ideas es lo mismo que los alimentos enlatados. Es muy útil cuando no podemos tener ideas frescas.

Tiene sus ventajas hacer las cosas en la misma forma en que se han hecho siempre. Sabemos entonces lo que va a suceder. Cuando hacemos cosas nuevas, ignoramos el resultado.

El buen éxito implica no solamente buen sentido, sino también el factor variable del resultado que producirán las cosas, el cual se conoce solamente probándolo. De ahí que la vía más segura para el triunfo es la de usar una mezcla de precedente e iniciativa. Qué cantidad de cada cual se necesita, es cuestión de nuestro propio criterio.

Guiarse solamente por precedentes es volverse estacionario. Está uno tan seguro como una gallina en su nido o una abeja en su panal. Cada generación que nos sucede actúa del mismo modo. Existe un nivel de eficiencia, pero no hay progreso.

Comités e instituciones conceden gran importancia al precedente porque le tienen miedo a las responsabilidades. Hacer lo que hicieron nuestros predecesores desvía un poco de nuestros hombros la carga de la culpabilidad.

El precedente es el puerto de refugio para aquellos que le tienen miedo a las resoluciones.

Los tribunales de justicia siguen los precedentes, basados en la teoría general de que la experiencia es más justa que las decisiones individuales.

El precedente, sin embargo, tiende a prolongar la ignorancia y la injusticia del pasado.

La humanidad está constantemente aprendiendo, adquiriendo nuevos conceptos de la verdad, encontrando nuevos valores en la justicia social. El precedente obstruye estos progresos. Afianza y perpetúa tanto los errores como los derechos del hombre.

En consecuencia, mientras la mayoría debe confiar en los precedentes, unos pocos deben siempre esforzarse por romperlos, para abrir el camino hacia conclusiones más justas.

El precedente es la raíz. El pensamiento independiente es la rama del árbol humano. Nuestras decisiones deben amoldarse a la suma de las experiencias humanas; sin embargo, debe existir a su vez la hoja verde y fresca de la inteligencia nueva.

No podemos cortar la raíz del árbol y esperar que viva, ni tampoco podemos destrozar el ramaje del árbol y esperar que viva.

El gran jurista es aquel que no sabe solamente lo que la ley es, sino lo que la ley debe ser. Quiere decir que a su conocimiento del precedente, añade su visión de la justicia bajo las condiciones existentes.

El precedente es a menudo la inercia de monstruosa iniquidad. La guerra, por ejemplo, se debe a la perniciosa costumbre de las naciones que se habitúan a prepararse para la guerra. El problema del siglo veinte es demoler este precedente a golpes de razón, derrumbarlo mediante un levantamiento de la humanidad.

El mal precedente también se esconde en las condiciones sociales, en los negocios y en todas las relaciones de los derechos humanos. El pasado trabaja constantemente para esclavizar el presente.

Debemos corregir los errores de nuestros padres, si queremos que nuestros hijos tengan capacidad para corregir los nuestros.

Nuestra reverencia al pasado debe calificarse continuamente por nuestra reverencia al futuro.

Vamos camino a la edad de oro. El momentum de lo que ha sido debe complementarse con la fuerza de las convicciones originales, y guiarse por la inteligencia y el valor del presente.

El Pueblo, julio 7, 1931.

EL INCENDIO DE LA CEIBA

Ayer informamos acerca del gran incendio ocurrido en La Ceiba, que principió a las 9:15 de la noche del lunes y terminó a la 1:20 de la madrugada. A esa hora, dice nuestro corresponsal, estaban terminando de apagarse los últimos braceros del formidable incendio.

El fuego principió en la sección comercial, en "Los Perolines", propiedad de unos españoles, y pasó al Nuevo Mundo, establecimiento de don Pedro Uribe; de aquí a La Violeta, de P. Kawas; después al Encanto, de don Manuel Valle; luego a la sastrería del señor Camilo Zúñiga; en seguida a la tienda de don Antonio Kawas; a la Fotografía Cubana, siguiendo hasta terminar en La Flor de la Ceiba, de los señores Akora y Kawas.

Además de la casa del diputado doctor Roberto Ugarte, se quemó la de la señora Mercedes Yescas. Los propietarios de Los Perolines, donde comenzó el siniestro, están ya presos a la orden de la justicia.

El cálculo sobre las pérdidas se considera todavía el mismo que dimos ayer: más de un millón de pesos; pero probablemente se eleve un poco cuando pueda hacerse la estimación exacta de lo destruido.

Afortunadamente, no se conoce todavía ninguna desgracia personal, y lo más probable es que no habrá ninguna que lamentar.

A pesar de la crisis y de que acaban de extinguirse los últimos carbones de una revuelta que no logró incendiar al país, no hubo desórdenes ni intentos de que el pillaje, como es corriente en casi todos los pueblos, aun en los más civilizados, quisiera aprovecharse de la confusión que ocasiona esa clase de desastres para hacer de las suyas. Estos hechos prueban, a despecho de los pesimistas, que Honduras avanza y que la conciencia pacifista se afirma cada vez con más sólida raigambre en la moral de sus hijos.

La Ceiba tendrá que rehacerse. El espíritu de vigoroso entusiasmo que hay en sus habitantes tendrá que sacarla a flote de este último desastre, como la ha venido sacando de muchos otros mayores y más graves. Los pueblos inteligentes, laboriosos y optimistas levantan de los escombros los elementos de lucha para las victorias del porvenir. Y La Ceiba es en Honduras uno de esos pueblos.

El Pueblo, agosto 5, 1931.

LA MUERTE DEL GENERAL VICENTE TOSTA

Para ceder el espacio a sus principales amigos, nada dijimos ayer del general Tosta en el aniversario de su muerte, que un cable nos llevó a Nueva York.

Su pérdida nos conmovió. Teníamos no solo cariño, sino admiración por el general Tosta. Habíamos logrado descubrir en él mucho de noble y de grande. Pero fue necesario tratarlo y estudiarlo detenidamente, porque en su humildad soberana, en aquella envoltura común, casi de campesino, el hombre daba la impresión de un cualquiera. Por eso, cuantos nunca tuvieron la oportunidad de acercarse al fondo de su vida, siempre creyeron, y quizá lo creen todavía, que Tosta era cuando mucho un militar valeroso.

¡Y cuán equivocados! En aquella apariencia vulgar, si se quiere, no hubo solo valor para jugar la vida en los combates. Existía algo más: genio militar. Y sobre este, vivieron también las tres virtudes mayores del político: la serenidad, la ductilidad y la entereza moral.

Bajo las más recias tempestades, Tosta permanecía impávido. Como el de las aguas apacibles, se conservaba su semblante de luchador.

Era dúctil, con esa ductilidad propia de las almas elevadas, que no cierran con llave de egoísmo ni de torpe obstinación la puerta de las soluciones patrióticas y honestas a las batallas del civismo.

Tenía entereza moral, reforzada por un optimismo que no creyó jamás en las derrotas. Nunca lo amilanaron los ataques de sus adversarios, que raras veces comentó, y que cuando lo hizo, fue sin excitación y sin rencor.

Hombre de ideales, murió circundado por el vacío de las agrupaciones políticas; pero bien sentido por la patria a la cual sirvió con lealtad, con desinterés y con hombría. El general Tosta merece en verdad un estudio reposado y exento de pasiones, como fue su vida. Alguna vez lo intentaremos, para diseñar con justos trazos su personalidad de político y de guerrero. Hoy, esta nota ligera sirve solo para evidenciar el respeto que merece su recuerdo y el deber que Honduras tiene de conservarlo siempre vivo.

El Pueblo, agosto 8, 1931.

HÁGASE ALGO POR LOS PEQUEÑOS BANANEROS

Como para reforzar en su decisión a los pequeños agricultores independientes de la zona del Ferrocarril Nacional, puede citarse el mensaje que el presidente Hoover acaba de dirigir a la Conferencia de las pequeñas industrias, reunidas en Silver Bay, Estado de Nueva York.

"La estabilidad de los negocios", dijo el gran presidente, "no puede cimentarse solo sobre la eficiencia individual de cada unidad industrial, sino sobre el esfuerzo conjunto de todas las industrias para analizar sus problemas comunes y para cooperar en el desenvolvimiento de un programa firme y sano."

Asociarse es defenderse y prosperar. Este es un axioma en todas las actividades del mundo; pero especialmente en las actividades de los negocios.

La unidad de los agricultores de Cortés será el origen seguro y perenne de su bienestar. Pero la estabilidad en el bienestar implica estabilidad en la unificación. No es cuestión de asociarse hoy para disgregarse mañana. Se necesita proceder sobre la convicción de que los éxitos venideros no son inmediatos, sino la obra de la batalla constante de la inteligencia y de la acción.

Es natural, eso desde luego, que los finqueros necesiten en esta hora difícil la cooperación pronta, sincera y enérgica del Gobierno para que su unificación contribuya con eficacia no solamente a salvarlos a ellos mismos, sino a Honduras. Y en esa cooperación puede ser factor decisivo el actual Ministro de Fomento, Dr. Medina Raudales. El distinguido funcionario tiene aquí una ocasión propicia para continuar su labor de buen hondureño.

El Gobierno puede contratar uno o dos barcos de Estados Unidos, dándoles una subvención mensual y un tanto por ciento sobre las utilidades obtenidas en la venta de los guineos. Y decimos que el Gobierno puede contratar uno o dos barcos, porque el negocio paga holgadamente todos sus gastos y deja una ganancia que los finqueros nunca podrán obtener vendiendo a las Compañías, aun en tiempos de bonanza.

En ningún país del mundo, los Gobiernos se cruzan de brazos ante las dificultades que sufre el comercio, la agricultura o las industrias.

Que no sea Honduras esa triste excepción. Septiembre y octubre son meses de precios excelentes en el mercado norteamericano. Urge aprovechar el minuto para principiar la batalla.

Hágase algo por los pequeños bananeros.

El Pueblo, agosto 21, 1931.

LA PUBLICIDAD EN LOS CRÍMENES Y SUICIDIOS

El tiempo, que en estos últimos días nos ha faltado para abordar una serie de tópicos inaplazables, nos había impedido comentar, siquiera sea de pasada, un importante artículo del doctor Manuel G. Zúñiga.

Quiere el distinguido profesional hacer llegar hasta la Asociación de la Prensa Hondureña la tesis de que el periodista "debe ser lacónico, debe ser parco en las publicaciones relacionadas con el crimen", pues considera como un hecho de profilaxis social no realzar el delito con informaciones sensacionales. Y se funda en que "con la no publicidad se evita excitar el neurosismo del individuo anormal, del predispuesto a la realización "de hechos fáciles contra la vida y contra el pudor", lo cual redunda en beneficio de la sociedad, disminuyendo la acción criminal de la persona, no solo contra los demás, sino contra sí misma, como lo demuestra el número cada vez menor de "suicidios en las estadísticas comparadas".

Especialmente en el caso de los suicidas, el doctor Zúñiga propone que se use de una simple frase para dar cuenta del hecho, prefiriendo siempre que se haga completo silencio en torno a quienes hayan suprimido su vida con su propia mano.

La no publicidad de los crímenes es algo que está enteramente de acuerdo con el criterio del derecho, no solamente porque la publicidad exagerada contribuye a que los predispuestos se decidan a cometerlos, sino porque en muchos casos aporta revelaciones insospechadas al acervo de los criminales empedernidos, ya sea para realizar nuevos delitos o para asegurar la impunidad de los mismos que están habituados a perpetrar.

Por otra parte, si las leyes establecen las penas correspondientes a los delitos, no es justo ni legítimo que la prensa acreciente aquellas, abultando con la publicidad las responsabilidades del culpable, pues si algo debiera merecer castigo es toda tendencia a inclinar contra el reo, por premeditación o por escándalo, la balanza de la justicia.

En cuanto a la influencia de la publicidad en la comisión de los suicidios, no hay duda de que el doctor Zúñiga tiene toda la razón. Y tan la tiene que, tras un suicidio, vienen siempre otros. Hace poco hubo uno en Tegucigalpa.

A ese le sucedió el del joven Raúl Lanza en Choloma, y al de este, el de Pedro Muñoz en Tela, con diferencia de muy pocos días. Pudiera argüirse que no han tenido relación entre sí. Puede ser. Pero es el caso que siempre que ocurre un suicidio, ocurren otros.

Hay, sin embargo, un ejemplo que sustenta con el hecho la tesis del doctor Zúñiga. En Suiza está prohibido publicar los suicidios. Y Suiza es, ante las estadísticas comparadas a que el mismo profesional alude, el país en donde hay menos suicidios en el mundo.

La tesis del doctor Zúñiga nos parece moralizadora, y en consecuencia, digna de que la estudie con todo detenimiento y sin prejuicios la Asociación de la Prensa.

El Pueblo, agosto 31, 1931.

LA INDEPENDENCIA

A medida que la libertad se universaliza como conquista del género humano, la celebración del aniversario de la independencia viene revistiendo menor solemnidad y entusiasmo en todas las naciones de la tierra.

Nosotros mismos, contra cuya independencia y soberanía formula el pesimismo cobarde los más siniestros vaticinios, ya no celebramos la fecha de nuestra emancipación con el mismo entusiasmo de antaño. Y la explicación no es difícil.

Las generaciones que vivieron bajo el dominio de la Madre Patria y pudieron caldearse de santa alegría al establecer comparaciones entre la condición del colono y la del ciudadano, desaparecieron todas; y las que viven hoy, nacidas y alimentadas por la atmósfera de la libertad, no sienten la necesidad de celebrar la adquisición de algo que siempre tuvieron.

Pero si a los pueblos, por la divulgación misma de los atributos de la libertad, ha de faltarles ahora calor bastante para calcular su advenimiento a la vida independiente, ello no significa que deban renunciar a ese culto ni tampoco a tratar de intensificarlo.

Lo único que ha de cambiar, a nuestro juicio, debe ser la manera de celebrarlo.

La celebración de nuestra independencia debe ser hoy una repulsa constante a nuestro pasado de odio y de sangre, y un recuento de lo que hemos hecho en beneficio propio y de la civilización a lo largo de tantos años de vida republicana. Veamos si tenemos un saldo favorable o cargamos con un déficit en la obra del progreso y del bienestar humano, a la cual tenemos la obligación de contribuir, y sepamos ser valientes y justos para contestarnos la verdad, cualquiera que esta sea.

Veamos cómo anda nuestra cultura, nuestra moral y nuestra economía. Veamos si hemos logrado hacer más firmes los derechos ciudadanos y las prácticas democráticas en el Gobierno. Observemos si estamos más cercanos o más distanciados de los demás pueblos del mundo, y digamos con franqueza si hemos avanzado o hemos retrocedido.

Los espíritus negativos, los que nada crean ni en nada creen, listos estarán a decir que el pasado fue mejor. Pero no es verdad. Quiérase o no, hemos ascendido. La Honduras de hoy es más avanzada que la Honduras de ayer.

No obstante la queja diaria de los inconformes, tenemos más higiene, vestimos mejor y vivimos más en concordancia con las comodidades y necesidades de la vida civilizada; tenemos mejores vías de comunicación; nuestro comercio es mayor y mayor también nuestra producción; tenemos, por último, un concepto más amplio, más claro y más elevado del mundo, y cada día, por la fuerza misma de los tiempos, entramos con más fuertes vínculos en la interdependencia de las naciones, la cual no es otra que una dilatación de la solidaridad humana.

Es cierto que hemos podido hacer más, muchísimo más de lo que hemos hecho. Pero también es cierto que, a lo largo de un siglo, hemos conquistado lo que muchos pueblos del mundo, en condiciones más propicias que la nuestra, no han podido realizar en millares de años.

No tenemos motivo para avergonzarnos.

El Pueblo, septiembre 14, 1931.

LA ACCION DE UNA CONCIENCIA NUEVA

Comentando hace algunos días la decisión de algunos elementos independientes y jóvenes de trabajar para que don Salomón Bueso sea designado candidato a la Presidencia de la República, decíamos que aquella acción era "para nosotros, antes que un síntoma de anarquía, la prueba irrecusable de que las corrientes de la opinión nacional buscan un cauce que difícilmente podrá ofrecerles el organismo petrificado de ambos bandos históricos".

Alentábamos en seguida la esperanza de que "los observadores desapasionados, si se detienen a observar nuestro porvenir, quizá encontraran en las distintas aspiraciones independientes una aspiración fundamental en la que pudieran refundirse todas". Y cerrábamos el comentario haciéndonos la reflexión de que "esa sería la salvación de Honduras".

Según mensaje que insertamos en otra página de esta edición, un diario de Managua, editorializando sobre una conferencia que el presidente Moncada dictó a los conservadores, considera que en estos momentos "se agita en las entrañas del pueblo nicaragüense un organismo político y social que pugna por nacer", y que la presencia de "ese organismo indica que se cierra un ciclo y se abre otro".

Sugiere las tentativas de los partidos tradicionales para destruir el nuevo organismo, el cual, afirma el editorialista, "ahorcará con sus poderosas muñecas a las dos serpientes del extremismo verde y del extremismo rojo".

Quiere decir que en Nicaragua, como en Honduras, y quizá suceda así en el resto de Centroamérica, existe la inquietud que se produce en las sociedades cuando los fracasos y la desesperanza aniquilan los ideales del pasado frente al vacío que asfixia; buscan los hombres aspiraciones mejores para salvar el presente y hacer fecundo el porvenir.

Haciendo a un lado los fanatismos, despojándose de los criterios hechos, nuestros hombres de Estado debiesen sondear con ánimo sereno la conciencia colectiva, si no quieren equivocarse.

En este país, de algunos años para acá, se siente la acción de una conciencia nueva, en lucha con las organizaciones políticas del pasado, disputándose la dirección de sus destinos.

Este es un hecho cuya evidencia se marca con trazos tan firmes que ya no puede negarse.

La nueva conciencia viene imponiendo una orientación nueva, que cada día se hace más firme, vigorosa y definida.

Ojalá surgiera de ella la fuerza civilizadora, capaz de operar, como lo hiciera Marco Aurelio Soto, una completa renovación nacional.

El Pueblo, enero 23, 1932.

LO ESENCIAL ES EL HOMBRE

Céleo Arias, padre del liberalismo hondureño, consideró como un dogma político que, para abrirse paso en medio de las contrariedades y para darse una existencia sólida, es preciso adoptar un programa definido, trayendo a la administración a los mejores hombres que profesan el mismo credo político, sin que, por esto, quede ninguno fuera de las garantías.

Policarpo Bonilla, discípulo predilecto del prócer, sostuvo años más tarde el mismo principio en sus días de mejor prestigio.

El doctor Zúñiga Huete se coloca hoy en la misma plataforma. En el momento de agradecer a sus correligionarios su designación, promete gobernar con los hombres más capacitados, pero dentro del liberalismo.

El general Tiburcio Carías, comunicando en reciente circular la adhesión del doctor Venancio Callejas, dice que, si su partido triunfa, su conducta en el Gobierno será de igualdad y de justicia para todos los hondureños.

En la lucha de 1923, Policarpo Bonilla rectificaba el pasado y prometía, como candidato a la Presidencia de Honduras, un gobierno de los hondureños y para los hondureños. E igual fue entonces la plataforma del doctor Juan Ángel Arias y del general Tiburcio Carías, también candidatos a la Presidencia de la República.

En 1932, el doctor Zúñiga Huete y el general Carías resucitan el gobierno de partido como aspiración política sobre el gobierno nacional, juzgando, sin duda, que la amplitud ha sido factor de fracaso en la administración del doctor Vicente Mejía Colindres.

En Honduras hemos tenido excelentes gobiernos nacionales. El gobierno de Marco Aurelio Soto, nuestro máximo estadista y reformador, fue precisamente un gobierno nacional. Y Marco Aurelio Soto era liberal.

El gobierno del general Terencio Sierra fue un gobierno nacional. Y Sierra ha sido uno de nuestros gobernantes más progresistas. Sierra era y fue siempre liberal.

El gobierno del doctor Francisco Bertrand fue un gobierno nacional y dio un impulso vigoroso al progreso. Fue un buen gobierno. Y el doctor Bertrand era nacionalista.

El gobierno del doctor Paz Baraona, en lucha abierta contra la intransigencia partidarista, hizo hasta donde pudo un gobierno nacional. Y el gobierno de Paz Baraona estimuló el progreso, respetó las libertades públicas e impuso la transmisión pacífica del Poder a base de elecciones ordenadas y libres. Y Paz Baraona era nacionalista.

Hemos tenido también buenos gobiernos de partido, como el del doctor Policarpo Bonilla y el del general Manuel Bonilla. El primero, sobresaliente desde el punto de vista del respeto a las libertades públicas y a las garantías del ciudadano. El segundo, desde el punto de vista de la administración pública. Y Policarpo Bonilla era presidente liberal y Manuel Bonilla presidente nacionalista.

Y también ha habido malos gobiernos nacionales y malos gobiernos de partido, tanto entre los presidentes liberales como entre los presidentes nacionalistas; pero no haremos citas dolorosas.

Con los ejemplos citados, podría constatarse como una verdad que, tanto en el gobierno nacional como en el gobierno de partido, lo esencial es el hombre. Restaría averiguar, sin embargo, si un presidente capacitado para hacer obra de bien con cualquiera de las dos formas de gobierno, la haría mejor y más fácilmente con un gobierno nacional que con un gobierno de partido.

El estudiante con espíritu libre en nuestra vida política, deteniéndose a medir los períodos en que se ha alcanzado la mayor suma de progreso, quizá averiguaría con alguna certeza si debe prevalecer el principio de gobernar con la Nación y para la Nación.

Las conveniencias políticas, las necesidades de la propaganda y, aun, la convicción hondamente arraigada pueden imponer a los candidatos esta o aquella plataforma; pero, sobre las oscilaciones transitorias y acomodaticias de los tiempos, la verdad conserva en la mano su antorcha invulnerable.

En todo caso, por supuesto, lo esencial es el hombre.

El Pueblo, abril 5, 1932.

LOS QUE PIERDEN SIEMPRE

Es habitual en nuestras contiendas electorales, sobre todo en la de Presidente de la República, desviarse de la discusión de los candidatos para entrar en la de los escritores que hacen la propaganda. Y de tal manera se intensifica esta costumbre, que hay momentos en que la personalidad del candidato se pierde, absorbida por el espectáculo que proporciona al público el duelo a muerte entre los periodistas.

Los peligros, las amenazas, los odios, el ultraje, la difamación, las venganzas, la muerte misma, caen siempre sobre el hombre de pluma, como recompensa obligada en nuestras campañas presidenciales. Cuando se pierde, el noventa por ciento de la derrota lo sobrelleva el escritor. Cuando se gana, el ciento por ciento de la victoria corresponde a los hombres prudentes que jamás hicieron nada, ni dijeron nada, ni expusieron nada.

Y la razón es sencillísima. Los vencidos desean tener siquiera la satisfacción de ver privados de las bonanzas del triunfo a quienes los condujeron a la derrota, y se asocian entonces con los vencedores anodinos contra los elementos de acción, y de modo especial contra los periodistas, para desalojarlos. Y los desalojan.

Es tiempo ya de que el escritor se dé cuenta clara de su situación y proceda a remediarla por sí mismo, siquiera en lo que es prácticamente remediable. Si se trata de una lucha electoral, justo es que la discusión se concrete a la personalidad de los candidatos y a la actuación de los partidos y de los funcionarios públicos. Para esto, los escritores pueden celebrar un pacto serio en este sentido.

De esta manera, si no alcanzan las dulzuras de la victoria, por lo menos no los encontrará la derrota sufriendo todas las consecuencias del combate.

Un pacto de tal naturaleza, unido al de discutir en forma serena y mesurada la propia personalidad de los candidatos, sería una valiosa contribución a la paz.

Valdría la pena saber qué piensan a este respecto nuestros escritores y nuestros candidatos.

El Pueblo, abril 6, 1932.

CÓDIGO DE MORAL OLANCHANA

Los olanchanos residentes en esta capital vienen celebrando reuniones desde hace algunos días con la noble finalidad de trabajar para hacer cada vez más efectivo el respeto a la propiedad y a la vida, de trabajar por la moralidad de la prensa, la estabilidad de la paz y la promoción del progreso y la cultura del departamento, haciendo cada vez más estrecha y perdurable la fraternidad de sus habitantes; todo eso, naturalmente, sin olvidar el bien general del país y la cooperación constante que todos debemos prestarle para convertirlo en un ejemplo de bienestar, de prosperidad, de unidad y de legalismo.

De las reuniones surgió la sociedad COOPERACIÓN OLANCHANA, y de esta el Código Moral, que insertamos en seguida y cuyos preceptos quedan en cada uno de sus miembros y en todos los hijos del departamento de Olancho, como un depósito sagrado.

"La sociedad Cooperación Olanchana decreta el siguiente Código de Moral Olanchana."

Artículo 1.º - Los hijos de Olancho debemos vivir en abierta fraternidad y cooperación constante en las manifestaciones de nuestras actividades.

Artículo 2.º - Como consecuencia de lo que preceptúa el artículo anterior, todos y cada uno estamos obligados a respetarnos recíprocamente nuestros derechos, el fruto de nuestro trabajo y nuestra libre acción y pensamiento. El trabajo honrado es el único que redime y produce el bienestar particular y común. Moverse dentro de la propia esfera de acción significa economizar tiempo y saber emplear nuestras energías. El respeto a los derechos de los demás, principalmente en aquellos atributos de la personalidad humana, es una elevada muestra de cultura que, a su vez, significa un alto concepto de nuestra dignidad personal. Por lo tanto, hay que practicar estos principios y enseñar a que sean practicados, para cimentar la moralidad de los hijos del departamento.

Artículo 3.º - En el ambiente social es donde el hombre vive y se desarrolla. Por esa razón, es natural la coexistencia de todos los arbitrios y, del sentimiento de sociabilidad, nace el vínculo de amistad, que es imprescindible en la convivencia y que muy eficazmente contribuye a la más elevada coexistencia y a la más eficiente cooperación.

Entonces, nos conviene cultivar estrecha amistad, mantenerla y respetarla en alto grado. Debemos desechar los distanciamientos, odios y deslealtades. La amistad no está reñida con las ideas políticas reinantes y con los partidos históricos. Por sobre los partidos, hay que conservarla incólume, y no deben ser motivo para desarraigarla y arrojarla al fango político las diferentes ideas de sus cultivadores.

Artículo 4.º - En el campo de la prensa, hay que exponer ideas redentoras, ideas sanas; discutir cuando el caso lo amerite, empleando fraseología culta y elevada. Nada de términos injuriosos ni que envuelvan calumnia; porque, por ese camino, nada bueno se construye.

Artículo 5.º - Siendo un deber de los ciudadanos combatir el analfabetismo por los medios que estén a su alcance, para el mejoramiento de la sociedad, prometemos trabajar con entusiasmo y verdadero celo patriótico por la desanalfabetización de los hijos del departamento de Olancho. Como simple ciudadano o como empleado público, el olanchano está obligado a prestar todo su apoyo a la escuela, a los maestros y a las autoridades para lograr que los habitantes del departamento aprendan a leer y escribir.

Artículo 6.º - La paz es un bien inapreciable de los pueblos. Es un deber supremo cimentarla cada vez más fuerte y estable. Los olanchanos debemos empeñarnos en este sentido.

Artículo 7.º - La Sociedad "Cooperación Olanchana" hace el depósito sagrado de estos reducidos preceptos en cada uno de sus miembros y en todos los hijos del departamento de Olancho, confiando en su patriotismo y buena voluntad para su observación estricta en todo momento.

Al final.- Este Código empieza a regir desde esta fecha. Dado en el Salón de Sesiones de la Sociedad, en Tegucigalpa, a los tres días del mes de abril de mil novecientos treinta y dos.

JOSÉ B. HENRÍQUEZ, Presidente.

ANTONIO BERMÚDEZ M., Vocal.

S. HERNÁNDEZ Y HERNÁNDEZ, Vocal.

VICENTE ALEMÁN, Fiscal.

MEDARDO MEJÍA, Secretario.

Tomando en cuenta la capacidad de sus miembros y el fervoroso entusiasmo y optimismo que los anima, cabe predecir que la sociedad COOPERACIÓN OLANCHANA encontrará fácil el camino para realizar sus elevadas aspiraciones. Como hondureños y, en especial, como olanchanos, sobra decir que estará siempre a la orden nuestra modesta cooperación.

Olancho necesita renovarse, volver a su pasado esplendor, y sus mejores hijos deben unirse en apretado nudo para iniciar su redención. La hora ha sonado.

El Pueblo, abril 8, 1932.

SE VAN LOS MARINOS DE NICARAGUA

Sobre la duda general que antes existía con respecto a la desocupación del territorio nicaragüense por las fuerzas de la marina americana, se ha levantado últimamente en todas partes un optimismo consolador.

En la propia Nicaragua, donde siempre ha existido la natural desconfianza que todo el pueblo tiene para sus invasores, priva hoy la seguridad de que las fuerzas de ocupación se irán definitivamente al pasar las próximas elecciones presidenciales, tan pronto como tome posesión el ciudadano electo.

La reacción optimista a que hemos aludido se debe a la certeza de que Estados Unidos ha abandonado su propósito de construir el Canal de Nicaragua. Parece que los resultados recientes del bombardeo de los aviones japoneses sobre las posiciones chinas de Shanghái han demostrado que una flota militar aérea podría poner en pocas horas fuera de servicio el Canal de Panamá o cualquier otro, no importa cuán bien fortificado, sin que haya hoy medio alguno de impedirlo.

Y ha de ser así, puesto que se tiene como una verdad el cálculo de que, para frustrar el ataque de un solo avión en un área dilatada, se necesita un número tan crecido de aviones, que resultaría imposible, aun para las naciones más poderosas, organizarse eficazmente para la defensa.

Con estos antecedentes, no podría pensarse ya en el Canal de Panamá como en una obra de seguridad militar. Sería una obra esencialmente comercial que, en estos momentos, no hace falta, pues, a juicio de los expertos, el Canal de Panamá bastará todavía por un largo número de años a las necesidades del mundo.

Ya abandonado el proyecto de construcción del Canal de Nicaragua, es racional suponer que el retiro de las fuerzas de ocupación será tan pronto como los americanos encuentren un momento propicio para salir airosos de la difícil situación en que los han colocado los acontecimientos en la Tierra de los Lagos.

El optimismo general no anda esta vez descaminado.

El momento del mundo está diciendo que los marinos se van.

El Pueblo, abril 21, 1932.

UNA EXCUSA DE MASFERRER

En mi viaje a la Costa Norte tuve la suerte de encontrarnos con Alberto Masferrer. Nos vimos de improviso en una casa amiga, y alguien nos identificó. Espiritualmente conocíamos a Masferrer desde muchos años atrás, y no una vez, sino varias, habíamos estado juntos. Hablamos unas pocas palabras sencillas, del pasado, del presente, del porvenir, las decepciones, las victorias y las esperanzas, toda esa suma de cosas agradables y amargas que hacen la vida. ¡Qué afecto más hondo tiene el maestro por nuestro país! Sin alarde, sin elocuencia, suave y dulcemente, dejaba correr el manantial de su cariño hacia esta tierra de libertades.

"En Honduras," nos decía, "me siento rodeado de afecciones y de estimación; y en San Pedro Sula, en esa ciudad, me muevo como en un hogar grande en donde todos fueran miembros de mi familia. Esa gente de San Pedro me ha demostrado que inmensa es, dentro de su miseria, la grandeza del corazón humano. ¿Usted no sabe lo que los hijos de esa ciudad quieren hacer conmigo?"

Realmente, nada sabíamos, y guardamos silencio esperando que el maestro continuara. "Es algo que me ha conmovido, que agradezco desde lo más hondo de mi vida; pero que, desgraciadamente, no puedo aceptar," prosiguió el pensador. Y luego, interrogándonos, exclama: "¿Pero cómo decir esto en una forma que no hiera y que a la vez lleve a todos la convicción de mi sinceridad y de mi agradecimiento? Usted tendrá que sacarme de este apuro". Y ningún sacrificio ha sido realmente para nosotros excusar al maestro, porque la excusa, la revelación de las causas que le impiden aceptar la contribución que en su beneficio quiere hacer la ciudad de San Pedro Sula, lo mismo que su sinceridad y su agradecimiento, trascienden de tal modo en sus propias palabras que nadie se quedará sin comprenderlas.

Conocido todo el inmenso temblor de gratitud, de simpatía y de elevación moral que hay en el alma de este gran intelectual, resulta claro que la mayor prueba de estimación y cariño que puede dársele es desistir de la contribución que se tiene en proyecto. Y, naturalmente, San Pedro desistirá.

El Pueblo, junio 1, 1932.

LA ESTATUA DE LA RESIGNACIÓN

Vino Alberto Masferrer a Honduras ya casi en el total aniquilamiento de su organismo y de su intelecto. Ni fuerza física ni afán de lucha intelectual traslucía su presencia. Masferrer impresionaba, antes bien, como la estatua de la resignación. A poco que se le observara con deseo de entrarse al fondo de su vida, se descubría en él a un hombre que ya nada esperaba ni nada le pedía al mundo, sino descanso, supremo descanso.

Dos veces nos encontramos con el gran pensador, en torno a cuya vida en ocaso parecía flotar, desprendida de la materia impotente, la fuerza de su espíritu a manera de una fragancia luminosa. Por más que Masferrer no hablara, por más que se le viera adormecido y triste, siempre se le sorprendía el destello, el inextinguible destello de la constelación que había envuelto su cerebro de grande.

Astro en agonía, ¡qué tintes más suaves, qué tonalidades más desvanecidas! Pero ¡cuán múltiples y evocadoras no derramaba su presencia! Dos palabras, tres frases, y la estatua de la resignación estaba allí, tranquila y excelsa, sufriendo el golpe de la brutalidad incomprensiva.

Pero también la amargura tiene sus astros, también tiene relámpagos que la embellecen y la iluminan. La de Masferrer, la del gran pensador, tuvo los suyos. Y para suerte nuestra, para orgullo nacional, los tuvo en Honduras.

¡Cuántas almas buenas, cuántos espíritus excelentes no le demostraron, a pesar de todo, que la bondad y la comprensión es algo que todavía no se acaba en este pobre planeta de Sancho!

Nuestras mujeres le rodearon poseídas de una admiración y de un cariño tan puros, tan solícitos y tan alentadores, que a veces hasta el mismo Masferrer, aquel gran difunto, sintió renacer el optimismo, la fe en el esfuerzo y en la gratitud humanas, y quiso vivir.

Y no pensó mal el ilustre pensador, porque si algún laurel inmarcesible coronará siempre su grandeza, será el que sembró en Honduras.

Masferrer es un caso de incomparable excepción en Centroamérica. Era, sin duda, un descentrado, un ser extraño al medio, asfixiándose en una atmósfera que no era la suya, una planta que derramaba sus flores y sus frutos sobre una tierra que no podía nutrirle.

Solo supo dar, y se agotó, para caer, como él lo escribiera, "en el vacío, donde la caída no tiene fin; donde la luz de las estrellas es fría y sin fulgores; donde no se puede siquiera dejar la esperanza, como a la puerta del infierno, porque el vacío no conoce puertas ni límites; porque el infierno, donde reina el dolor, es todavía la ventura, -puesto que la vida se emplea ahí en llorar y maldecir-, mientras que en aquel reino del Tedio, ya no hay maldiciones, ni suspiros, ni lágrimas, sino silencio!... Ya no existe el dolor, sino las cenizas del dolor."

Grande de verdad, sabía imprimir a los vocablos más humildes la suprema trascendencia que tienen todas las cosas, para cuantos, a pesar de Einstein, saben sorprender en la relatividad el infinito.

Su tragedia fue su afán de exégesis, y joven aún se halló de improviso con que "le había dado vuelta a las creencias, acogiéndolas y desechándolas hasta encontrarse con que ninguna fe lo satisfacía, y por consiguiente, sin motivo para vivir."

"El alma ha menester de una fe viva, que esplenda y trascienda como una rosa nueva," decía Masferrer, porque "el hombre vive de su fe," según la Sabiduría.

Y por eso el gran pensador, el exégeta maravilloso, después de haber recorrido el mundo de las creencias, silenciosamente, resignadamente, apagó su antorcha.

El Pueblo.

UN HECHO CONSTANTE EN LA HISTORIA DE HONDURAS

Quien estudie los fenómenos sociales con criterio de sociólogo y no con criterio de político, encontrará como regla general en la historia de Honduras este hecho constante: los gobiernos de libertades no han sido gobiernos de administración, y los gobiernos de administración no han sido gobiernos de libertades.

Caso aisladísimo es aquel de gobernantes que lograron armonizar en cierta medida la buena administración con las libertades públicas; y caso raro también el de aquellos que ni respetaron las garantías y derechos ciudadanos ni fueron buenos administradores.

Jamás se ha visto florecer al pueblo hondureño en todas las manifestaciones de su vida como en el gobierno de Marco Aurelio Soto. Reforma política, reforma religiosa, reforma económica, reforma administrativa, ¡qué no hubo en aquel gobierno de intelectuales! Es la única vez en toda la historia de Honduras que se ha iniciado una reforma general, que se ha levantado en bloque, toda entera, la vida de este pueblo para transformarla.

Es el caso típico y único de administración que hemos tenido. Puede decirse que Marco Aurelio Soto tomó el desorden, la ignorancia, la falta de unidad, de sistema y de orientación en la vida de Honduras y amasó y modeló con ellos la estatua de la República para ofrecerla como algo compacto, como algo definido, con una fisonomía firme y civilizada en su organización política, en su organización religiosa, en su organización económica y en su organización administrativa.

Pero el gobierno de Marco Aurelio Soto no fue un gobierno de libertades.

Terencio Sierra, Manuel Bonilla, Francisco Bertrand hicieron gobiernos de administración. Lograron crear un ambiente de orden, propicio a la marcha del progreso; pero no fueron gobiernos de libertades.

Policarpo Bonilla es el hondureño que más ha contribuido a crear en la conciencia individual y colectiva el amor a la libertad. Puede decirse que a él corresponde, desde el punto de vista de las libertades, la reforma política de mayor trascendencia que se ha operado en Honduras.

Pero no fue el de Policarpo Bonilla un gobierno de administración.

Hoy estamos en el Gobierno del doctor Vicente Mejía Colindres. Nunca ha tenido Honduras gobierno más respetuoso de las libertades públicas. La libertad actual en este país representa para todos los hondureños un orgullo tan legítimo y tan justo, que no debe negarse jamás ni por conveniencia ni por cálculo.

Antes bien, debe afirmarse y difundirse por respeto a la verdad y al honor mismo de la República. Sin embargo, el gobierno del doctor Mejía Colindres no ha sido un gobierno de administración.

Luchando contra todos los obstáculos, solo frente a las embestidas de la barbarie, Miguel Paz Baraona consiguió al fin armonizar la administración con las libertades, de tal modo que al final de su período pudo garantizar la libertad del sufragio en forma que no tiene precedente en la historia de este país.

Su decisión y su entereza, unidas a la de algunos diputados irreductibles, echaron por tierra todos los tanteos que se hicieron para anular la elección del doctor Vicente Mejía Colindres.

Paz Baraona ofreció fusilar por las espaldas, en plena plaza pública, a los diputados que cometieran el crimen de destruir con una tinterillada aquel alto ejemplo de civismo hondureño. Y el Poder fue transmitido en paz al electo por la mayoría de sus conciudadanos.

Gobernantes que no respetaron las libertades ni fueron buenos administradores existen algunos; pero no citaremos ejemplos, porque no queremos inferir ofensa a la memoria de nadie.

El lector podrá encontrarlos sin mayor dificultad repasando la historia de Honduras.

¿Qué nos dice toda esta serie de ejemplos? ¿Cuál es la causa de que los gobiernos de libertades no hayan sido gobiernos de administración, ni los gobiernos de administración gobiernos de libertades? ¿Por qué un justo medio logra armonizar las libertades con la administración? En un nuevo artículo trataremos de encontrar la respuesta a estas interrogantes.

El Pueblo, junio 2, 1932

UN HECHO CONSTANTE EN LA HISTORIA DE HONDURAS

Cumpliendo nuestra promesa de anteayer, trataremos de encontrar la causa de que en Honduras los gobiernos de libertades no sean gobiernos de administración ni los gobiernos de administración gobiernos de libertades.

Es indudable que existe en este país una causa constante que produce el resultado que estudiamos. Circunstancias accidentales de capacidad, de crisis económica, pueden imprimirle variaciones, acrecentándolo o disminuyéndolo; pero todas representan detalles que no logran desvirtuar en su esencia la naturaleza del fenómeno.

Jamás se ocuparon nuestros legisladores de estudiar la tradición, las necesidades, ni las aspiraciones nacionales.

Carecemos de un sistema de leyes, y las que tenemos, o son copia servil de las de otros países, o se emitieron consultando absurdos y ruines intereses de partido.

El odio, la ignorancia, la pereza y la política son nuestros grandes legisladores.

Por eso vivimos regidos por una legislación de retazos en la que no existe la unidad esencial que reclama el orden, la perfección de la justicia y el ejercicio civilizado de la libertad.

Los textos de nuestros códigos no responden al medio social en que vivimos, no porque sean más avanzados o más atrasados que nuestro estado de cultura, sino porque se hallan en sincero desacuerdo con la idiosincrasia colectiva y con los medios y procedimientos que el país demanda para realizar su desenvolvimiento.

Y como el derecho "se encuentra en la realidad social y no en las fórmulas contenidas en las leyes, por solemnes que sean," resulta forzoso que los hechos choquen de continuo con la teoría, o, para ser más claros, con la letra y el espíritu de las leyes.

Por obra de una legislación inadecuada, sin unidad y sin vínculos con la tradición, con las necesidades y con las aspiraciones de la generalidad, hemos visto los éxitos administrativos unidos a la violación de las leyes, y el respeto a las leyes sumado a los fracasos administrativos.

De manera que estamos consagrando como una verdad de nuestra historia política, el absurdo monstruoso de que la libertad es enemiga del progreso y el progreso enemigo de la libertad.

En ambos casos se ha perjudicado el país.

En el primero, porque se hace administración a expensas del ultraje a las leyes y a las libertades públicas; y en el segundo, porque la libertad y las leyes obstaculizan la realización de la obra administrativa.

¿Qué debemos hacer para salir de esta disyuntiva lamentable?

El Pueblo, junio 4, 1932.

LA ORACION DE LA PAZ

Comayagua, 11.- EL PUEBLO.
Proclamación de paz en Honduras el 15 próximo será:
Niños: ¿Prometéis luchar denodadamente por la paz de Honduras?
Dirán: ¡Sí, prometemos!
¿Sostendréis la paz como condición indispensable para el progreso y cultura nacional?
Sí, la sostendremos.
En nombre de la patria amada e idealizada por nuestros mayores, ¿proclamáis esa paz?
Sí, la proclamamos.
Niños: Que el Ser Supremo os dé voluntad, fe y amor. Paz y fraternidad.
José V. Vásquez.

La herencia de sangre, odio y despojo que nos han dejado nuestras luchas intestinas y la prédica tenaz que el optimismo de los espíritus esforzados ha estado llevando a la conciencia de la Nación, están haciendo de la paz uno de los cultos mayores del ciudadano hondureño.

El bochinche pertenece ya a una época difunta y, aunque quedan todavía dentro de su fauna algunos ejemplares sobrevivientes que lo propician, ésos tendrán que desaparecer fatalmente, asfixiados por una atmósfera adversa a los reclamos de su organismo.

Podrá, es cierto, oírse alguna vez más el grito del odio en nuestras selvas y serranías, pero ése será un grito esporádico que perderá fuerza cada día hasta concluir ahogado para siempre en el desprecio del hombre civilizado.

La paz es ahora la atmósfera reinante, y en ella busca la generalidad de los hondureños el remedio de sus calamidades presentes y las del porvenir.

El culto de la paz tiene que ser en Honduras un culto permanente, que no podrá remover ni el odio de los fanáticos ni la ambición inescrupulosa de nuestros politiqueros, porque ya es simiente sembrada por los cultores de almas en el corazón de las generaciones que habrán de sucedernos.

El niño de hoy y el de mañana crecerá con el afán de luchar y sostener la paz de Honduras, como condición necesaria de su progreso y de su cultura. En el próximo aniversario de nuestra independencia, todos los labios infantiles prestarán esta promesa:

Niños: ¿Prometéis luchar denodadamente por la paz de Honduras?

Dirán: ¡Sí, prometemos!

¿Sostendréis la paz como condición indispensable para el progreso y cultura nacional?

Sí, la sostendremos.

En nombre de la patria amada e idealizada por nuestros mayores, ¿proclamáis esa paz?

Sí, la proclamamos.

Niños: Que el Ser Supremo os dé voluntad, fe y amor.

Por precisa y por patriótica, la proclama del Profesor Vásquez debiera constituirse en la oración que los padres y maestros hicieran rezar diariamente en los hogares y en las escuelas a la niñez hondureña.

Y nosotros mismos debiésemos rezar esa oración.

El Pueblo, septiembre 12, 1938.

ANIVERSARIO DE LA INDEPENDENCIA

Honduras cumplirá mañana ciento once años de vida independiente.

Salidos de la colonia, la República no tenía con qué atender siquiera las necesidades fundamentales. Todavía en la época de Marco Aurelio Soto, los ingresos nacionales apenas si llegaban a cien mil pesos. Pero Soto creó rentas y le dio forma y vida a la República. Cuando dejó el poder, el país tenía ya más o menos una entrada de un millón de pesos. Hoy los ingresos suman ya muchos millones.

Nuestro progreso ha sido lento, no por culpa de nosotros sino de las circunstancias. Pasamos súbitamente de la monarquía a la República, sin práctica alguna en el ejercicio de la vida democrática, y con un porcentaje crudo de analfabetismo y una pobreza lamentable. La única base que teníamos para levantarnos fue la fuerza de las ideas de libertad que flotaban en el ambiente de la época y el entusiasmo que existía en los pechos de todos para no dejar caer la obra de nuestros mayores. Nos levantamos de la nada y no hemos caído.

Constituimos hoy, pese a los pesimistas, una democracia. Podrá haber en ella altos y bajos, interrupciones y retrocesos, pero nadie ni nada detendrá su marcha. La libertad de pensamiento, la libertad de sufragio, la alternabilidad del poder, son algo establecido en Honduras y no terminarán ni con esas conquistas, ni con la negación insincera de los que se empeñan en desconocerlas, ni con la resistencia regresiva de cuantos intenten destruirlas.

Las manifestaciones políticas llevadas a cabo por ambos partidos en esta ciudad y en San Pedro Sula son ejemplo de que el civismo vive como un hecho natural en la conciencia de los hondureños. La corrección y el orden observados por los manifestantes, por las autoridades y por los espectadores, merecen el más caluroso elogio y representan la prueba mejor de que somos un pueblo libre, que sabe y puede hacer uso de su libertad, en el campo de las evoluciones pacíficas.

Cada día que pasa, nuestro sentido de la civilización se vigoriza, y va desapareciendo, como consecuencia, la irascibilidad que encendía en las almas un odio selvático hacia el adversario político. Paradoja triste, algo de ese odio queda todavía en las columnas de los periódicos partidaristas, pero reducido a una pirotecnia de injurias que a nadie convence ni conmueve.

La aspiración mayor de la generalidad, aunque cuatro retardados prediquen lo contrario, es la paz, y la paz se impondrá. El candidato que triunfe en las urnas será el Presidente de Honduras. Quizá asome por ahí la cabeza o resuene el grito de este o aquel inconforme; pero todo eso se perderá en el más estupendo desprecio nacional, y el país seguirá su avance hacia la estabilización de sus instituciones democráticas, fuerte en su convicción y seguro de su destino.

Pero no sólo hemos avanzado en el campo del derecho. También hemos progresado materialmente. Hoy conocemos en segundos los sucesos del mundo y cruzamos en horas de uno a otro extremo de la República. Nuestra vinculación internacional es cada vez mayor y más estrecha, y puede decirse que nuestros profesionales y hombres de letras viven al día en cuanto a las nuevas conquistas de la ciencia, de la literatura y del arte.

Algo hemos hecho y hemos obtenido en el desenvolvimiento de todas las manifestaciones de la actividad civilizada, y si bien nos falta todavía demasiado para constituir el pueblo organizado, próspero y culto que tenemos derecho a ser, debemos pensar, llenos de la más profunda fe en nuestra raza, que tenemos un saldo favorable que ofrecer a la justicia universal en este último aniversario de nuestra independencia.

El Pueblo, septiembre 14, 1932.

LA SOCIEDAD DE LA JUVENTUD

La Sociedad La Juventud, de San Pedro Sula, ha sido un verdadero exponente de civismo y de independencia en Honduras.

La actitud de ese centro en los complicados y difíciles asuntos nacionales y su sentido de justicia, reconocido por la inmensa mayoría de los hondureños, lo ponen fuera de toda sospecha y especialmente de cualquier acusación lanzada en menoscabo de su prestigio y de su honor.

La Sociedad La Juventud constituye un orgullo nacional que, antes que tratar de empequeñecer o denigrar, debe alentarse y defenderse en su actuación, mientras se acomoda. Ha sido ayer y es hoy un refugio de la verdad, de la justicia y del patriotismo hondureño. Por eso, nos ha extrañado que se "la censure de estar a sueldo del Presidente de la República y rodeada de ambiente sospechoso".

En estos momentos, desde luego, no tienen ningún valor las acusaciones de la prensa partidarista. Caldeados los ánimos y ofuscado el pensamiento por la pasión política, los escritores dejan escapar de su pluma expresiones, juicios y acusaciones que más tarde desearán recoger. Y, de esa suerte, cuanto se diga en contra de la actitud actual de la Sociedad La Juventud en su lucha por el implantamiento de la paz en Honduras, tendrá que ser desvirtuado por el fallo sereno de la conciencia imparcial.

Hay que tener fe, inquebrantable fe en los resultados finales del esfuerzo constante y bien intencionado, y estar seguros de que los hondureños saben que La Sociedad La Juventud "estima más la dignidad que el dinero", y nadie podrá borrar de su escudo los blasones que, para honra de Honduras, han conquistado a través de veinte años esa falange de patriotas.

El Pueblo, septiembre 18, 1932.

ESPACIO

Cuando permanecemos sumergidos en el fondo de un círculo de serranías, sentimos, por natural impulso, una necesidad de horizonte. No tenemos por dónde dilatar a sus anchas la mirada y buscamos arriba, en los cielos lejanos, lo que no pueden encontrar horizontalmente los ojos: ESPACIO.

Pero con todos sus astros, con todos sus tonos suaves y diáfanos, con todas sus sorpresas, el cielo no nos basta, porque también es un cerco a nuestra mirada. Queremos algo ilimitado, necesitamos ESPACIO, y persiguiéndole ascendemos a la colina o nos fugamos a la llanura, desde cuyo horizonte sin tropiezos podemos buscar el infinito.

Como el aire a nuestros pulmones, el ESPACIO hace falta a nuestro ser inteligente. El ESPACIO es la atmósfera del espíritu. No podemos vivir sin él. Y cuantos logran sobrevivir encerrados en una zona de la vida, con el horizonte amurallado, sepultos en la hondonada, resultan generalmente incapaces de suspender en bloque, como en suprema síntesis, la amplitud del universo. Gentes de detalle, estrechas y mezquinas, se agitan en un reducto de la vida y en él perecen, sintiendo que algo las tortura y empequeñece, que algo les hace falta: ESPACIO.

Necesitamos ESPACIO para no ahogar nuestras ideas dentro de una argolla de incertidumbres.

Necesitamos ESPACIO para no vivir en la penumbra mezquina del prejuicio y de la imprevisión.

Necesitamos ESPACIO para aprender a ser generosos y buenos.

Necesitamos ESPACIO para que no nos asuste la verdad, para no tenerle miedo a la vida.

Necesitamos ESPACIO para ser sinceros.

Necesitamos ESPACIO para integrar nuestra existencia.

Necesitamos ESPACIO para la concepción trascendental y honda.

Necesitamos ESPACIO para que nuestro oído sea capaz de escuchar la música del Universo.

Necesitamos ESPACIO para concebir a Dios.

Libertémonos del horizonte angosto, salgámonos de la hondonada, ascendamos a la altura y dilatemos los ojos y el pensamiento por la tierra y por los cielos, si queremos mitigar en nuestra vida esa sed insaciable del pensamiento y de las alas: LA SED DE ESPACIO.

La sed de espacio es sed de infinito. Es la aspiración que nunca se llena, el fulgor que nunca se apaga, la cumbre que jamás se escala.

El Pueblo, septiembre 22, 1932.

EL CADÁVER DE LA GUERRA

El estallido de la guerra trajo una conmoción de dolor en la República. Los pechos de los buenos hondureños sufrieron una decepción horrible. Rota estaba la tradición pacifista que iniciara Miguel Paz Baraona. Habíamos retrocedido cien años.

Poco a poco, sin embargo, fuimos viendo la resistencia que los hondureños le oponían a la guerra. Dificultades, amenazas, hambre, decepciones, todo eso y más, no consiguió alterar la conciencia pacifista, que se ha mantenido invulnerable. Luego, la paz no estaba cimentada sobre arena, sino que constituye ya una convicción nacional. Y tras el dolor y la decepción, tras el desaliento, vino la esperanza, y tras la esperanza, el orgullo, el justo orgullo de confirmar que en Honduras, para sus hijos, la guerra es un cadáver.

Y hay razón para estar orgulloso. Porque la resistencia a la guerra, opuesta por un pueblo pobre, débil y desorganizado, en el momento de una de las crisis económicas peores que registra la historia del mundo y cuando fuerzas extrañas maquinan en la sombra para empujarlo al desastre, es una de las formas más elevadas del heroísmo. Nuestra página más heroica es haber matado la guerra.

Quiere decir que esta última asonada ha venido a confirmar que somos un pueblo civilizado, cuya paz no pueden alterar ni la ambición ni la injusticia. Quiere decir que nuestra democracia no es producto del acaso, sino la obra lenta de la experiencia, de la convicción y del esfuerzo colectivo.

En los últimos momentos del moribundo hay siempre un destello que se toma como una prolongación de la vida, cuando no es otra cosa que la realidad de que la vida se extingue. Así ocurrió con los primeros fogonazos de la revuelta. Se vio en ellos la iniciación de un verdadero incendio nacional; y, sin embargo, como en el moribundo, fueron apenas el último destello de la guerra que moría.

No hemos retrocedido. Mentira. Vamos hacia adelante. Acabamos de escribir la mejor página de nuestra historia nacional: matar la guerra. La guerra es un cadáver, y debemos celebrar sus funerales.

La muerte de la guerra vale más que una nueva independencia.

El Pueblo.

EL FANATISMO DE LA PAZ

Bajo los auspicios de la sociedad "La Juventud" acaba de inaugurarse en la ciudad de San Pedro Sula la Convención Pacifista, en la cual se encuentran elementos de los dos partidos políticos en lucha. Fue electo Presidente el doctor Presentación Centeno y Vicepresidente el ingeniero Pompilio Ortega.

Cada día se hace más notoria y eficiente la obra de la sociedad "La Juventud" en defensa de la paz pública, como medio seguro para suprimir los odios y establecer la unidad de Honduras y el olvido del pasado. Mediante su órgano de publicación, por medio de hojas sueltas, de conferencias, repartiendo folletos gráficamente ilustrados, por cuantos medios están a su alcance, aquel centro de patriotismo, de optimismo y de entusiasmo, lleva adelante su batalla contra la guerra. Y lo hace con tal constancia, con tal fervor, con tal sinceridad y con tal fe, que ganará la batalla.

De esa Convención saldrán, sin duda, fuerzas nuevas, palabras generosas, orientaciones salvadoras que alimenten el cultivo de la paz y la acrecienten y afirmen en la conciencia nacional, hasta convertirla en un culto, en un verdadero fanatismo del pueblo hondureño.

Porque al fanatismo de la guerra, que avergonzó de sangre, de crimen y de destrucción al país, debe suceder el fanatismo de la paz, que honre de prosperidad, de fraternidad y de cultura la vida de la Nación.

Derrotar la guerra, aniquilar la guerra, matar la guerra, es hoy y deberá ser en el porvenir la leyenda que mejor prestigie el escudo de los hondureños honestos y buenos, porque "el oficio de matar y enterrar, aunque sea en nombre de la justicia, repugna a la dignidad humana." Así lo escribió Alberdi, aquel gran argentino de corazón luminoso como un racimo de astros.

Cuando veamos que nuestras escuelas se cierran, trabajemos por la paz.

Cuando veamos que nuestros caminos se deterioran o se obstruyen, trabajemos por la paz.

Cuando veamos que nuestras cosechas son malas, trabajemos por la paz.

Cuando veamos un niño huérfano y raído, trabajemos por la paz.

Cuando veamos la justicia encerrando en las cárceles al hombre honesto y poniendo en libertad al criminal, trabajemos por la paz.

Cuando veamos al delito llenar las cárceles de mujeres, de hombres y niños, trabajemos por la paz.

Cuando veamos que la población sufre hambre, desnudez, peste, analfabetismo, trabajemos por la paz.

Cuando veamos que la libertad sufre mengua, trabajemos por la paz.

La paz es el arma más formidable que pueden esgrimir los hombres y los partidos para establecer en los pueblos el reinado permanente de la libertad.

Establezcamos en Honduras el fanatismo de la paz.

El Pueblo, septiembre 23, 1932.

EL ESTÍMULO

Uno de los grandes resortes de la actividad humana es el estímulo. Todas las vidas necesitan sentir la punzadura de este acicate generoso para contrarrestar las vacilaciones y los renunciamientos del desaliento y del pesimismo.

Cuando se trabaja impulsado por la aprobación y el entusiasmo de seres comprensivos, el empeño se acentúa, la fuerza se centuplica y nos sentimos con la obligación de conducir a buen resultado la lucha que nos hemos impuesto. Si hay quien crea en nuestra resolución de triunfar, fatalmente creemos también en nosotros y nos sentimos vigorizados para seguir adelante. Donde quiera que exista la generosidad del estímulo, habrá de forjarse una sociedad de almas grandes.

Estimular es sembrar optimismo, es cultivar fuerza, es arrojar en el surco simientes de victoria. La cosecha desbordante no la obtienen los que no creen, ni los que dudan, sino los que batallan convencidos de que tienen en sí mismos los elementos del triunfo.

Los hombres han de acercarse a los hombres para prestarse impulso, no para estacionarse; para transmitir vigor, no para debilitarse; para infundirse valor, no para acobardarse.

Toda la naturaleza es un estímulo constante. La flor en el jardín nos invita a superar nuestro sentido de belleza, de color y de perfume; el ave que pasa aviva nuestra sed de alas; el lucero lejano intensifica en nuestro ser el afán de iluminar la sombra; nada queda en la obra de Dios que no nos llame, que no nos invite a levantarnos hasta la perfección suprema en el empeño de reproducir sus milagros y sus maravillas.

¿Por qué, entonces, había de ser el hombre la única fuerza de la naturaleza luchando contra el estímulo que ayuda a crear y a embellecer, a poblar de música, de color y de perfume la naturaleza misma?

¿Por qué habíamos de ser obstáculo oscuro a la obra de fecundidad y de nobleza que el estímulo alimenta en la vida?

¿Por qué no habíamos de contribuir a que la alegría, la fe y el optimismo lleven al ánimo del que lucha la convicción de que su esfuerzo tendrá siempre como resultado final la victoria?

¿Cuántas almas se han quedado en el camino, cuántos proyectos en la sombra, cuántas ideas en el misterio, porque faltó una voz que gritara "adelante", porque no llegó a la decepción del luchador una palabra de esperanza, porque no reanimó sus carnes el acicate del estímulo?

Para ser bueno, para ser valiente, para tener mentalidad elevada, es necesario que nuestra alma esté siempre dispuesta a derramar el estímulo sobre nuestros semejantes a manera de un río generoso.

El estímulo es fecundo. Estimulemos.

El Pueblo, septiembre 26, 1932.

EL ESTÍMULO II

El escritor y el artista, el funcionario público y el estadista, el artesano y el obrero, han menester del estímulo para realizar con mayor eficacia y oportunidad su obra de pensamiento, de belleza, de justicia, de bienestar colectivo y de trabajo.

El cuerpo necesita el estímulo del ejercicio y del baño para conservarse sano, fecundo y alegre. Todo lo que vive necesita del estímulo para intensificar su misión en este mundo. Desde el hombre hasta la más oscura amiba. El estímulo es fuerza en el brazo y optimismo en el pensamiento. El sueño del visionario ha necesitado siempre el estímulo de los que saben creer e impulsar la acción. El descubrimiento de América necesitó el estímulo de una Isabel.

Pero cuando el hombre no encuentra en el hombre sino obstáculos, negaciones, ofensas, ridículo, debe buscar el estímulo en sí mismo y en la vasta amplitud del universo.

Hay que sacar del fondo de la naturaleza o del fondo de sí mismo los elementos de la victoria. Contra las barreras de los escépticos, de los pesimistas y de los cobardes, ha de levantarse la voluntad inquebrantable de los que se sienten rebosantes de esperanza, temblorosos de fe, seguros de su valentía. Porque el mundo no pertenece a los espíritus fríos, como lo afirmara Maquiavelo, sino a los espíritus valientes.

La humanidad no tiene ejemplo más grande de fervor, de capacidad para arder en el sagrado fuego de la fe, del entusiasmo y del valor, que el de Jesús, y la humanidad no conoce tampoco hasta hoy hombre alguno capaz de arrebatar de las manos de aquella alma encendida el cetro espiritual del mundo. A la vuelta de millares de años, la doctrina de El Salvador esplende con fulgor más vivo en el corazón de los hombres.

Cuando no hallemos estímulo en nuestros semejantes, busquémoslo en la naturaleza y en nosotros mismos; pero busquémoslo con fe y con valentía, que lo hallaremos.

El mundo pertenece a los espíritus valientes.

El Pueblo, septiembre 27, 1932.

EL FENÓMENO POLÍTICO

Al pasar cada lucha presidencial, el partido que triunfa afirma con la más sincera convicción que gobernará cincuenta años, y el otro, decepcionado y maltrecho, se considera caído por una docena de lustros, cuando no para siempre. Este fenómeno absurdo, propio de pueblos ignorantes, sin constancia ni optimismo para las luchas que suponen tenacidad y tiempo largo, es una realidad en nuestros círculos políticos. Acostumbrados a la solución de la violencia, pesa sobre ellos el pasado y no tienen fe en el esfuerzo inteligente, perseverante y sufrido que reclaman las victorias pacíficas.

Esa desesperanza, ese desfallecimiento, esa falta de fe, esa cobardía para forcejear en las batallas pacíficas hasta producir en los fracasos la reacción de la victoria, representa uno de los aliados más poderosos que la guerra ha tenido en este país. Y la razón es elemental.

Los hombres que no creen en su inteligencia, ni en su pericia, ni en su prestigio, ni en su perseverancia como medios para conquistar el poder, de fuerza tienen que recurrir a la violencia, porque la violencia representa su instrumento de lucha, el arma única que juzgan eficaz para llevarlos al triunfo.

No a uno, sino a varios de nuestros dirigentes políticos hemos oído adelantar la convicción de que el partido que pierda hoy no se levantará jamás. Esta es la lucha definitiva, concluyen con el acento lúgubre de quien se halla entre la muerte y la vida.

El triunfo de hoy, o el fracaso perpetuo, es para ellos el dilema.

Como los pueblos primitivos, nuestros estadistas creen en el presente, pero no en el porvenir. Y en esto, su mentalidad y su visión de los fenómenos sociales y políticos corren parejas con la infantil frescura de aquellos cuentos de maravilla en que los árboles sembrados a la noche, al alba se ofrecían agobiados de odorantes y sabrosos frutos.

Cuando los partidos, diligentes y estudiosos, busquen con talento y ánimo sereno la causa de sus fracasos, podrán borrar de su mente la convicción ignorante de que los que pierden hoy están perdidos para siempre. La política sufrirá entonces una evolución trascendental, y la paz de Honduras, que la intuición del pueblo empuja hacia adelante, habrá ganado una de sus batallas definitivas.

En la actualidad, los dos partidos están frente a frente disputándose la mayoría del electorado en un ambiente de efectiva libertad. Sea, pues, cualquiera el que triunfe, debe, en bien de la República y de sí mismo, buscar en la paz las armas que lo capaciten para la victoria en el porvenir.

El Pueblo, 1932.

LA LIBERTAD DE LA PRENSA

Jamás gobernante alguno fue más despiadadamente injuriado ni combatido como el doctor Vicente Mejía Colindres. Y, sin embargo, nadie en Honduras ha tenido un respeto más absoluto a la libertad de la prensa. No tiene la historia política hondureña un ejemplo mayor ni más constante de ese respeto en ninguna de sus páginas.

Es Vicente Mejía Colindres quien ha incorporado ese capítulo de gloria en nuestra vida republicana. Las invenciones más inteligentes, las explicaciones más hábiles, las posturas más difíciles, la dialéctica más sutil, podrán ensayarse para borrarlo u oscurecerlo; pero todo será en vano. Ese capítulo estará allí, invulnerable y permanente, y ha de iluminar con luz mejor la historia de la Nación a medida que sean mayores las embestidas de los enemigos de la libertad.

Ni la más mínima restricción ni el más leve ultraje ha habido contra ningún periodista en el gobierno del doctor Vicente Mejía Colindres. La libertad ha sido tan amplia en el presente régimen que aun las ovejas sintieron garra de león para lanzarse enfurecidas contra el gobernante, seguras de que no dejarían en la brega ni el más ínfimo girón de sus vellones.

¿Quién no fue valiente ante la mansedumbre legalista del doctor Mejía Colindres? Tenemos la convicción de que cuantos atacaron su gobierno de manera sistemática, se sintieron tan seguros de que nunca sufrirían el perjuicio más pequeño, que al escribir ya no pensaban ni medían sus ataques ni meditaban en las consecuencias, sino que dejaban correr sin freno el pensamiento para hacerle las más crueles acusaciones, no importa cuán injustas. Como excepción, hasta es posible que hubiera quienes extremaran premeditadamente el ataque para ver si lograban romper el respeto a la libertad de pensamiento; pero el gobernante se mantuvo sereno, inconmovible, aun en medio de las agitaciones revolucionarias.

Como consecuencia de la libertad sin límites garantizada por el doctor Mejía Colindres, llegó hasta decirse por la prensa nacionalista y aun por la independiente que simpatiza con ese partido, que la prensa no solamente no ha de tener cortapisas de ninguna clase, sino que no debiera haber una ley de imprenta.

El primero de febrero próximo inaugurará su gobierno el general don Tiburcio Carías. Veremos si el nuevo gobernante respeta la libertad irrestricta de la prensa, y si cuantos gozaron ayer de una libertad sin medida, exigen y defienden mañana el respeto a esa misma libertad, caso de que en alguna forma y con cualquier excusa, intente ser restringida o anulada.

Está para sonar la hora de la prueba.

El Pueblo, noviembre 7, 1932.

LA BANDERA AMERICANISTA

Pedro Joaquín Chamorro, figura prominente del conservatismo nicaragüense y uno de los hombres de mayor talento en aquella República, escribió un artículo admirable a raíz de la derrota que acaba de sufrir su partido. Es una página de serenidad y valentía que pocas almas son capaces de producir, sobre todo en la hora misma del fracaso.

"Nos ha derrotado nuestra bandera, la bandera americanista" —dice el escritor—. Y, lleno de conformidad y de orgullo por sus compatriotas, hace este comentario justiciero: "En honor del pueblo nicaragüense debemos decir que volvió las espaldas al conservatismo, porque lo veía escudado detrás del americanismo, y temía que con nuestro triunfo resurgiera este mal que tiende a desaparecer para siempre de Nicaragua."

"Hace tiempo que sentimos" —prosigue el periodista— "que el pueblo nicaragüense no sólo está desengañado del americanismo, sino que ha decidido de modo terminante deshacerse hasta donde sea posible de ese factor de nuestra vida pública. Muchos políticos lo han visto así, pero no todos han querido aceptar esa realidad."

Los empréstitos, las concesiones y toda esa serie de ventajas obtenidas por el capital extraño, en consorcio con los comerciantes de la política nacional, mediante el incentivo de un desarrollo y de una prosperidad que siempre se ha tornado en explotación, en miseria y en esclavitud, han dejado en el pueblo nicaragüense la experiencia necesaria para comprender y sentir la necesidad de repudiar a cuantos le repetían a estas horas, a pesar de su dolor, de su opresión y de su desastre, ese canto de sirena, como medio de liberación.

Esa experiencia fue la causa del fracaso del partido conservador en la república vecina. Todo lo esperaron los conservadores de la bandera americanista, y el pueblo les volvió las espaldas. Y si no, oigamos nuevamente al doctor Pedro Joaquín Chamorro:

"A pesar de que los sentimientos del pueblo nicaragüense no dejan lugar a duda, nos hemos aferrado a esa bandera, creyendo y esperando que todo nos vendría de su sombra; pero el pueblo nicaragüense nos ha castigado con justicia, enseñándonos al mismo tiempo una lección que no podremos olvidar nunca jamás".

"Hemos perdido por falta de votos, y nos han faltado votos porque el pueblo nicaragüense no ha querido ratificar con ellos la política del Partido Conservador."

La lección a que se refiere el distinguido periodista es la que, con el correr del tiempo, tendrán que aprender en todos los pueblos de Hispanoamérica los partidos y los hombres que aspiren a obtener triunfos definitivos en la conciencia de sus conciudadanos; porque, tarde o temprano, los pueblos sufren las consecuencias del entreguismo, y "castigan con justicia" a quienes lo preconizan como arma segura de inteligencia y de victoria.

Comentando el triunfo del partido liberal en Nicaragua, decíamos el lunes:

"Con los años de ocupación, el patriotismo nicaragüense ha obtenido una experiencia amarga, pero saludable. Esa experiencia servirá a ese gran pueblo, uno de los más inteligentes de la tierra, para hacer de su patria una de las más libres y prósperas de América."

Si no en todo, por lo menos en lo esencial, nuestro comentario sobre la actitud del pueblo nicaragüense ha coincidido con el del doctor Chamorro. Y si la experiencia ajena, la de los vecinos y hermanos, puede servirnos de algo, no es de esperarse que Honduras intente salvar su porvenir preconizando la política de los empréstitos y de las concesiones.

La supremacía política en los pueblos de nuestra raza corresponderá a los partidos que establezcan la cordialidad internacional a base de cooperación, de justicia y de igualdad. La política de los privilegios morirá por anacrónica y contraria a la interdependencia del mundo y a la dignidad de la naturaleza humana. Equidad en las relaciones de todo orden es la divisa de la victoria y del porvenir.

El Pueblo

VIVIR ES LO PRIMERO

Lo esencial, lo instintivo para el hombre, es afirmar su existencia, satisfacer los mandatos del instinto de conservación. Antes está siempre la permanencia del ser. Lo primero es vivir.

Pero después de esta aspiración egoísta, necesitamos iluminar nuestra conciencia y satisfacer nuestra idealidad.

Necesitamos vivir para realizar nuestras esperanzas, para celebrar nuestras victorias, enfrentar nuestros fracasos y corregir nuestras caídas.

Necesitamos vivir para crear, para esparcir por el mundo la fuerza de nuestra inteligencia, la constancia de nuestra laboriosidad, el vigor de nuestro brazo, el esfuerzo de nuestra redención.

Necesitamos vivir para ser lo que la naturaleza ha querido que seamos: ala o reptil, fango o altura, tiniebla o lucero.

Necesitamos vivir para volcar sobre la tierra nuestra cesta de virtudes y de vicios. Necesitamos permanecer aquí abajo siquiera lo indispensable para ser buenos o para demostrar que no teníamos capacidad para librarnos del mal.

La vida es una constante interrogación que debemos responder cuantos estamos en ella. Y la respuesta no es otra que la realización de nuestro destino.

Bien o mal, vivamos. Libremos la batalla de la vida, que sólo la lucha en la tierra puede enseñarnos a colocar a Dios sobre la negación de la cobardía.

Vivamos dentro de los acechos del mundo y batallamos laboriosos y optimistas, que a la larga, por adversa que sea nuestra suerte, siempre habrá de llegar a nuestra sombra un rayo de la generosidad del universo, que para todos derrama sus dones, sus tesoros y sus maravillas.

Vivamos.

El Pueblo.

EL CONCEPTO ARTÍSTICO DE LA VIDA

Anoche tuvimos la suerte de escuchar la palabra fácil, conceptuosa y bella del doctor Habib Estéfano. Poeta en el sentido que esta palabra tiene de trascendental y fecundo, supo revelar cuál es y de dónde surge "el concepto artístico de la vida."

La vida, nos dijo el conferencista, toma la materia y la moldea, le imprime su sello y la convierte en el sinnúmero de formas que la embellecen y la pueblan. Crear y embellecer, esto es, hacer cosas útiles y bellas, es la misión de la vida.

La débil rosa enterrada en el barro de vuestro jardín lucha sin desalentarse hasta que logra transformarlo en la delicada hermosura de sus pétalos y en el aroma que nos embriaga. Y esta labor de la vida está en todas partes: en los ojos bellos de una mujer que fascina y subyuga; en el espléndido plumaje de las aves y en la armonía que fluye de su garganta; y aun en los finos y delicados tejidos de la hierba más humilde. ¿Dónde no encontramos esta labor prodigiosa de la vida?

El naranjo de vuestro huerto os da frutos azucarados y dorados. Vosotros gozáis con su forma, con su color y con su jugo. Sabrosos son los frutos azucarados y dorados. Con ellos, el naranjo recompensa vuestros cuidados, el esfuerzo que habéis realizado para hacerlo producir. Pero antes de dar frutos, el naranjo se ha poblado de azahares para cantar el poema de su vida, que es belleza y es perfume.

El naranjo ha realizado la doble función de la vida: crear y embellecer. No basta, pues, hacer las cosas, sino que es preciso hacerlas bellamente.

Esta lección de la vida es la que debemos tener presente para realizar el desarrollo y perfeccionamiento de nuestra propia personalidad. Debemos tomar la materia, moldearla, imprimirle nuestro propio sello y luego, como el naranjo, transformarla en cosas bellas y útiles. Y para eso es necesario conquistar, poseer la fuerza conquistadora de su ser interior, tener la capacidad de apropiarse de sí mismo.

Pero los conquistadores, los dominadores, no son los que comandan ejércitos ni capitanean muchedumbres. Esos son esclavos. Porque desde el momento en que un hombre tiene que cifrar su fuerza en la simpatía de los demás, ha dejado de ser libre. La libertad la conquista el ser humano en sí mismo, en su perfeccionamiento, en la elevación de su espíritu.

Los grandes imperios han quedado de la noche a la mañana convertidos en ceniza fría y olvidada. Los tiranos envejecidos pierden su prestigio y caen como una hoja seca. En cambio, Cervantes, Shakespeare, Dante, Miguel Ángel, Darío, están allí inconmovibles en su dominio espiritual del mundo.

Ser conquistador, dominar, permanecer lleno de vigor y de juventud, no es, dice el filósofo, imponerse con el poder de los elementos materiales, sino con la fuerza elevada del espíritu.

Los hombres grandes no miden su vida por el número de sus primaveras. La miden por su capacidad de crear y embellecer.

Los hombres grandes miden su vida en línea vertical. Los otros, en línea horizontal.

El hombre corriente se dedica a medir el camino recorrido. Los grandes no cuentan pasos. Van siempre hacia arriba en la perpetua ascensión de su propia personalidad.

Muchas cosas más, bellas y grandes, útiles y hondas, dijo anoche el gran filósofo, y lo decía con la firmeza y el acento de quien siente en sí mismo la convicción de su palabra, y con el optimismo conmovedor y creador que las grandes almas encuentran siempre en la realidad del mundo.

El Pueblo.

HONDURAS NO ES UN PAÍS DE ASESINOS

En los momentos en que está para terminar la lucha electoral, los partidos han arreciado su campaña acusándose de mutuos y repetidos asesinatos en sus adversarios. Cualquiera que lea la prensa de partido fuera de Honduras, se imaginará que estamos sumergidos en un torbellino de crimen. Cada hecho de sangre se pinta con los más sombríos detalles. Basta fijarse un poco para sorprender el esfuerzo del cronista por convertir el homicidio más corriente en una espeluznante tragedia de folletín.

El propósito es demostrar que en este país se ha establecido el crimen como sistema de propaganda política por el partido adversario y que, como natural consecuencia, los líderes de uno y otro grupo giran instrucciones para suprimir la vida de sus enemigos políticos. Por fortuna, existe una exageración desmedida en los hechos y en las informaciones. La verdad es bien distinta. Honduras no es un país de asesinos.

Realmente han muerto muchos elementos de uno y otro partido en la actual contienda electoral. Probablemente han muerto más que en las anteriores; pero es asimismo innegable que en todos esos hechos se encuentra siempre un antecedente personal. Claro que el enardecimiento de las pasiones partidaristas ha recrudecido los odios personales y con ellos el espíritu de la venganza, pero no puede decirse por eso que sea la política la causa original de esos crímenes.

Pocos días faltan ya para que termine el debate electoral. Cada partido ha hecho su campaña en la forma que ha creído mejor. Seis meses de difamación son suficientes para arrojar todo el veneno. Es hora de consagrarse a extinguir las hogueras del odio.

Los partidos pueden aprovechar los días que faltan para intentar un recuento de la lucha y sacar de ella las conclusiones que consideren justas y favorables a sus intereses. Ese sería un medio de preparar el ánimo del electorado para que llegue a las urnas convencido de que va a realizar una función democrática y de ninguna manera una disputa en la que el resultado es condición de vida o de muerte. De esa manera, el partido que pierda podrá más fácilmente sobrellevar resignado la derrota en espera de días mejores para conquistar la victoria del porvenir. Hay que fortalecer el civismo del ciudadano y de las agrupaciones políticas, cooperando todos, desde ahora, en la transmisión pacífica del poder al candidato favorecido por la voluntad de la mayoría.

Continuar en el campo de la exageración, de la difamación y de la tragedia, presentando cualquier crimen vulgar como obra de uno u otro de los partidos, según que el muerto sea liberal o nacionalista, es algo tan nocivo como el crimen mismo, porque prepara nuevos y mayores crímenes.

No estimulemos el crimen. Trabajemos por la unidad de Honduras y el olvido del pasado. Esa debe ser la misión del patriotismo.

El Pueblo, 1932.

GOBIERNO NACIONAL

"Gobernar con la Nación y para la Nación" es un principio de administración pública bien diferente al de "gobernar con el partido para la Nación." A la aplicación del primero se le llama gobierno nacional; a la aplicación del segundo, gobierno de partido.

Tiene que ser así, porque el gobierno nacional utiliza todos los valores humanos, hecha exclusión de su divisa o de su credo, para promover el desarrollo material, intelectual y moral de la colectividad. En una palabra, gobierno nacional es aquel que hace obra civilizadora con el concurso de todos. Y naturalmente no puede haber gobierno nacional en donde la exclusión es norma y guía de la administración.

Escoger exclusivamente dentro de un partido los elementos que han de orientar e impulsar el destino de las naciones, no ha sido ni será jamás obra de gobierno nacional en ninguna época de la historia en la política de los Estados.

Los valores auténticos, las fuerzas fecundas, el espíritu creador de una nacionalidad no pueden encontrarse circunscritos al círculo estrecho de esta o aquella agrupación política. Esos valores, esas fuerzas y ese espíritu están en la Nación entera, y utilizarlos sirviéndose de sus capacidades, de su fecundidad y de sus méritos, es hacer gobierno nacional. Lo demás, aparte de toda explicación inconducente, es hacer gobierno de partido.

El Gobierno del doctor Vicente Mejía Colindres, como muy bien dice Nuevos Tiempos, ha hecho gobierno nacional utilizando las capacidades de algunos nacionalistas, aun cuando hubiera capacidades de liberales, y lo ha hecho a su vez utilizando los servicios de esos mismos nacionalistas en multitud de empleos que bien pudieron ser desempeñados por liberales con igual o mayor eficiencia en la generalidad de los casos.

El nacionalismo no cumplió el principio de gobierno nacional consignado en su programa en cuanto se refiere al Poder Judicial, precisamente porque en los lugares donde no había abogados cariístas, no utilizó las capacidades de los abogados liberales para llenar las judicaturas, como era imperioso dentro de una justa aplicación de la ley, sino que extremó su exclusivismo nombrando jueces interinos a los profanos. Se eludió la ley haciendo a un lado la capacidad del profesional para dar entrada al sectarismo del profano.

Nunca ha hecho gobierno nacional el cariísmo; pero decirlo y probarlo no es hacer campaña de "recriminaciones", porque ningún crimen ha cometido con hacer gobierno de partido. Eso será violación de sus principios, pero no crimen.

Lo que nos proponemos en estos momentos es dejar constancia de la realidad en la actuación de los partidos, conforme a sus promesas y a sus programas. Y eso no es "recriminar". Es hacer algo perfectamente lícito y honesto que en nada altera nuestra plataforma de pacifismo, que estamos resueltos a defender hoy y mañana, no importan las consecuencias, exigiendo que se respete el fallo de las urnas, sin excusas ni evasivas de ninguna clase. Antes que todo, somos hondureños.

No es inoportuna la campaña de El Pueblo. Al contrario, rebosa de oportunidad. Es hoy, es en estos instantes precisamente, ya para inaugurarse un nuevo gobierno, cuando la prensa libre está en la obligación indeclinable de presentar a los hondureños, en toda su desnudez, los hechos y las promesas del partido triunfante, para poner ante sus ojos la experiencia de ayer y para que sepan y conozcan lo que tienen derecho a reclamar, de acuerdo con las promesas de hoy.

La emisión libre del pensamiento no debe principiar a considerarse desde ahora como una "recriminación". El pensamiento libre debe combatirse con argumentos y con hechos. Y si otros pudieran tener derecho a la "recriminación" como arma defensiva, ese derecho no puede tenerlo jamás un periodista de capacidad y de talento como el director de Nuevos Tiempos.

La primera base de la concordia hondureña debe ser la hidalguía en la discusión. Continuar por el viejo camino de considerar "crimen" toda crítica contraria a la actuación de un partido o calificar de labor subversiva la que tiende a fijar la realidad de la política hondureña, no es buscar la concordia ni trabajar por la libertad. Eso es resucitar los antiguos sofismas, los oscuros pretextos con que las tiranías de todos los tiempos han amordazado el pensamiento libre.

De donde surge la división de los hondureños es de la intransigencia, del exclusivismo y del concepto atrasado de que todo cuanto está en desacuerdo con nuestras ideas o con nuestras conveniencias es enemigo de la justicia, de la fraternidad y del orden. De ahí viene ese mal, enemigo implacable de la unidad de Honduras y el olvido del pasado, pero no de la libertad de pensamiento. La división de los hondureños hay que impedirla con hechos conciliatorios y no con restricciones a la denuncia de las realidades.

Trabajemos por la concordia de los hondureños, pero por la concordia efectiva, que está en el respeto al pensamiento ajeno, en la verdadera amplitud republicana.

El Pueblo, noviembre 10, 1932.

HAY QUE ENTREGAR EN PAZ

Desde hace varios días circulan rumores de revuelta. Se dice que elementos inconformes con el resultado de las elecciones recién pasadas se levantarán en armas contra el gobierno constituido. La publicidad de esos rumores hace que la mayoría dudemos de su veracidad, pero recordando que el último levantamiento del general Ferrera llegó a ser público anticipadamente no solo en boca de particulares, sino hasta en la prensa misma, tememos que los decires se conviertan en realidad.

Si nuestros temores se confirman, queremos dejar constancia, desde ahora, que un bochinche tendiente a frustrar el resultado de las urnas será el suicidio irremediable de quien lo haga, la destrucción de su partido y el descrédito y aniquilamiento de su patria. Una responsabilidad de esa clase es algo que debe rechazar siempre, con entereza invulnerable, todo hombre comprensivo y todo patriota auténtico, tanto por amor a su patria y respeto a sí mismo, como porque en esa clase de luchas, a la larga o a la corta, triunfan siempre los que tienen la justicia.

¿Qué pudieran buscar en un mar de sangre y de ruina los hondureños inconformes? En ese mar no pueden soplar sino vientos de descrédito, desolación y miseria. No hay que dejarse arrastrar por la pasión ofuscada. Es preciso ver claro y comprender que, con un acto de esa naturaleza, el partido liberal quedaría sepultado para siempre. El paso que hemos dado en el camino del gobierno representativo es la recompensa más grande, el motivo mayor de satisfacción para el ciudadano hondureño, cualquiera que sea su filiación política. Y así ha de considerarlo todo espíritu elevado, todo aquel que confíe y crea en el honor de su patria y ame su porvenir por encima de toda ambición personal o de partido.

No debe haber sangre para cumplir el mandato de la voluntad popular. El Poder debe entregarse en paz al ciudadano escogido por la mayoría de los hondureños. Eso es lo democrático, lo civilizado y lo justo.

El Pueblo, noviembre 12, 1932.

UNA NUEVA MATANZA

Orgullosos como estamos con el civismo del pueblo hondureño, manifestado una vez más en las elecciones recién pasadas, nos vemos compelidos a sufrir la vergüenza de una nueva matanza, iniciada por unos cuantos inconformes.

No conocemos las proporciones alcanzadas por el bochinche. Sabemos solamente que están en poder de los revoltosos las plazas de La Esperanza y San Pedro Sula, siendo atacada esta última desde anoche por fuerzas al mando del general Martínez Funes.

Cualquiera que sea la magnitud de este desangre, cualquiera que haya de ser su resultado, tiene que constituir, para todo hombre civilizado, un momento de regresión cuyas consecuencias deplorables perjudicarán a la República en su crédito, en su armonía y en su progreso. Sin distinción de partidos, el deber de todos es acuerpar al gobierno constituido para que pueda llevar a cabo la transmisión del Poder al ciudadano electo.

En este momento no debe haber para el ciudadano hondureño más que un camino: el de la ley y el del honor. Toda consideración personal o de partido debe eliminarse para que se cumpla el mandato de la voluntad popular. Es una obligación cuyo cumplimiento favorecerá el avance de nuestra democracia, porque solo el fracaso puede enseñar a los retardados que el único camino de alcanzar la victoria es el de marchar por las vías de la paz, del orden, de la justicia y de la ley.

La permanencia de las agrupaciones políticas no puede prolongarse en este siglo sino dentro de una elevada conducta de civismo y de acatamiento al fallo de las mayorías. Y siendo así, resulta claro que es al partido liberal a quien más conviene prestar su cooperación decidida al Gobierno. Así habrá demostrado que la montonera presente es algo que reprueba la mayoría de sus miembros y que no solo sabe someterse al fallo de las urnas, sino que no vacila en prestar su cooperación decidida para imponer su cumplimiento. Tenemos la impresión de que esta partida la perderán los revoltosos; pero si pudieran ganarla, su triunfo constituirá siempre una derrota para la vida democrática de la República.

El Pueblo, noviembre 14, 1932.

SE IMPONE EL RESPETO A LA VOLUNTAD POPULAR

Tegucigalpa, 12 de noviembre de 1932

Comités y Subcomités Liberales.
Toda la República.

Reunidos los suscritos en un homenaje de admiración y simpatía al Dr. Ángel Zúñiga Huete, por su brillante gestión de liberal y de patriota desarrollada en la campaña electoral que acaba de pasar, acordamos dirigir a Ud. el presente mensaje de solidaridad, haciéndole presente que la grandeza de la Patria, la gloria del Partido Liberal y la voluntad firme del Dr. Zúñiga Huete imponen el absoluto respeto a la voluntad popular, consagrada en los últimos comicios, voluntad que garantiza la paz de la República y el honor conquistado por el Liberalismo en la victoria y en la derrota.

El reconocimiento espontáneo del triunfo de nuestros adversarios es la victoria máxima conquistada por nuestro partido y escribe la página más gloriosa de la democracia en Honduras.

R. D. Alduvín, A. Guillén Zelaya, Héctor Valenzuela, Felipe Alger, S. Hernández y Hernández, Héctor Medina Planas, Eduardo Berlioz, J. Medina Planas, Félix Canales Salazar, José M. Matute, M. Antonio Rosa, A. Girón Aguilar, M. Lardizábal Galindo, Ramón Alduvín L., Eduardo Berlioz h.

El Pueblo, noviembre 14, 1932.

LA PERSPECTIVA DE "EL PUEBLO"

Trabajando como editorialistas, correctores de pruebas, tituladores, gacetilleros, en fin, tomando parte hasta en la distribución del periódico, hemos logrado luchar con éxito contra todas las crisis, aun contra las irregularidades del correo que cuestan a esta empresa varios miles de pesos; pero dudamos poder dominar la situación presente. No nos vienen los fondos de los departamentos y, aun en esta capital, tenemos un gran número de suscriptores con recibos atrasados.

En la semana pasada hemos tenido que acudir a nuestras escasas economías para ajustar el pago de la planilla, y tenemos enfrente compromisos relacionados con el pago del papel, que, de cualquier manera, hemos de atender para hacer honor a nuestra firma. En fin, la perspectiva que se ofrece es la de gastar dinero y más dinero sin esperanza de ingresos.

Cuando fundamos El Pueblo, nuestro empeño fue servir a Honduras, defendiéndola en sus intereses más caros y llevando a la prensa un elevado sentido de imparcialidad y de justicia que nos permitiera calificar los hechos tales como son, aun cuando la verdad resultara en perjuicio de nuestras personales conveniencias y de nuestras ideas. Y, a despecho de los juicios adversos, estamos seguros de haber cumplido nuestro programa.

Podemos decir con orgullo y seguros de que no mentimos, que no ha existido hasta hoy en Honduras un periódico en donde se hayan abordado los problemas, las ideas y la política del país de manera más amplia y con mayor respeto para cuantos no han pensado o no piensan como nosotros.

Tememos, sin embargo, que nuestra labor no pueda prolongarse, porque si bien pudiéramos gustosos dar a los hondureños nuestro esfuerzo desinteresado, obteniendo apenas, a cambio de un trabajo rudo, lo necesario para ir viviendo, no estamos en condiciones de contraer deudas que nos sería imposible pagar si continuáramos gastando dinero en proporciones mayores a las de los ingresos.

Con este motivo hacemos un llamamiento a nuestros suscriptores para que presten a la empresa su cooperación pagando sus recibos retrasados. Les reclamamos algo justo. Solamente eso.

Si nosotros hemos luchado cerca de dos años dando a nuestro país, con el mayor desinterés, el esfuerzo de nuestro trabajo y de nuestra inteligencia, creemos que nadie podrá calificarnos de exigentes porque pidamos a nuestros compatriotas que nos ayuden a seguir adelante pagando lo que deben a esta empresa.

El Pueblo, noviembre 16, 1932.

LA PACIFICACION DEL PAÍS

El desenvolvimiento de los hechos está diciendo que triunfará la paz. Aun en pleno estado de guerra se siente que la conciencia pacifista es una realidad en el país. Fuera del elemento militar, todo el mundo siente una sincera repulsión por la guerra. Pero donde es más efectiva y firme es en el campesinado. Este odia la guerra y la teme como a la más horrible y desastrosa de las pestes. La experiencia de un siglo de revoluciones le ha comprobado que el mejor de sus negocios es la defensa de su vida, lejos de la montonera, en el seno de la paz laboriosa que da para el maíz y los frijoles de su familia y de sí mismo.

Optimistas incurables como somos, tenemos la impresión de que este bochinche quizá constituye el clímax de nuestra vida revolucionaria. Después de esta aventura bélica, el fracaso puede llevar a los reacios la convicción de que las urnas son el camino más fácil y seguro de conquistar el poder. Si la rebelión triunfa, quedará el peligro de que nadie se conformará con el resultado de los votos y todos buscarán en los campos de muerte la victoria verdadera. Y de la democracia pacífica regresaremos a la democracia bélica.

¿Hay algún medio de evitar esta posibilidad? Con inteligencia y con buena voluntad quizá no fuera difícil encontrarlo; pero son tan fuertes las pasiones en esta Honduras de "sangre cálida" que el ofuscamiento vuelve insolubles y oscuros aun los problemas más sencillos y claros. Por lo pronto, debemos decir con entera franqueza que nada se puede hacer sin el concurso de los dirigentes de ambos partidos políticos; pero el concurso espontáneo, libre de suspicacias, de marrullerías y acusaciones veladas.

Hay que herir el problema a fondo si se quiere trabajar con el mayor número de probabilidades de establecer la paz en el menor tiempo posible. Pero para herirlo debe prescindirse de todo cuanto tienda a considerar la culpa de los menos como la responsabilidad de los más. Eso es indispensable. Y ojalá así sea comprendido por cuantos estén sinceramente interesados en la paz de la República y en la fraternidad de los hondureños, antes que en la explotación política.

El Pueblo, noviembre 18, 1932.

HERMANAS DE LA CARIDAD EN LA POLICLÍNICA

Hace varios meses que la Directiva de La Policlínica solicitó a nuestro Arzobispo, Mons. Hombach, varias Hermanas de la Caridad para que prestaran sus valiosos servicios en tan importante casa de salud.

Monseñor Hombach, en vista de que las Hermanas de la Caridad no se encargan de establecimientos de la índole de La Policlínica, se dirigió a las Hermanas de San Francisco de Asís, en Milwaukee, Estados Unidos, donde tienen su Casa Central para las Américas.

En respuesta a sus gestiones, los superiores accedieron gustosos al envío de cuatro Hermanas Franciscanas, que están por llegar a esta capital. Dos de ellas son enfermeras tituladas de la Universidad de Friburgo, Alemania, y dirigirán los trabajos relacionados con su misión; las otras dos harán el servicio de ama de llaves y ayudante.

Las Hermanas introducirán en La Policlínica muchas y valiosas reformas en cuanto al servicio y atenciones que se deben tener con los enfermos. Ellas habrá ganado bastante la primera casa de salud, por su importancia, que existe en la capital. Las tituladas ganarán solamente quince lempiras cada una y las otras, diez, lo que da un total de cincuenta lempiras. Tomando en cuenta el sueldo que devengan en otras partes las enfermeras, el que se pagará a las Hermanas en La Policlínica no puede ser más moderado.

Además del buen servicio que indudablemente prestarán, debemos tomar en cuenta el hecho de que muchas hondureñas que trabajarán con ellas aprenderán, con el tiempo, los nuevos temas de la buena enfermera, y no faltarán quienes deseen también formar parte de la misma orden religiosa para hacer más extensa su cristiana y caritativa labor.

Mucho celebramos esta innovación de la Directiva de La Policlínica y la felicitamos, tanto a ella como a Monseñor Hombach, quien prestó su valiosa cooperación en una obra de tanta importancia y trascendencia para el adelanto de la casa de salud y la protección de los enfermos.

El Pueblo, noviembre 21, 1932.

LA SITUACIÓN REAL DE CENTROAMERICA

CENTROAMÉRICA, tierra situada por la naturaleza como para servir de puente a la unidad de los países hispanoamericanos, se presenta a manera de un dique para dividirlos.

Como receta imperialista de política internacional, se ha mantenido en Guatemala una sucesión de tiranías que impidan, por el terror, cualquier penetración del pensamiento y de la producción mexicanos a suelo de Centroamérica. El propósito ha sido eliminar toda posible difusión de justicia social en aquellos pueblos y privar a México de la única ruta que le hace comercialmente accesible el mercado centroamericano, cuyo consumo puede acelerar, con ventajas mutuas, el ritmo de su desenvolvimiento industrial y, como consecuencia, la conquista evidente de su soberanía económica.

En el extremo sur, el canal de Panamá, obra gigantesca hecha como para vincular a la civilización, construida como para darle una contribución grandiosa a la solidaridad humana, ha servido, sin embargo, para completar el aislamiento del Continente Indolatino.

Total, que en la frontera de Guatemala se detienen las corrientes intelectuales, económicas, políticas y sociales que van de México, y en las aguas del canal se ahogan las que vienen de la América del Sur, rompiéndose de ese modo el camino natural de que nuestra raza tiene derecho a servirse para crearse un sentido real y permanente de solidaridad, que base las aspiraciones comunes en la compenetración de los intereses materiales y excluya, por inútil, todo sentimentalismo palabrero.

Y lo raro es que México mismo, sin quererlo o sin meditarlo, propicia este aislamiento, dictando leyes de inmigración que imponen a los centroamericanos, a pesar de la tradición histórica, llenar iguales requisitos que a los habitantes de cualquier otra nacionalidad para entrar al país. En cambio, los norteamericanos, con mejor sentido en este caso de lo que conviene a sus intereses, no han fijado siquiera cuota de inmigración para los hijos de nuestros pueblos. De donde resulta que es actualmente más fácil para un centroamericano ir de paseo, hacer estudios o permanecer en Estados Unidos que en México.

Aislados en tal forma de los pueblos de nuestra raza, cuanto llega a Centroamérica entra por la vía marítima, procedente de países esencialmente imperialistas. Ellos nos traen en sus barcos, de que carece la América Española, las mercancías que importamos y se llevan los bananos, el café, las maderas preciosas y los minerales de que ellos mismos son dueños, por concesiones que les han sido otorgadas. Lo positivamente nuestro —cueros, cacao, cocos, bálsamo, liquidámbar, hule, zarzaparrilla— se va también vendido a precios irrisorios y pagando fletes exorbitantes.

Pero no solamente importamos mercancías. En esos mismos barcos vienen los periódicos, las revistas, los libros que leemos y las modas que usamos. Nos llega, pues, en lengua extraña y en la forma que conviene servírnoslos, el pensamiento, las costumbres y aun las excentricidades y los vicios de naciones que no tienen con nosotros ninguna afinidad de raza, ni de historia, ni de cultura, ni de idioma. Poco a poco vamos abandonando cuanto nos era peculiar, cuanto caracteriza y define la personalidad de los pueblos. Nuestros hábitos, nuestros gustos, nuestro sentido estético, hasta el sistema de alimentación y la pureza del habla, todo desaparece, sustituido por normas extrañas, que debilitan y deforman, cuando no anulan para siempre la esencia de nuestra nacionalidad.

Aparece aquí con fuerza incontrastable, con claridad humillante, el factor económico sobreponiéndose a la raza, a la historia, a la costumbre, a la lengua, en una palabra, a la tradición. Triunfa sobre las aspiraciones más íntimas y modifica con eficacia definitiva la conciencia nacional. Este hecho doloroso puede constatarlo el observador menos inteligente, a poco que se detenga en tierras de Centroamérica.

Radica aquí la tragedia nuestra, que muchos de mis compatriotas llaman progreso porque no la comprenden. Se solazan, por ejemplo, hablando de nuestro maravilloso sentido de adaptación. Consideran orgullo de buena ley ver a los centroamericanos cambiar su idiosincrasia por la de un yanqui, de un francés, de un alemán o de un individuo de cualquier otra nacionalidad apenas vivan uno o dos años entre ellos, porque ignoran que esa adaptación fácil, que esa ductilidad servil, que esa maleabilidad de cera, es signo seguro y trágico de los pueblos que no tienen personalidad o que van camino de perderla. Un inglés, un ruso, un italiano, un japonés, no modifica de la noche a la mañana sus Las inclinaciones ni sus hábitos. Pertenecen a razas duras que, si bien están siempre abiertas a todas las corrientes de la civilización, cuanto llega a ellas pasa forzosamente por el tamiz de sus tendencias y de su personalidad.

Con España, país que pudo haber contribuido a nuestra liberación, defendiendo la permanencia de cuanto en nosotros hay de suyo, el comercio de las Repúblicas Centroamericanas es casi nulo. Los libros que de la Madre Patria nos llegan se reducen a envejecidas obras didácticas, a novelas románticas y pornográficas, y a cuanta producción de pacotilla ordenan nuestros libreros para solaz de lectores ídem, que representan, por desgracia, la mayoría. Las obras de carácter social nunca se piden, sea porque nadie las compra o porque su introducción al país se halla de hecho, que no legalmente, prohibida por los gobernantes; pero cuando alguna logra colarse, rompiendo las barreras del medio, puede decirse con entera verdad que cuenta por lo menos con cinco o diez años de haber sido editada.

Por otra parte, la ignorancia que se tiene del movimiento social del mundo es tan completa, que cualquier libro de esta clase, no importa cuán elemental, se vuelve tedioso por incomprensible. Y un libro con tales deficiencias es natural que se abandone apenas iniciada su lectura. De modo que cuanto se escribió ayer y se escribe en estos momentos, previendo y señalando todos los vicios y las injusticias de una época histórica que está para liquidarse, no puede contribuir, poco ni mucho, a la regeneración del pueblo centroamericano, sea porque no se importe o porque, si se importa, no se lea. Sin embargo, ¡con cuánta petulancia ingenua y por demás dolorosa se oye a diario decir a mis compatriotas: "Nosotros estaremos materialmente atrasados, pero intelectualmente marchamos a la par de las naciones más avanzadas"!

A excepción de Costa Rica, la libertad de expresión y de prensa no existe en los Estados Centroamericanos. La falta de espíritu de asociación hace difícil, cuando no imposible, crear organizaciones especiales para la lucha. Y de esa suerte, el escaso número de ciudadanos que han logrado enriquecer y renovar en países extranjeros su cultura, se encuentra imposibilitado para difundirla, tanto por la indiferencia ignorante de los mismos a quienes se propone redimir, como por la persecución criminal y despiadada de los gobernantes.

Ni siquiera puede la propaganda iniciarse en forma privada, sirviéndose de la vía postal, porque la correspondencia se viola sin miramiento alguno. Casos existen —de esto Honduras es ejemplo— en que la censura no se ha detenido en la violación, sino que ha descendido hasta la impudicia de hacer público su delito, por boca de sus representantes diplomáticos. Últimamente se está acudiendo —esto pasa también en Honduras— a los mimeógrafos y máquinas de escribir para sustentar el derecho; pero cuantos se atreven, con rarísimas excepciones, pagan su osadía en el exilio, en las cárceles o en los cementerios. Es la política "del destierro, del encierro y del entierro", que sintetizó con singular acierto uno de nuestros más viejos y distinguidos genios.

No somos siquiera espectadores pasivos en la batalla por el engrandecimiento humano. Somos algo menos. Apenas si logran trasponer nuestras fronteras los residuos bastardos que deja la civilización en sus grandes marejadas. El progreso se realiza así como por una limosna que deja en nuestras tierras el aluvión de la vida. Ningún esfuerzo, ningún concurso, ninguna contribución, ningún sacrificio hemos aportado al ascenso y a la renovación del mundo. Y no es porque no tengamos un pueblo inteligente, un pueblo valeroso, capaz de todos los heroísmos y con voluntad de ir a ellos tan pronto como se le hagan visibles los horizontes del porvenir, sino porque nada puede la miseria encarcelada e inerme contra los opresores que tienen en sus manos el pan y la fuerza.

La inteligencia, el valor y la tenacidad necesitan un punto de apoyo para redimirse. Y nosotros no lo hemos encontrado todavía. ¿Lo encontraremos?

Cuando los pueblos hispanoamericanos comprendan que es preciso romper, en el norte y en el sur, las causas que propician su aislamiento para dar a Centroamérica ocasión de cumplir su destino como elemento de unificación, como eslabón que amarre las cadenas de naciones del Continente Indolatino, habrán comenzado a realizar su misión histórica, y nosotros y ellos empezaremos a cooperar como factores apreciables en la elevación de nuestra raza y en la lucha solidaria por el bienestar de los hombres.

Porque es preciso entender que el sistema imperialista que abate las Repúblicas Centroamericanas no podrá destruirse con discursos de fraternidad continental ni con las notas y genuflexiones de cortesía pueril a que acude la burocracia de las Cancillerías, dizque para dar eficacia y estabilidad a la fementida amistad entre las naciones.

Para luchar con posibilidades de destruir ese sistema, es imprescindible esforzarse porque haya en Centroamérica gobiernos verdaderamente representativos, que respeten siquiera la libertad de reunión, de palabra y de prensa. A la confabulación realizada para estabilizar la tiranía hay que oponer la confabulación para implantar y hacer permanente el ejercicio del derecho. Sólo por ese camino podríamos, los centroamericanos, establecer industrias básicas, capaces de crear un proletariado con conciencia obrera y de organizar esta, unificándola, sujeta a una disciplina consciente. Sólo así haríamos surgir en nuestro pueblo otras necesidades que las de sembrar la milpa y comprar con parte de la cosecha el insustituible traje de manta, la sal y los frijoles para el consumo del año, amén de la pólvora y el plomo, con que derribar, de tarde en tarde, sirviéndose del fusil primitivo, una pieza de caza y a veces al patrón. Sólo de ese modo nos sería dable imponer en poco tiempo la emisión de un Código del Trabajo con estipulaciones eficaces para sacar a nuestros peones y campesinos de la miseria, del vicio y de la ignorancia en que se ahogan. Sin un esfuerzo de esa naturaleza, nuestras masas no podrán sentir jamás los reclamos de la vida civilizada y continuarán en su mundo de harapos y de frijoles, siendo arriadas como recua vil, tal el caso de Guatemala, hasta las haciendas de los explotadores, en las que trabajan desde el alba a la anochecida, sin otra recompensa que la de un rancho exiguo y de unos escasos centavos.

En las universidades y en los institutos, la enseñanza sigue la ruta del orden social imperante, pero no logra siquiera sincronizarse con él. Permanece todavía muy atrás en cuanto a las conquistas de un sistema que está en agonía. Se significa, sin embargo, lanzando todos los años por puertas y ventanas un torrente de profesionales y de bachilleres poseídos de una ignorancia integral en cuanto a la marcha del mundo. En las escuelas primarias, donde los maestros hambrean con sueldos infelices, que casi nunca se pagan, la eficacia cultural se hace tangible en el porcentaje de analfabetas, que se eleva al ochenta por ciento de la población.

Debo establecer, desde luego, por necesarias razones de justicia, que la vergonzosa cifra apuntada no alcanzaría aisladamente en ninguna de las repúblicas centroamericanas proporciones tan aterradoras si se hiciese abstracción de Guatemala, en donde el analfabetismo es tan crudo, que apenas lee y escribe el tres por ciento de la población.

La vida política centroamericana está controlada por los que tienen en sus manos el poder económico y financiero, en forma de concesiones territoriales y ferrocarrileras, de instituciones de crédito y de tratados comerciales.

La obra de los gobernantes es socialmente nula. Aparte de la persecución sistemática contra los adversarios políticos, el gobierno se lleva a cabo sin plan previo alguno, siendo así que los problemas nacionales se trata de resolverlos (sobra decir que nunca se resuelven) en la forma inesperada con que se presentan. Nuestros presidentes, casi todos ignorantes de los negocios y necesidades públicas, no saben nunca lo que harán ni lo que debe hacerse en atención a los reclamos del tiempo y a la situación de sus respectivos países. Con honrosas excepciones, obtienen a diario el elogio irresponsable de sus favoritos y de los periodiqueros a sueldo, sin que hayan realizado nada capaz de justificar ese elogio o cuando menos de explicarlo.

Se consideran obras gigantescas la inauguración de un tramo de carretera falto de toda integración a un necesario sistema de vialidad; la construcción de un edificio escolar, desvinculado de toda sujeción a un plano científico; la colocación de un puente, unas veces ridículo por su pequeñez imprevisora y otras tantas efímero por su estructura inestable y por el sitio escogido para colocarlo.

Grandes gobernantes se llama a los autores de estos minúsculos detalles que en nada modifican la esencia misma del atraso secular en que se vegeta. Así presencia Centroamérica el desfile de las épocas sin que haya habido en esta hora del mundo un gobernante capaz de iniciar en esos pueblos, con el sentido puesto en la realidad, un movimiento civilizador que abarque y empuje simultáneamente todas las manifestaciones de la vida nacional, que las levante en compacto bloque hacia la realización de un destino más justo y más humano.

Por eso, bien puede afirmarse con verdad, que los mejores gobiernos centroamericanos son aquellos que, si nada hicieron, ajustaron sus actos a la ley y respetaron siquiera los derechos fundamentales de la ciudadanía.

En las luchas electorales, que en la mayoría de esos países prácticamente no existen, se recurre al soborno, a la imposición o al fraude o a todos estos factores sumados para asegurarse la victoria. Ejemplo clásico y palpitante de estos procedimientos es la reelección "plebiscitaria" del presidente Ubico y el golpe de Estado que en estos En estos momentos, siguiendo las huellas del dictador guatemalteco, se está realizando en Honduras. El Congreso Nacional, electo por cuatro años, resuelve eliminarse por sí mismo, desintegrando los Poderes del Estado y convoca, sin derecho alguno, a elecciones para una Constituyente. Todo este monumento de ilegalidad tiende a emitir una nueva Constitución que permita legislar toda clase de represiones y de injusticias y a prolongar, en cualquier forma, contra la prohibición terminante de la Constitución que acaba de romperse y de los Tratados Internacionales vigentes, el período del Presidente Carías.

Raras veces los candidatos a la Presidencia en Centroamérica presentan programas concretos de gobierno. Se contentan con lanzar manifiestos pueriles atiborrados de la misma jerga inútil: que necesitamos escuelas, ejército, vías de comunicación, inmigrantes, industrias, desarrollo agrícola, elevación del nivel moral, económico y social de la clase trabajadora, en una palabra, que necesitamos civilizarnos. Pero ni a los candidatos ni a sus partidos se les ocurre presentar un plan de trabajo que precise la forma y el orden en que deban realizarse armoniosamente todas estas necesidades.

La administración de justicia es espejo fiel de los procedimientos políticos. Actúa inmisericorde y parcial contra los opositores del gobierno y con lenidad ostensible en favor de sus adictos. Alguna de esas repúblicas, en donde la pena de muerte se halla constitucionalmente abolida, ha logrado restablecerla, otorgando la impunidad a los asesinatos de los enemigos de la causa. La barbarie investida de autoridad ha descubierto un medio fácil para deshacerse de los que estorban...

Tal es, a grandes trazos, la situación real de Centroamérica. Tal la forma en que el puente creado por la naturaleza para dar acceso a la unificación de la raza indolatina, se va convirtiendo en una muralla cada vez más infranqueable, frente a la indiferencia imprevisora y por demás inexplicable de las naciones hispanoamericanas.

México, enero de 1936.
Universidad Obrera, No. 5, febrero 1936.

LA POLÍTICA DEL BUEN VECINO

El destructor "Manley" salió de Estados Unidos a "interceptar" los barcos que llevaban contrabando de elementos bélicos a los revolucionarios de Honduras. Pero los barcos "contrabandistas" cargaban apenas cuatro exiliados políticos de aquel país. Y el "Manley" regresó lentamente a su base.

El celo por la paz continental estuvo esta vez al ciento por ciento. En 4 horas 52 minutos, hizo el "Manley" lo que los demás barcos hacen normalmente en 7. Se dieron contraórdenes para que las compuertas del Canal de Panamá se abrieran, y la nave pasase sin contratiempos, "con la mayor rapidez hacia aguas de Honduras". ¡Qué maravilla de precisión! ¡Qué sentido más exacto de la justicia! ¡Qué respeto por el cumplimiento del deber! ¡Qué amor por la cordialidad y la cooperación internacional! Y sobre todo, ¡qué bondad la del vecino!

Descuartiza un Presidente de Centroamérica la Constitución de su país, y se hace reelegir contra estipulaciones infranqueables de esa misma Constitución y de compromisos internacionales, y la justicia de las naciones no se alarma, quizás porque dentro de la verdad internacional no puede admitirse que el orden de los pueblos se altere cuando alguien tira a la calle sus instituciones como un desperdicio asqueante. Esta vez los barcos permanecen tranquilos. A la salubridad de los Estados no interesa depurar la atmósfera podrida de los pueblos esclavizados. Lo que interesa a la justicia de los buenos vecinos no es la libertad de los pueblos, sino la libertad de los tiranos para perpetuarse y oprimir. Y para cooperar a la realización de fin tan edificante, bien se pueden batir todos los récords. Si alguien duda, que hable el "Manley".

Para romper las leyes y los tratados, con las mayores probabilidades de éxito, ese mismo Presidente destierra, encarcela, asesina. Los ciudadanos cruzan las fronteras, huyendo de la barbarie erigida en gobierno, del crimen convertido en institución de justicia. Y sin embargo... ningún Estado, por devoción a la libertad, por amor al orden, por conciencia de buen vecino, por honor a la civilización, por mero instinto de solidaridad humana, tiene una palabra de reproche contra esas consecuencias trágicas de la tiranía. Un silencio sintomático, un disimulo de aprobación, se extiende antes bien sobre esos hechos para cubrir el atropello cavernario. Nadie considera imperioso y mucho menos obligatorio, no digamos exigir, siquiera insinuar el castigo del culpable.

Pero un día, venciendo toda clase de miserias, de vigilancias, de amenazas, de represiones y de obstáculos, se supone que la libertad ha tanteado el camino de su resurrección, que la vida ha pretendido forzar las puertas de su prisión para buscar el arma que ha de blandir contra el opresor, y esta vez el silencio de ayer, el disimulo de ayer, se cambia instantáneamente en reprobación. La moral de las naciones, la economía de sangre, el respeto por la cooperación internacional, la devoción por el bien del vecino, zarpa a todo vapor, con 21,000 caballos de fuerza, armada de cañones de 4 y 5 pulgadas, a "interceptar" la realización de aquel intento dañino a la armonía humana. ¡Oh justicia! Una simple sospecha basta para apresurarse al castigo de los pueblos y de los hombres, por su devoción a la libertad; pero no debe castigarse jamás, en honor a la cordialidad, al orden, a la vecindad y a la paz, a los asesinos de pueblos, de instituciones y tratados. ¿Es esa la moral del mundo? ¿Es esa la justicia internacional?

¿En nombre de qué principio, de qué orden, de qué sistema de armonía o de protección humana, de qué respeto a la civilización, se propician la esclavitud y el asesinato de los pueblos, impidiéndoles esgrimir el arma redentora contra sus victimarios? ¿O es que la legítima defensa no es un derecho de las sociedades, sino un atentado contra la justicia? ¿Cuál es entonces el camino honesto, racional y civilizado que se deja a los pueblos para redimirse de los despotismos?

En nombre del derecho de las naciones a resolver por sí mismas sus asuntos interiores, se presta o se vende a las tiranías armas, municiones, dinero, cuanto necesitan para afirmarse sobre toda clase de arbitrariedades. Pero en nombre de ese mismo derecho, cuando los pueblos se yerguen para derrocarlas, no solamente se les niegan esos elementos, sino que se les impide adquirirlos por cuantos medios sean posibles, a la cooperación internacional.

Si la paz ha de sustentarse sobre el apoyo recíproco de los opresores contra los oprimidos; si se ha de ser instrumento de dos filos al servicio de la barbarie y del crimen, ¿para qué sirve la paz?

¿Qué pretender? ¿Establecerla convocando conferencias internacionales?

Cimentar la paz es organizar la libertad y la justicia, difundir en el mundo el ejercicio irrestricto del derecho, tanto en las relaciones mutuas de los Estados como en la vida interior de las naciones.

Firmar tratados para fomentar la estabilidad de los gobiernos, cualesquiera que sean sus crímenes y las transgresiones a las leyes, si es execrable e inicuo en todas partes, acá en América engendraría un semillero de dictaduras que ahogarían la democracia y fundarían un nuevo y odioso sistema de esclavizar pueblos.

Pudiera argüirse que la paz que trata de establecerse es la paz internacional y no la paz interior de los pueblos; pero ya hemos probado que la no intervención de los Estados Unidos solamente existe cuando los gobiernos oprimen, y no cuando los pueblos se defienden.

La paz que propicia la política del buen vecino, la paz de la cooperación, la paz del panamericanismo, la paz de la solidaridad continental, no debe ser una paz contraria a la solidaridad y al bienestar humanos. Se necesita dar un paso hacia adelante, velando porque los derechos y garantías de los hombres sean efectivos en el mundo, o por lo menos en aquellos países ligados por un pacto especial.

Se necesita comprender que la interdependencia de las naciones, creada por el desarrollo portentoso de la producción, exige relaciones jurídicas y sociales diferentes. Es necesario convencerse de que ya no es posible el individualismo internacional, que la soberanía y dignidad de los Estados no pueden sobreponerse a la soberanía y dignidad humanas.

Limitar las atribuciones de la Liga Panamericana a cimentar la paz y la cordialidad entre los gobiernos, sin preocuparse porque los derechos ciudadanos tengan existencia real en cada uno de los países vinculados a ella, sería convertir a las naciones hispanoamericanas en verdaderos instrumentos del imperialismo, que se serviría de ellos para afirmar la estabilidad de todos aquellos regímenes que favorecieran sus intereses. Por gracia de este milagro, no pasarían muchos años sin que viésemos a toda la América Española uniformada de dictadores yanquis, en nombre y a la sombra de la paz, la cooperación y la cordialidad internacionales.

Futuro, mayo, 1936.

LA UNIDAD DE CENTROAMÉRICA

Excluido el sentimiento leal de los pueblos, el de sus verdaderos representantes y de la juventud, el ideal de la unión centroamericana, a partir de la muerte del general Francisco Morazán, ha venido siendo explotado por políticos menudos, por vividores con membrete de apóstoles y por gobernantes desprestigiados.

Los aspirantes a la Presidencia de la República en los Estados de Centroamérica siempre incluyen en su táctica política hacer confesión pública y fervorosa de su fe unionista. Con sospechosa frecuencia declaran su resolución de sacrificarlo todo, hasta la vida, en aras del ideal morazánico.

Ya pronunciando un vacuo discurso, ya escribiendo o firmando algún artículo en cada aniversario del héroe centroamericano o de la independencia nacional, se convierten en hombres públicos, en eminentes estadistas. Generalmente, es la única ejecutoria que ostenta su ambición presidencial. Junto a los politiqueros se cuentan aquellos que han hecho de la reconstrucción de la República centroamericana una profesión alimenticia.

No es difícil identificarlos, porque con la excusa de que la Patria Grande se lo merece todo, aprueban o silencian los mayores crímenes contra sus pueblos y sirven a los tiranos que los ejecutan. Repugna, desde luego, observar que la bandera de los mejores ideales sea levantada por manos enemigas, por manos que la manchan y la prostituyen.

No son pequeños los perjuicios que han ocasionado y ocasionan a la unidad de Centroamérica los presidenciables y los seudoapóstoles. Esta clase de farsantes ha difundido en los pueblos la decepción y la desorientación, consiguiendo algunas veces que abandonen al unionista legítimo para irse a la zaga de la falacia.

Más graves daños que politiqueros y vividores le han hecho al unionismo istmeño los gobernantes sin prestigio. Esclavistas todos ellos, jamás han conservado el poder por la fuerza popular, sino por la incondicionalidad de su entreguismo; pero, como a despecho de todo, viven siempre temerosos de perderlo, con señalada frecuencia levantan los más altos ideales colectivos para desviar la ola creciente de desprestigio que amenaza arrollarlos. Y uno de sus recursos preferidos, por el hondo y tradicional arraigo que tiene en las masas del pueblo, es el de la Unidad de Centroamérica.

DEL LOBO UN PELO

Procedente de Nicaragua, un mensaje de la Prensa Asociada revela que "Anastasio Somoza anunció que está dispuesto a renunciar como Presidente de Nicaragua, para permitir la incorporación de dicho país como Estado de los Estados Unidos de la América Central"; pero el detentador nica tuvo buen cuidado de proteger su desprendimiento con la excepción de que "los actuales Presidentes de Nicaragua, Costa Rica, Honduras, El Salvador y Guatemala podrían quedar convertidos en Gobernadores de sus territorios como Estados individuales de la Unión".

Cualquier centroamericano más o menos consciente del proceso histórico del mundo sabe que la reconstrucción de la República Centroamericana solo podrá tener validez permanente cuando las circunstancias internacionales hagan posible la libre determinación de los pueblos. Y de esa suerte, luchar por la Unión de Centroamérica sin eliminar previamente la causa que la impide no pasa de ser una ingenuidad o un propósito interesado en burlar lo que aparenta querer.

Jamás ha faltado a los pueblos centroamericanos el deseo de hacer realidad el sueño morazánico. Quieren y han querido siempre, con la mayor intensidad, la reconstrucción de su antigua patria. En este sentido, nadie puede poner en duda su entusiasmo ni sus sacrificios. Si hasta hoy han fracasado todas las tentativas para realizar la Unión de Centroamérica, no es porque los pueblos la hayan combatido, ni porque no fueran capaces de imponerla luchando exclusivamente contra las fuerzas interiores que la adversan. La Unión no se ha hecho porque los pueblos son impotentes para dominar las múltiples y poderosas fuerzas extrañas que la han impedido.

Pero parece que esos obstáculos van a desaparecer. De esta guerra tendrá que salir la libre determinación de los pueblos, que consagra la Carta del Atlántico, cuyos principios y bases han ampliado con certera visión del porvenir el Vicepresidente de los Estados Unidos, Henry A. Wallace. Vamos a entrar en "El Siglo del Pueblo", en cuya atmósfera no puede vivir el imperialismo.

La nueva organización de la convivencia humana, una vez derrotado el nazifascismo, no permitirá tiranías. Nos acercamos a la inauguración de una democracia avanzada en que la libertad y la justicia condenarán a exilio permanente todos los despotismos. Somoza presiente que esa realidad camina a grandes pasos y acabará con su reino. Por eso ha juzgado oportuno convertirse en paladín de la unidad de Centroamérica. Si no ha de continuar en la presidencia, quiere quedar como Gobernador de Estado. "Del lobo, un pelo", ha pensado el minúsculo detentador nica.

Pero la maniobra de Somoza no solamente es demasiado pobre, sino tardía. La Unión de Centroamérica la harán los pueblos, no los tiranuelos que los dividen, los persiguen, los encarcelan y los asesinan. Las aspiraciones de Francisco Morazán, uno de los auténticos discípulos de Bolívar, no pueden ser mancilladas por quienes han hecho con sus pueblos todo lo contrario de lo que el héroe centroamericano quiso siempre y por cuya conquista sacrificó hasta la vida.

Centroamérica no puede querer Presidentes ni Gobernadores a lo Somoza. Pensar de otra manera sería ofender a sus pueblos. Y francamente, no nos consideramos con ese derecho.

El Popular, julio 16, 1942.

CENTENARIO DE MORAZÁN

El 15 de septiembre de 1842, hace hoy un siglo, murió fusilado en la ciudad de San José de Costa Rica el general Francisco Morazán, paladín de la unidad de Centroamérica.

El separatismo y la opresión sacrificaron al héroe en el propio aniversario de la independencia nacional, seguros de que habían llevado al patíbulo la causa de la unidad y la libertad centroamericanas. Pero si el destino puede entorpecerse, no es posible frustrarlo, y aquellos pueblos, teniendo culto al máximo varón de su historia, leales al afán de superación que hay en la conciencia del hombre, han hecho de la unidad de Centroamérica el símbolo de su redención y de su grandeza.

Desde entonces, en el fondo de la miseria económica e intelectual, el vasallaje político y social, el sueño morazánico es la única llama que permanece ardiendo en el corazón de las infortunadas repúblicas centroamericanas.

Morazán creó un horizonte de porvenir que las vicisitudes del tiempo han podido empañar, pero nunca desvanecer. En el alma de su pueblo, la antorcha unionista continúa encendida. Sufre transitorios eclipses bajo la sombra de las decepciones y las felonías, pero nunca se apaga. No pierde estatura ni contornos el mártir de la Unión Centroamericana. Permanece erguido, inconmovible y alto, sin una sola claudicación, ni una sola mancha, como un atalaya que apunta a la realización de un destino que no se ha cumplido, pero que habrá de cumplirse.

Poderosas fuerzas regresivas destruyeron la Patria Grande. Al gigante lo derrota la historia, pero también es la historia la que cultiva sobre su tumba los laureles que habrán de cubrirla permanentemente en el porvenir.

En el fondo de esta catástrofe, el mundo se desangra buscando su realidad, y Morazán no era otra cosa que expresión de ese afán de intereses que, por todos los campos de la historia, viene persiguiendo la Humanidad.

Los pueblos atrasados, débiles y pobres no pueden destruir por sí mismos los enormes obstáculos que atajan la realización de su destino; necesitan sumarse a la corriente de la historia para conquistar su integración, defenderla y conservarla. De otra manera, pueden lograr soluciones efímeras y aparentes, que no solo lesionan su fe y ahondan su esperanza, sino que generalmente aprietan con remaches más trágicos las cadenas de su esclavitud.

En la liquidación del sistema que impide a los pueblos resolver libremente sus propios problemas está la clave de la Unidad de Centroamérica. De conferencias en donde tengan asiento representantes de las mismas fuerzas opresoras, cuyas ambiciones se sacian mejor dentro del separatismo, no puede salir la restauración legítima de la República Centroamericana. Allí solo puede concertarse la unificación convencional y bastarda, pese a los bien intencionados.

Apesadumbra el hecho de que el centenario del gigante de la historia de Centroamérica haya coincidido con una época de tiranías en su patria dispersa, porque se asiste al espectáculo irónico de que las mismas fuerzas que lo asesinaron, las mismas que mantienen en la dispersión y en la esclavitud a los pueblos que quiso engrandecer y libertar, sean precisamente las que se arroguen la misión de enaltecerlo. Pero presenta, eso sí, la convicción de que el pasado está recibiendo graves y continuas heridas, a manos de la justicia que libra hoy batalla para redimir al mundo.

Por eso, reforzar las fuerzas de la justicia es el camino para acelerar la Unidad de las Repúblicas Centroamericanas y el medio más real y decoroso para celebrar el centenario de Francisco Morazán.

Cuando la invasión de Barradas, el general Morazán, como Presidente de la República Federal de Centroamérica, puso a la orden de nuestro país el ejército centroamericano para combatir al invasor. Tanto por ese hecho, que conservamos sin olvido, como porque somos leales con toda aspiración de justicia y de progreso, especialmente tratándose de pueblos hermanos, deseamos fervorosamente que el pueblo centroamericano trabaje por la unidad de su Patria, desarrolle su acción, corriendo libre de espejismos y desorientaciones, la senda que habrá de conducir al ideal acariciado por el máximo de sus héroes, sin duda uno de los grandes de América.

El Popular, septiembre 15, 1942.

FRANCISCO MORAZÁN

Una vida con esencia integral de humanidad, eso es el héroe. Los verdaderos héroes encarnan, en armoniosa síntesis, ese hálito de porvenir, ese impulso creador, ese afán de justicia que hay en los pueblos.

Concentración de las más altas virtudes humanas, el héroe lleva en sí mismo la unidad y la refleja. Por eso todos los grandes atraen, unifican. Para ellos, la dispersión es atmósfera de asfixia y de fracaso.

Producto de la unidad es el héroe. En la unidad se mueve, en la unidad concibe y en la unidad crea. Eco de las aspiraciones colectivas, no puede eludirlas. Por ellas batalla, y persiguiéndolas triunfa o sucumbe.

Francisco Morazán, héroe de la unidad de Centroamérica, quiso que no cesaran de ser una sola patria los cinco países atrasados, minúsculos y pobres que integran ese pedazo del mundo. Y en pos de esa finalidad pereció el 15 de septiembre de 1842.

Murió el héroe de la Patria Grande, pero quedaban en pie, con la aspiración insatisfecha, alerta al horizonte del porvenir, leales a su destino, los pueblos que lo habían engendrado.

Humilde, casi ignorado, es el campo en donde el máximo varón centroamericano desarrollaba su pelea; pero donde quiera que un hombre luche por unificar pueblos, contribuye a redimirlos y trabaja por integrar la suprema unidad de la raza humana, condición necesaria para que haya libertad en el mundo.

Pueblos unidos son pueblos libres. Pueblos divididos tienen que ser pueblos esclavos. La disgregación es el arma con que ha ganado todas sus victorias la injusticia. Y en cambio, la unidad es madre de toda redención y de todo progreso. No ha de confundirse la unidad con la construcción de imperios. Eso no es unificar, sino dividir; no es matar esclavitudes, sino vigorizarlas; no es salvar el derecho, sino asesinarlo; no es fomentar el progreso, sino impedirlo.

Morazán no andaba construyendo imperios. No andaba forjando cadenas de ignorancia, ni de explotación, ni de tiranía. Luchaba por la unión que su pueblo siempre ha querido, porque en ella ve su engrandecimiento y su libertad. Expresión leal del afán popular, Morazán se anticipaba al porvenir. Pereció en el empeño, no porque fuese militar y no estadista, como errónea, superficial o intencionadamente, sin base en la realidad, afirman algunos, sino porque, adentro y fuera, minorías regresivas, poderosas por su fuerza económica, le cerraron el camino.

Pero la lucha por unificar pueblos no termina. Morazán, soldado caído en la batalla, no es un fracasado. A la vuelta de un siglo, el mundo pelea, hundido en la mayor de sus catástrofes, por conquistar la unidad, no solo parcial, sino integral de los hombres. Quizás no logre realizarla decisivamente; quizás sí; pero suceda lo que suceda, ninguna fuerza podrá impedir que nos acerquemos a ella. Cuando las naciones no estén regidas por minorías —y hacia esa meta avanzamos— la victoria del héroe centroamericano será decisiva.

Por ahora, resulta un tanto ingenuo esperar que la reintegración de la Patria Morazánica sea expresión de la unidad popular. Mientras imperen fuerzas minoritarias cuyos intereses resulten lesionados con la Unión de Centroamérica, podrá haber unidad artificial, de esclavitud común, pero no la unidad legítima de los pueblos, única que redime y engrandece.

Con la unidad putativa, solo tendría existencia para servir a los intereses que la crearon y no a los de los pueblos. El día que cualquier gobernante intentara convertir la unidad bastarda en unidad al servicio de las masas, no tardarían en surgir los patriotas separatistas encabezando revueltas, y se diría que los centroamericanos somos incapaces de vivir unidos, como antes se afirmó que lo éramos de gobernarnos. Como consecuencia, se provocaría otra vez la disgregación, creando en el pueblo mismo y en la ignorancia letrada de cada Estado la impresión de que realmente no hay base popular para construir la República Centroamericana. Y en vez de avanzar, habríamos retrocedido.

Para que la unidad sea real, lo básico es que impere la democracia. No esa democracia formalista y falaz que hemos vivido y continuamos viviendo, sino la que da a todos los hombres y a todos los pueblos iguales derechos y oportunidades en la realidad y no en la literatura de las leyes.

Sin independencia económica, ni los pueblos ni los hombres pueden ser libres. Y sin libertad, la unión es un mito. Urge, por lo mismo, conquistar esa independencia para que la unidad sea factible y perdure.

Si de esta guerra surge el positivo respeto a la libre determinación de los pueblos, entonces sí habrá unidad legítima, permanente, y no artificial ni esclavizante en Centroamérica. La habrá en el continente entero y en el mundo. La tierra no será el campo de explotación y de sangre en que dirimen sus querellas la ambición y el odio; y cuantos lucharon por la solidaridad humana, por pequeño que haya sido el escenario en que se movieron, habrán conquistado, más allá de la muerte, el triunfo de sus aspiraciones y de su esfuerzo.

En tanto ese día no llegue, jamás podremos celebrar dignamente el aniversario de Francisco Morazán, ni de ninguno de los héroes que han buscado en la unidad la redención y la dicha del hombre.

Futuro, México, octubre, 1942.

CONSTRUCTORES DE IMPERIOS

Durante varios años posteriores a la marcha sobre Roma, Benito Mussolini ocupaba sitio preeminente en la política mundial. El Duce era tenido como uno de los grandes estadistas de Europa y aun del mundo, era el restaurador del Imperio Romano. Su oratoria ampulosa y detonante acrecentaba su fama al grado que el pueblo italiano, que siempre repudió al fascismo, culpaba de los atropellos de la dictadura a los colaboradores del régimen, pero no a Mussolini. "Él es bueno, es un gran hombre, ha engrandecido a Italia. Los malos son los que lo rodean". Eran expresiones corrientes en boca del pueblo, engañado y desorientado por la farsa deslumbrante del fascismo.

Hitler fue tenido como un estadista insigne. Él también había hecho de Alemania un país próspero y respetado. Lo había sacado de la postración en que lo dejó la guerra y el Tratado de Versalles. El Führer, mediante el apoyo de sus grandes cerebros financieros, había descubierto la piedra filosofal. La autarquía era posible. Alemania era una nación que podía vivir de sí misma, sin necesidad de las demás naciones; pero, no obstante, impondría el "nuevo orden" al mundo.

Los mismos que hoy se encuentran bajo el ataque de los dos históricos sanguinarios del Eje, ayudaron a difundir la grandeza de ambos. Fue el período de los "hombres fuertes". Los periódicos "independientes" se deshacían en elogios para el par de gigantes que había producido el mundo. Y en los países débiles, en los pueblos más atrasados, Mussolini y Hitler, especialmente el primero, eran los modelos en que se inspiraban hombrecillos minúsculos para salvar a sus pueblos, suprimiendo todos los derechos.

La dictadura pasó a ser el régimen ideal para gobernar pueblos. Por su medio se conservaba la paz y se promovía el progreso y la prosperidad. En Europa cundió el despotismo, y en esta nuestra pobre América mestiza, constituyó un honor, una prueba de alta mentalidad, de comprensión de la vida, de indudable capacidad, instaurar la tiranía.

Así surgió la cuerda de tiranuelos que afrentan a la América Latina. Todos ellos se convirtieron en "hombres fuertes", en eximios estadistas, con el aplauso de las fuerzas a las cuales sirven y que los han mantenido y mantienen todavía en el poder.

Uno a uno fueron cayendo casi todos los gobiernos representativos, y la democracia se convirtió en una de las farsas más despreciables. Escribir contra ella era el plato del día. Por todos los medios de propaganda se afirmaba que había fracasado, y que el sistema ideal de gobierno era el fascismo.

De esa manera, mientras crecía la influencia de Mussolini —el maestro— y de Hitler —el discípulo—, los países donde el sistema democrático subsistía se desprestigiaban, no, naturalmente, ante los pueblos, pero sí ante los grupos llamados de selección; intelectuales mediocres o interesados; banqueros, comerciantes, todo eso que se apellida hoy "las fuerzas vivas".

EL CASO DE ESPAÑA

Fue así como la República Española fue atacada por esas fuerzas, unas veces de manera descarada y otras sirviéndose del más criminal y alevoso jesuitismo. Los "hombres de orden" no podían ver con buenos ojos que España tuviese leyes protectoras para su pueblo, que se empeñase en liquidar el latifundio y el parasitismo de pretorianos y nobletes, porque la obra democrática de la República amenazaba el progreso y la prosperidad de las "fuerzas vivas". Allí no se podía trabajar, allí no se podía vivir, allí faltaba la seguridad para la vida y, sobre todo, para los negocios, eso se afirmaba. Y empezaron las maniobras nazidemocráticas para acabar con la República, con la simple diferencia de que los nazifascistas actuaban sin disfraz alguno, en tanto que los "demócratas" empleaban procedimientos vergonzantes como el célebre Comité de No Intervención, precisamente para intervenir en desarmar al pueblo español y dejar que sus enemigos fuesen armados hasta los dientes.

Mediante esta combinación, no sólo traidora sino estúpida, de parte de los gobiernos de Inglaterra y de Francia, pudo llegar al poder Francisco Franco, el traidor morocristiano que mantiene bajo el más sangriento de los despotismos y de las miserias al pueblo hispano.

Franco es otro de los "hombres fuertes". Por supuesto, y para fortuna de España, el traidor no permanecerá por largo tiempo detentando el poder. El pueblo español le demuestra cada día que los asesinatos no destruyen la rebeldía de los hombres y que son incapaces de matar la libertad. Además, pasó ya el mito de los "hombres fuertes".

En Asturias, en Andalucía, en las sierras de Córdoba, las guerrillas crecen no solamente en cuanto se refiere al número de combatientes, sino también en cuanto al material de guerra. Nadie sabe de dónde les llegan las armas, pero la realidad es que las reciben sin que Franco pueda evitarlo.

La prensa clandestina, la murmuración constante, minan diariamente al régimen franquista. Hay ciudades como Bilbao donde diariamente aparecen rótulos denunciando la obra de la tiranía entreguista. Pero no se detiene allí el pueblo español, sino que aguza su ingenio para externar su protesta contra el traidor. Nada menos, hay una cancioncilla que dice:

"Menos Franco, Franco, Franco
y más pan blanco".

En un hilo se encuentra hoy el régimen del sátrapa español. En eso ha terminado —salvadas las distancias con sus progenitores— otro de los pretensos constructores de imperios.

La experiencia es trágica, pero será fecunda. Se sabe ya —a pesar de las "fuerzas vivas"— que el orden verdadero, el orden de la paz, el orden de justicia, no está en la tiranía, sino en la libertad, y que la democracia lo que necesita es avanzar, ser democracia, funcionar como democracia, para perdurar. Y claro, ya nadie cree en los constructores de imperios.

El Popular, noviembre 3, 1942.

LA OFENSIVA POR LA PENA DE MUERTE

Ningún argumento original o siquiera remozado ha salido a luz en esta ofensiva de prensa por el reimplantamiento del suplicio capital. Ha habido, eso sí, quienes no han vacilado en repetir decrépitas ingenuidades como la de comparar la sociedad con un árbol al que debe cortarse la rama enferma: el criminal.

A pesar de que existen numerosos vegetarianos capaces de combatir el crimen destazando al mayoreo vidas humanas, todo el mundo sabe que la vida que se suprime no retoña como las ramas, sencillamente porque la sociedad no es un árbol. Pero no vamos a gastar el corto espacio de que disponemos en rebatir esta simpleza, igual a la del miembro gangrenado que se amputa al organismo social que, dicho sea de paso, no es un organismo, sino una organización, lo cual es diferente.

Señalaremos para comentarlos los principales argumentos que se han aducido en favor de la pena de muerte:

a) No tenemos una buena administración de justicia.

b) Carecemos de centros penales.

c) La pena capital es intimidatoria.

Todavía no se ha descubierto la manera de curar el cáncer, no se conoce siquiera su origen; sin embargo, no se considera que el medio de acabar con tan maligna enfermedad es matar a los cancerosos.

A nadie se le ocurre que la lepra se cura matando a los leprosos, ni el alcoholismo y la mendicidad fusilando a los alcohólicos y a los mendigos.

Ni siquiera en las epidemias, cuando se trata de enfermedades sumamente contagiosas y mortales contra las que no existe un específico o cuando en los lugares afectados no hay médicos ni medicinas para combatirlas, se considera necesario matar a los enfermos con la excusa de que se trata de una medida de emergencia para salvar a la población, sencillamente porque los enfermos no son culpables de la ignorancia de la ciencia ni de la falta de médicos y medicinas.

Poco se ha avanzado en el conocimiento de las enfermedades nerviosas y mentales; pero la ciencia no cree cumplir su misión sacrificando a quienes las padecen.

El deber de la ciencia médica es evitar la propagación de las enfermedades, aislando a los enfermos, dictando las medidas higiénicas procedentes y estudiando sus causas, mientras se empeña en salvarles la vida aplicando los métodos que para su defensa le son conocidos.

Y por la práctica de este deber, conocemos la causa de la tuberculosis y de la sífilis, existen vacunas contra la viruela, la rabia, la difteria, el tifus, la fiebre tifoidea, el tétano; en suma, se han descubierto los medios para prevenir y para curar la mayor parte de las enfermedades infecciosas.

También por esta práctica se sabe que la sífilis, el desarrollo y aplicación del progreso en un sentido distinto a la naturaleza y las necesidades del hombre, provocan muchas de las enfermedades nerviosas y mentales que afligen al género humano.

El deber de la ciencia jurídica es aislar a los criminales y aplicarles los métodos conocidos y de que se dispone para su regeneración, en tanto le es dable descubrir los medios eficaces para el mismo fin.

Gracias a este procedimiento, muchos delincuentes se han regenerado y convertido en elementos útiles a la sociedad.

Es falsa la sentencia de que muerto el perro se acabó la rabia. Realmente lo destruido es la vida del animal, no la enfermedad.

Parece que hemos llegado a la conclusión elemental de que las enfermedades, los vicios y la muerte no se combaten suprimiendo la vida, sino investigando, mediante el estudio y la experiencia, las causas que los engendran, puesto que, conocida la causa, se facilita el descubrimiento de los medios para atacarla.

Pero los partidarios de la pena de muerte, imposibilitados para rebatir la realidad, acuden al absurdo de que cuando se carece de justicia y de centros penales adecuados, debe matarse al criminal por razones de emergencia. Ni más ni menos que lo que acaba de hacer Hitler con los prisioneros polacos contagiados de tifus.

El argumento es fútil desde luego, porque si bien es cierto que la falta de una verdadera administración de justicia y de centros penales propicia la difusión del delito, no es posible ignorar que los culpables de estas deficiencias no son los delincuentes, sino la sociedad en que viven. Y la sociedad no tiene derecho de castigar a otros por sus propias culpas. Pero lo esencial —y para esto no hace falta ser jurista— es que la razón que se esgrime para matar a los criminales, antes que una agravante de su crimen, constituye un atenuante.

"La pena capital es intimidatoria", arguyen sus defensores. Se pretende hacer de la intimidación un recurso preventivo contra la criminalidad. No matará el individuo porque sabe que lo matarán; sin embargo, en ninguno de los países que tienen establecida la pena de muerte ha dejado de matarse, lo cual sí constituye un hecho para fundar la afirmación de que el criminal, en el momento de delinquir, no recuerda las ejecuciones ni al verdugo, o si los recuerda, no le intimidan.

La intimidación no ataja el crimen. Si sucediera a la inversa, ningún católico sería criminal por temor a arder eternamente en el infierno. Sin embargo, nuestro "Goyo", que se dice tan buen creyente, estranguló al mayoreo.

Realmente no encontramos en los argumentos que se han expuesto en favor de la pena de muerte ninguno que justifique la necesidad de su reimplantación. En cambio, abundan las razones para mantenerla definitivamente abolida.

EL POPULAR, noviembre 5, 1942.

¿POR QUÉ SE PELEA?

Ha habido etapas de esta guerra en que ninguna dificultad ofrecía la respuesta a esta pregunta, pero en la etapa actual la situación es diferente. Una revisión del desarrollo de la guerra habrá de ayudarnos a precisar la causa de esta diferencia.

La paz propia con el sacrificio ajeno constituía la esencia de la política de Chamberlain. Podía haber guerra, pero siempre que no se amenazara la seguridad del Imperio Británico ni de sus influencias económicas y políticas. Sobre esta base, los agresores podían contar con toda la libertad requerida para llevar a cabo las conquistas inherentes a las necesidades de expansión. No había inconvenientes para que los países libres, grandes o pequeños, fueran absorbidos por las potencias imperialistas insatisfechas de Europa y Asia, si ello era necesario. En resumen, la redistribución del mundo, sin perjuicio alguno para la estabilidad de la Gran Bretaña, era la aspiración del entonces gobernante de Inglaterra y podía realizarse dentro de la paz, mediante la acción diplomática, o por medio de la guerra.

Chamberlain deseaba impedir el choque de dos formas de fascismo: la suya, satisfecha y ansiosa de escapar a la catástrofe entregando los restos del mundo a los agresores; y el totalitarismo, desesperado y sanguinario.

Al salir de Múnich, Chamberlain creyó haber logrado su objetivo. Estaba seguro de que había encauzado el rumbo de la catástrofe; pero pocos meses más tarde la guerra se desató precisamente contra quien, ignorante de la historia, juzgó que podía ser burlada mediante concesiones al enemigo. Y la guerra fue lo que tenía que ser: un choque de rivalidades imperialistas. Nadie ignoraba entonces cuál era la razón de la pelea.

Una sucesión de desastres puso a Chamberlain fuera del gobierno y dio ocasión para modificar su política. La guerra misma había impuesto esa modificación, que fue continuamente acentuándose por la propia fuerza de los acontecimientos hasta alcanzar una transformación radical.

Se vio que la agresión no buscaba solamente una redistribución del mundo, sino su completo dominio por una sola nación. La guerra pierde en ese momento su condición de disputa o de defensa de imperios y se convierte en una gigantesca batalla por salvar al mundo de la esclavitud. Es ya el interés de los pueblos el que se halla en juego, y son los pueblos los que luchan contra la agresión.

Tampoco esta vez, henchido el conflicto de aspiraciones populares, puede ignorarse por qué se pelea. Sin embargo, como no basta a los pueblos saber que se sacrifican para salvarse de la avalancha regresiva, sino que, después de que la hayan dominado, vivirán libres de toda opresión en un mundo de paz y de justicia, se hizo imperativo formular los principios generales que regirán la convivencia humana al terminar el conflicto con la victoria de las Naciones Unidas. Y se redactó la Carta del Atlántico.

LA CARTA DEL ATLÁNTICO

La Carta del Atlántico contiene los principios que, limpiamente interpretados, nos llevarían a una organización de la paz como expresión integral de los derechos humanos; pero la Carta del Atlántico amenaza con convertirse en un documento teórico. Ha habido últimamente en Inglaterra declaraciones oficiales que ignoran la aplicación del postulado vital en que esa Carta se sustenta: la libre determinación de los pueblos.

Uno de los gobernantes que firmó la Carta del Atlántico, Winston Churchill, declaró en un banquete que no se ha convertido en Primer Ministro del rey para dar fe de la liquidación del Imperio Británico. Así explicó Churchill esta determinación: "Nos proponemos conservar lo nuestro".

También se ha hecho la afirmación de que, al restablecerse la paz, van a ser reintegrados a las metrópolis amigas los imperios coloniales que han perdido como consecuencia de la guerra. Y sobre el particular, no conocemos siquiera la excepción de que se dará a las colonias el derecho de decidir libremente su destino.

Como los hechos a que hemos aludido tienden a eliminar los principios vitales sobre los que puede asentarse la paz, empieza a hacerse notoria la tendencia a considerar la guerra nuevamente como una lucha entre dos formas de fascismo.

Ya sabemos que el carácter que la política de Chamberlain había impreso a la guerra fue la causa fundamental de los primeros desastres, y que la eliminación de esa política, impuesta por la guerra misma, dio a la lucha el apoyo popular que le faltaba, eficaz, como se ha visto, para alcanzar la posición ventajosa en que las Naciones Unidas se encuentran hoy contra los agresores. ¿Por qué abandonar entonces el camino de la victoria?

Fácilmente se comprende que, si los pueblos advierten —lo están advirtiendo ya— que la guerra adquiere las mismas finalidades que las que acariciaba el difunto Primer Ministro Británico, todo el entusiasmo que hay en ellos por ganarla se debilitaría cuando menos, y que no sería imposible retornar a la angustia de los días en que llegó a creerse que la libertad y la civilización sucumbirían.

A nadie puede escapársele que los pueblos no pueden tener interés esencial en una guerra que no les prometa, junto a la liquidación del fascismo desesperado y sanguinario, la liquidación también del fascismo satisfecho, ya que están convencidos de que este, a la postre, tiene que incurrir irremediablemente en los mismos excesos del primero.

¿Por qué se pelea? Esta interrogación obtuvo su primera respuesta en la política de Chamberlain. Más tarde, eliminado Chamberlain, en los designios de los agresores. Sin embargo, últimamente, ante los peligros que amenazan a la Carta del Atlántico, se está planteando de nuevo.

El Popular, noviembre 28, 1942.

WINSTON CHURCHILL

Raras veces, si es que alguna, se logra entre los hombres libres una completa identidad de pensamiento. En la unidad esencial que necesariamente los domina, el vínculo unitario no destruye la concepción divergente para realizar los ideales comunes. Y cabe aquí un ejemplo. No siempre estamos de acuerdo con Winston Churchill, el Primer Ministro Británico, en cuanto a la manera de conquistar y cimentar la libertad, la paz y la felicidad del mundo; sin embargo, en pos de esas mismas finalidades, luchamos unidos en las mismas filas.

La divergencia no debilita la admiración ni excluye el propósito común. Queremos y admiramos a Churchill y deseamos, como él, que la victoria de la guerra garantice a la Humanidad el goce efectivo y pleno de todos sus derechos.

Posiblemente nadie nos exceda en la simpatía que sentimos hacia Winston Churchill. Nos subyugan su fervor juvenil y su valentía, su indómita voluntad y, sobre todo, ese maravilloso equilibrio en que ha logrado juntar la osadía con la serenidad.

Entereza reflexiva que jamás se doblega, que jamás se petrifica en la positividad, sino que va hacia adelante, fervorosa y alegre bajo todas las tormentas y por encima de todos los desastres, segura de su fuerza y segura del porvenir; determinación consciente a quien la adversidad no enferma de pesimismo ni de cobardía; entusiasmo cálido y hondo, pero que no deja al humo de las salvas triunfales opacar ni disminuir la magnitud de la tarea; cruda franqueza ante los errores, y sensibilidad y visión para sorprender las aspiraciones populares; todo eso constituye la personalidad del Primer Ministro Británico.

Un estadista con tales virtudes necesariamente posee una poderosa fuerza de atracción que le permite acercarse a los pueblos y departir con ellos en su propio lenguaje.

Churchill no es para el pueblo británico un jefe de gobierno engrudado, impenetrable e inaccesible como Chamberlain, sino un ser humano, un hombre con quien se puede discutir y a quien se puede convencer. No representa la negación obstinada que cierra al porvenir todas sus puertas, sino alguien que puede contribuir a abrirlas porque tiene oídos para escuchar sus reclamos y es susceptible de adaptarse a las nuevas corrientes del progreso.

Hay en Churchill emoción, sentido humano, comprensión de la vida, percepción de la realidad. A pesar de su ascendencia, no lo domina la rigidez secular e intransigente de los prejuicios. Puede creer, y seguramente cree, que el mundo en que él ha vivido y sobresalido es el mundo mejor, pero debe suponerse que su talento y su capacidad de adaptación no podrán, por su propia grandeza, colocarlo al margen de la historia.

Debemos esperar que, así como Churchill es uno de los mayores campeones en la lucha para salvar al mundo de la barbarie hitlerista, lo será también para liquidar todas las injusticias que pesan sobre la raza humana.

EL HOMBRE DE INGLATERRA

Winston Churchill es el hombre que necesitaba la defensa de Inglaterra en las horas sombrías, y esperamos que habrá de serlo en las luminosas de la victoria para defender la justicia del mundo.

A los sesenta y ocho años, Winston Churchill no es un hombre que declina, sino una vida en ascenso que tiene planes para el porvenir y batalla por el porvenir con toda la experiencia de los viejos y el fervor intrépido de la juventud.

A los sesenta y ocho años, Winston Churchill no es un recluido ciudadano que, en la paz del hogar, se concreta al deleite de la lectura y a la añoranza de tiempos mejores, rodeado del afecto de los suyos, sino una fuerza inquieta, inquebrantable y agresiva.

A los sesenta y ocho años, Winston Churchill no es un amable anciano que recorre silencioso y claudicante el jardín doméstico, cortando flores con mano insegura, sino un combatiente erguido que arrebata laureles al enemigo en los campos donde la resistencia y el denuedo exigen contexturas vigorosas, dinámicas y atrevidas.

A los sesenta y ocho años, Winston Churchill no recorre de espaldas al mundo los caminos de la desesperanza, sino que anda en el torbellino de la vida abriendo brechas para encontrar el destino.

A los sesenta y ocho años, Winston Churchill no es un derrocado ni un indiferente, sino un constructor de la victoria.

Saludamos a Winston Churchill y hacemos votos porque se conserve siempre alegre, juvenil, audaz, inclaudicable, poblado de esperanzas y abierto a los nuevos y más luminosos horizontes del mundo.

Saludamos a Inglaterra, que levantó la grandeza de Churchill sobre las miserias de Chamberlain.

El Popular, diciembre 1, 1942.

NUESTRA RAZA Y EL RACISMO

Pleno de optimismo regresa Lombardo Toledano de su visita a las naciones hermanas de América, en las que dejó impresa la convicción de que la unidad es la única fuerza que garantiza la realización de su destino.

En las masas indígenas y mestizas encontró el Presidente de la Confederación de Trabajadores de América Latina un alto nivel moral y político y pudo reírse de las pretensiones racistas de los nazis que catalogaban a nuestros pueblos como inferiores.

"Me he reído —dijo Lombardo— porque he podido comprobar que nuestras razas son de primera calidad, si han de ser calificados los pueblos del mundo por sus cualidades. Son nuestros pueblos muy inteligentes, desinteresados y valerosos. Sólo es menester darles condiciones económicas para que puedan mejorar su vida y contribuir con mayor eficacia al progreso de América".

Lombardo Toledano tuvo la oportunidad de ratificar su juicio sobre los pueblos latinoamericanos, palpando la preciosa madera que hay en ellos para construir el porvenir. No podía haber encontrado algo distinto quien, como el líder latinoamericano, posee el talento y la simpatía que necesitan para comprender a los hombres.

A pesar del crudo analfabetismo, a pesar de la miseria, a pesar de las enfermedades endémicas que debilitan sus fuerzas físicas y mentales, los pueblos latinoamericanos tienen una sensibilidad y una inteligencia admirables. Nuestros campesinos no hacen sobre la tierra sino dentro de la tierra, pero tienen la capacidad de romperla y de integrarse a la luz; muchos, la mayoría, nunca han visto una locomotora, otros desconocen hasta el automóvil y sólo han podido contemplar el avión surcando los espacios; sin embargo, discurren sobre ellos y formulan juicios que sorprenden.

Pero fuera del progreso mecánico, que les es casi definitivamente ignorado, maravilla la especulación intelectual y el genio artístico de nuestra raza. Hemos recorrido muchos países del mundo y en todos ellos, no por afán de investigación, sino por natural simpatía, nos hemos acercado a los humildes. Con ellos hemos departido y muchas veces convivido, y declaramos que jamás encontramos en el campesino de razas ario-nórdicas —que pudiéramos llamar civilizado porque ha nacido dentro del progreso y raras veces es analfabeto— la intuición, el destello que es común en el nuestro.

Una vez llegó a visitarnos un campesino a la capital de la República en donde residíamos. Éramos ambos originarios de una región en donde se toma un exquisito café. Lo invitamos a tomar una taza del maravilloso néctar.

"¿Qué tal?" —le preguntamos—. "¿Se parece este café al de nuestra tierra?"

Y contestó sin vacilar: "¡Qué va! Aquel café es una tinta. Hasta se puede escribir una carta".

Por lo delicada y sugestiva, la respuesta nos dejó sorprendidos y conmovidos. Hasta tuvimos la intención de apropiárnosla. Y aquel campesino era un analfabeto.

¿Pueden los ario-nazis exhibir en sus campesinos tal riqueza imaginativa, tal sentido natural de la belleza? Dentro de su magnífica sencillez, la expresión de aquel campesino pudo haber satisfecho las exigencias del más refinado estilista.

No necesitamos hablar del arte magnífico, anterior a la conquista, del indio americano. Esa es la raza inferior de la que hablan los nazis. Tuvo razón Lombardo Toledano en reírse piadosamente de la teoría nazi que pretende dividir las razas humanas, colocando a la nuestra en uno de los últimos lugares.

A la inteligencia de nuestras masas se suma su sentido moral. En el desamparo de la ignorancia y de la miseria, abatidos por una explotación secular, sin nada que deber a la vida como no sea la opresión y la amargura, nuestros campesinos son generalmente honestos y sufridos, y sólo delinquen cuando la impiedad de los patronos alcanza extremos inconcebibles o impulsados por el alcohol, en el cual se refugian para combatir su infortunio.

Dadas las condiciones de atraso y de miseria en que vive el campesino latinoamericano, puede decirse que, si su sentido moral no ha desaparecido, es porque hay en su naturaleza una tendencia al bien tan hondamente arraigada que ha podido resistir, sin derrumbarse, todas las injusticias.

Y sobraría hablar del valor de nuestra raza. En la América Latina el heroísmo de nuestros indios ha escrito páginas inmortales. Ellos son los héroes anónimos que han iluminado nuestra historia, ellos el brazo que ha constituido nuestra nacionalidad.

A despecho de los racistas criollos y hasta de algunos absurdos racistas mestizos, en nuestras masas indígenas descansa esencialmente la vida, la seguridad y el porvenir de la América Latina.

Lo que falta a nuestras masas no es inteligencia, ni moral, ni valentía, ni decisión para el trabajo. Lo que les falta, como lo expresó Lombardo Toledano, es la oportunidad necesaria para mejorar sus condiciones económicas.

La unidad que Lombardo se ha empeñado en forjar y ha forjado ya en los trabajadores latinoamericanos, tendrá que crear esa oportunidad. Después de la guerra vendrá, sin duda, la acometida de las fuerzas regresivas para sembrar la dispersión en las filas laboriosas; pero ha de creerse que fracasarán porque las condiciones del mundo son diferentes y porque, además, la lucha continuará sin desmayo, alentada por fuerzas históricas que no será posible contrarrestar.

Nuestra hora ha sonado, y tendremos que ser factores en el progreso de América y la Humanidad.

El Popular, diciembre 4, 1942.

VICENTE SÁENZ

Dentro de una modestia laboriosa, Vicente Sáenz ha consagrado su vida a la defensa del derecho y de la justicia de los pueblos latinoamericanos; ha sufrido, como consecuencia, todas las penalidades del hombre que sustenta los intereses populares, pero ni la miseria, ni las persecuciones, ni las amenazas del odio, ni las incomprensiones le han hecho claudicar.

Erguido, pero sin ostentación; sereno, pero con la acometividad de quien ha hecho parte de su carne y de su sangre la justicia de sus ideas, este gran intelectual latinoamericano ha realizado, en lucha abierta con la opresión, el atraso y los ataques de quienes se deleitan con ser esclavos, una obra valiosa.

Sáenz ha sido desde su adolescencia un intelectual honesto, estudioso, batallador y creador. No pertenece a la clase de quienes se encierran en sí mismos a cosechar laureles dentro de una torre de marfil. Jamás ha padecido esa egolatría presuntuosa que quiere hacer del escritor un ser divino a quien mancha el contacto con el pueblo. Este centroamericano ejemplar ha sido siempre un hombre. Su obra está henchida con calor de pueblo, con aliento de humanidad.

Pudo Sáenz enriquecerse, escalar elevados puestos públicos, sin convertirse siquiera en un defensor franco de los opresores. Para esto le habría bastado callar. Sin embargo, jamás escogió el silencio como refugio para traicionar los derechos del pueblo.

El luchador Vicente Sáenz nunca ha tenido reposo ni cansancio, jamás desaliento ni capitulación. Se ha mantenido en la brega con entusiasmo, con fe y con dignidad. Pertenece a los que no mueren, porque no se doblegan y tienen el supremo orgullo de su pobreza.

EL DRAMA ESPAÑOL

Al estallar la rebelión de los militares nazifascistas contra la República Española, la pluma de Vicente Sáenz se apresuró a defender la causa del pueblo al que nos vincula la historia, la raza, el idioma. Y para cerciorarse personalmente de la justicia de quienes libraban la primera batalla por la democracia en esta guerra, Sáenz, venciendo dificultades económicas, sin omitir sacrificios y sin que le arredraran los peligros, fue a España.

No es discutible la importancia de la obra que llevó a cabo en defensa de la República. Hoy y mañana servirá para documentar a quienes deseen conocer la verdad del drama español, en cuyo escenario, con la indiferencia cómplice de los gobiernos de Inglaterra y de Francia, forjó el nazifascismo sus mejores armas para desatar la pavorosa catástrofe que hoy sacude al mundo.

Cuando un hombre ostenta una carta de servicios como la de Sáenz en la lucha por la redención humana, quizás pueda hasta aceptar que haya quienes le desconozcan y le nieguen, pero jamás se justificará que se carezca de escrúpulos para injuriarle. Es lo que ha ocurrido, sin embargo.

Afortunadamente, la opinión del pueblo mexicano y de sus verdaderos representantes continúa viendo en Vicente Sáenz a uno de los más dignos y altos valores de la América Latina.

EL POPULAR, diciembre 18, 1942.

CRISTO

Jesús de Nazareth trae a la humanidad ese impulso de cohesión característico de la naturaleza hacia todo lo que vive, y le da sentido de fraternidad universal al amor humano.

Nunca antes de él se había iniciado un movimiento más fervoroso ni más amplio hacia la integración de la solidaridad de nuestra especie. El cristianismo se levantaba ennoblecido por un destello redentor que atraía hacia su centro la caravana de todos los oprimidos. Fue la primera estrella de esperanza en la cual se posaron los ojos desvalidos, seguros de que en ella ardía la oportunidad de eliminar su infortunio, forjando la paz en la tierra sobre la supresión de las convencionales desigualdades impuestas por quienes gozan de lo superfluo, mientras la generalidad carece de lo indispensable.

Iba a desaparecer del género humano la condición divisionista de clan, para que pudiese establecer su unidad sin fronteras territoriales, ni de privilegio, ni de raza. Asistíamos a la muerte del egoísmo opresor, para inaugurar el reinado de la justicia sobre toda la tierra.

Una conciencia universal del amor recíproco entre los hombres tomaba forma, crecía y se vigorizaba sin cesar. La raza humana contemplaba que se le abrían las puertas de la concordia y la felicidad. Cristo era la visita del destino.

Evidentemente, el Nazareno fue la intuición más poderosa porque habló en su tiempo la esencia de la vida. Su doctrina, irisada de generosos destellos, era una dulce aurora que presagiaba un nuevo amanecer para todos los desventurados; pero no estaba basada en la lucha, sino en la resignación: no tenía sus raíces en la tierra, sino más allá de la vida. Dio, por eso, el fruto que necesariamente debía dar: un manantial de sueño corriendo sobre la impasible roca en que se sustentan todas las divisiones, todas las desigualdades, todos los privilegios, todas las iniquidades que pesan sobre la humanidad.

Faltaron al soñador las bases materiales para convertir su sueño en realidad. Por eso su imperio, que ha durado milenios, nunca pudo ser otra cosa que una fuerza espiritual a que se agarraban las manos desoladas de la desesperación para llorar sus desventuras.

Jesús sabía que su reino no era de este mundo, sentencia en que se advierte la intuición de que su doctrina no podría reformarlo. Sin embargo, el cristianismo señaló principios que condenan la iniquidad. Lo que no hizo fue precisar los medios para hacer posible la vida de la justicia. Pero su aportación basta para comprender que lo mejor de su esencia humana quedará viviendo sin marchitarse mientras la humanidad exista.

Sobre la desesperanza del sueño frustrado llegó Carlos Marx, decidido a encontrar las formas de su realización. Como el otro, este gran judío se empeñó en buscar la causa de todas las iniquidades que Jesús condenó, y una vez que la hubo descubierto, indicó los medios para combatirla.

Una humanidad sin fronteras ni privilegios; una humanidad sin diferencias económicas ni de raza; una humanidad sin opresores ni oprimidos predicaba Cristo, y esa misma humanidad ansiaba ver vivir sobre la tierra Carlos Marx.

Una humanidad unida por el amor para marchar fraternalmente a la conquista de su destino quería el Nazareno, y a esa misma humanidad aspira la obra de Marx.

Una humanidad en que la justicia impere sobre la tierra para que la paz y la felicidad sean la norma constante de la raza humana que buscaba el cristianismo, y esa misma finalidad alienta en toda la estructura del marxismo.

La determinación de Marx fue la de que cuanto el cristianismo tiene de generoso y de humano, deje de ser una dulce teoría y funcione en la vida. Marx ha dado las aportaciones materiales para que la aspiración que sólo tuvo con el cristianismo realización espiritual, llegue a ser práctica en las relaciones humanas.

El socialismo está empeñado en construir y ha empezado a construir ese vasto edificio en que debe alojarse la justicia a reinar sobre la tierra, como lo quería Jesús.

Por eso Carlos Marx, como su predecesor, ha sido para los oprimidos, para todo el género humano, la nueva visita del destino.

La mayor diferencia entre Cristo y Marx es que el primero predica la resignación y no la lucha como medio de obtener el final de la felicidad, no en este mundo, sino más allá de la vida, en tanto que el segundo finca sus concepciones en la tierra y dentro de la tierra busca todo lo que puede contribuir a la grandeza y a la dicha del hombre.

Para Marx, la redención humana no puede ser dádiva celeste, ni una limosna de los poderosos.

Si se examinan con afán de servir los intereses de la humanidad las aspiraciones del cristianismo y del socialismo, fácilmente se comprenderá que no se excluyen, sino que se complementan.

Cristo y Marx forjan una misma bandera: la de la redención humana. Los aduladores convencionales del cristianismo verdadero, y que aparentan representarlo, pueden sostener lo contrario; pero eso no destruye la justicia de nuestra afirmación.

EL POPULAR, diciembre 25, 1942.

NICARAGUA ANTE LA GUERRA

El lunes pasado publicó este diario un artículo de colaboración, titulado "De Nicaragua a los Estados Unidos". El artículo no define con precisión los sentimientos del pueblo nicaragüense hacia Norteamérica, ni establece con exactitud el carácter del régimen que preside en Nicaragua el general Anastasio Somoza. Brevemente analizaremos ambos extremos en un intento de excluir cualquier expresión capaz de provocar confusiones.

Antes del presidente Roosevelt, el sentimiento del pueblo nicaragüense no era favorable a los Estados Unidos. En vez de cordialidad, había animadversión; en vez de confianza, había temor. Esa fue la cosecha que dejó la ocupación de la pequeña República por fuerzas norteamericanas.

Nicaragua no se sentía segura en su independencia ni siquiera después de que abandonó su territorio la marinería estadounidense. La zozobra de que podría volver mañana con cualquier pretexto perduraba en la generalidad. Había incertidumbre. Había angustia. Y una situación así no es propicia a la amistad y menos a la fraternidad.

Pero vino Franklin Delano Roosevelt e instauró la política del buen vecino, y el pasado empezó a desvanecerse. Lentamente, la animadversión y el recelo fueron desapareciendo, el pueblo nicaragüense recobró la fe en el respeto a su independencia y empezó a nacer la simpatía hacia los Estados Unidos.

El tiempo ha corrido y, a medida que avanza, la fe de ayer se ha transformado en convicción. El pueblo nicaragüense no tiene ya dudas de que la época de los atropellos a la soberanía de los pueblos débiles de América por otra nación americana ha fenecido. No sólo eso, sino que se halla seguro de que los Estados Unidos constituyen el mayor baluarte para la defensa de la libertad en nuestro hemisferio.

Y ahora hay cordialidad, hay fraternidad en Nicaragua hacia los Estados Unidos. Se comprende que la defensa de la gran nación del norte es la propia defensa, y de ahí el entusiasmo por unirse a ella en la lucha contra los agresores.

Es verdadera la actitud actual de la nación centroamericana ante la guerra; es evidente que, para combatir el nazifascismo, su gobierno cuenta con el respaldo unánime, sincero y decidido de su pueblo. Pero este resultado no hubiera sido posible ayer. Lo es hoy porque Franklin Delano Roosevelt llegó a la Presidencia de los Estados Unidos convencido de que la fraternidad entre las naciones no se forja sobre la opresión, sino sobre la libertad.

La política de Roosevelt es la que decidió a los más altos y prestigiados líderes latinoamericanos a luchar, no sólo por la unidad de la América Latina, sino de América toda. Por eso tenemos hoy un continente unido, dentro del cual el pueblo nicaragüense cumple voluntaria y decididamente, junto a todos sus hermanos, con la obligación de defenderlo.

PEQUEÑA DEMOCRACIA

En su informe rendido al pueblo mexicano sobre su viaje a la América Latina, el presidente de la CTAL, licenciado Vicente Lombardo Toledano, expresó que el general Anastasio Somoza es un gobernante patriarcal que se propone hacer el progreso de su pueblo sin libertades políticas. Citamos de memoria las palabras del líder continental, pero más o menos es este el sentido de su declaración:

Como las libertades políticas representan una derivación de la independencia económica, es claro que en donde faltan las primeras, no existe la segunda.

Con estas condiciones de vida, ningún país puede ser una democracia, pequeña ni grande.

Seguramente la dictadura patriarcal de Nicaragua está lealmente al lado de los Estados Unidos en la lucha contra el Eje. Es hasta posible que este punto de convergencia entre la actitud nacional y la actitud del gobierno haya creado una situación propicia a la unificación del régimen con su pueblo. Y para que esa unificación fuera efectiva y perdurable bastaría aprovecharla restaurando las libertades políticas y empeñándose en mejorar el standard de vida general.

El presidente Somoza tiene, sin duda, una oportunidad singular y brillante para hacer de Nicaragua una "pequeña democracia" y presentarse, en la magna asamblea de la paz, como un gobierno que no se halla en contradicción con las finalidades por las que el mundo está peleando.

Quizás tenga él -así lo esperamos- la necesaria ductibilidad y comprensión para buscar el progreso de su pueblo excluyendo el patriarcalismo.

La hora es propicia para una revisión del pasado, y si así lo hace, la unidad circunstancial que ahora existe entre el pueblo y el gobierno de Nicaragua con motivo de la guerra se convertirá en unidad permanente.

Unidad sin grietas, sin las necesarias alteraciones de la paz que producirían, como consecuencia de la opresión, al terminar la guerra lo que deseamos para el Nuevo Mundo y para todas las naciones.

Nunca ha habido excusa válida, menos hoy, para que América sea un continente donde la democracia funcione como expresión real de la vida en todas sus repúblicas.

¿Por qué no ha de ser Nicaragua una pequeña democracia? Lo invitamos, general Somoza, a iniciar en Centroamérica esa tarea ejemplar que hasta hoy sólo se lleva adelante en Costa Rica.

EL POPULAR, enero 13, 1943.

UNIÓN DEMOCRÁTICA CENTROAMERICANA

Hace tiempo que los centroamericanos no iniciaban un movimiento serio, un esfuerzo de altura encaminado a construir las bases económicas, sociales y políticas imprescindibles para reintegrar la República de Centroamérica. Por el contenido de los principios que sustenta y de los objetivos que la animan, Unión Democrática Centroamericana, asociación que acaba de fundarse en esta ciudad de México, parece ser el centro de ese impulso nuevo, vigoroso y creador.

El fulanismo, el afán de venganza, la conquista del poder por el poder mismo, constituían la esencia de la política centroamericana. No aparecía indicio alguno de que los hombres de Centroamérica pretendieran unirse para concebir, firmar y desarrollar un programa que alentase el propósito de construir sobre el pasado una sociedad consagrada a superar el nivel de vida de sus miembros, a luchar contra sus enfermedades, a promover su cultura, condiciones necesarias para la conquista y afirmación de sus libertades y para la propia unidad de los cinco Estados centroamericanos.

Pero la guerra está liquidando las viejas perspectivas y abriendo horizontes nuevos. Ya no se piensa en función de personas ni de grupos, sino de pueblos; más todavía, de la raza humana. Ya no se piensa en función de venganzas, sino de redenciones. Ya no se piensa en función de simples asaltos al poder por el poder mismo, sino de organizar y poner en marcha fuerzas creadoras. El pasado se halla en agonía y está naciendo el porvenir.

Unión Democrática Centroamericana es un centro que excluye venganzas políticas y egoísmos personales. No es un refugio para organizar cuartelazos. Es una asociación que sustenta convicciones y se propone hacerlas triunfar apoyándose:

1.- En "protocolos y convenios hechos bajo los auspicios de la Oficina Internacional del Trabajo, discutidos y aprobados por las grandes naciones capitalistas".

2.- En la política del Buen Vecino, inaugurada por el Presidente Roosevelt, y que a través de sucesivas conferencias panamericanas adoptó conclusiones que interpretan la Doctrina Monroe "como un instrumento jurídico multilateral americano, dejando de ser, por consiguiente, la vieja y peligrosa política unilateral de Washington".

3.- En documentos históricos, como la Carta del Atlántico, firmada por las Naciones Unidas.

4.- En declaraciones del Presidente Roosevelt, del Presidente Ávila Camacho y de eminentes demócratas americanos y de todos los países.

5.- En las fuerzas avanzadas de todos los pueblos, que necesariamente aprovecharán las circunstancias del mundo para exigir que, a la hora de organizar la paz, se conviertan en realidad las finalidades de esta guerra, enfocadas hacia este objetivo fundamental: la realización en la vida de todos los derechos del hombre.

Realizaciones económicas, realizaciones sociales, realizaciones políticas, realizaciones culturales, realizaciones que defiendan la salud y la difundan, todo eso abarcan los principios de Unión Democrática Centroamericana y todo eso se halla contenido, de manera concreta, en sus objetivos esenciales, porque todo eso es imprescindible para que la paz no sea expresión de la fuerza, para que desaparezcan las discriminaciones raciales, las desconfianzas que incubaron pasados atropellos, y la unidad americana, cada vez más vigorosa, siempre en ascenso, no se convierta en un movimiento circunstancial de guerra, sino que sea expresión permanente de la vida de nuestros pueblos.

Sólo empezando desde ahora a poner en ejecución los puntos de este programa que las circunstancias hagan posible —el de la restauración de las libertades políticas, por ejemplo— se podrá impedir que cuando la guerra termine, "estallen las guerras civiles en los países que fatalmente estén regidos por dictaduras, ocasionándose trastornos sensibles, pero inevitables, a la hora de organizar la paz".

Sólo así la fe popular en las finalidades de esta gran contienda podrá ser fuerza viva, entusiasta y heroica en todos los países que no salen todavía de la etapa semicolonial y en los que permanecen aún siendo colonias.

EL DERECHO NO ES UNA DÁDIVA

La libertad, desde luego, no es un fruto que los pueblos pueden cosechar sin cultivarlo. No se desprende del árbol de la vida y llega rodando hasta los indiferentes. La libertad hay que conquistarla.

Precisa organizarse y luchar al lado de quienes defienden el derecho para obtener toda la fuerza capaz de hacerlo efectivo. Desgraciada o afortunadamente, el derecho no es una dádiva y quienes lo reclaman necesitan demostrar que no vacilarán en defenderlo. Esta obligación es todavía más imperiosa tratándose de los pueblos débiles.

Por eso, la UDC tiene como punto primero de sus objetivos esenciales la "cooperación eficaz con las Naciones Unidas, en tal forma que los pueblos centroamericanos, al aportar el máximo de sus posibilidades a la lucha democrática contra la barbarie nazifascista, tengan derechos adquiridos el día de la victoria".

La UDC quiere la libertad y está resuelta, por lo mismo, a aportar, sin regateos, su concurso al lado de quienes la defienden. Tal es, a nuestro juicio, la aspiración que se destaca en la nueva organización que acaba de constituirse.

EL POPULAR, enero 30, 1943.

CONVIVENCIA DEMOCRÁTICO-MARXISTA

Hay una preocupación general sobre la forma en que se organizará el mundo de la postguerra. ¿Qué vendrá mañana? Es la pregunta que se formulan todos, sin excluir a aquellos que sienten la necesidad de informarse sobre el desarrollo de la catástrofe, porque una suprema inconsciencia parece conservarles ajenos a la suerte del mundo.

Los pesimistas dicen que ocurrirá lo mismo que en la guerra pasada: palabras, palabras, muchas promesas tentadoras, pero al final todo quedará como ayer.

Y su falta de fe en el progreso fomenta los deseos y refuerza las maniobras de los grupos conservadores.

Los optimistas esperan que, al terminar el conflicto, la libertad, la fraternidad, la igualdad, la prosperidad y la paz imperarán definitivamente en el mundo. Y de esta manera extreman la confianza y enervan la lucha de las fuerzas progresistas.

Pero ni el pesimismo ni el optimismo extremistas están capacitados para precisar el destino de esta guerra. Lo que vendrá tiene que ser el resultado de la inteligencia y la acción de las fuerzas en pugna, de acuerdo con las posibilidades históricas del escenario en que nos movemos.

Hay una verdad, sin embargo, y es que el mundo de la postguerra no podrá ser el mundo que estamos viviendo. Avanzaremos o retrocederemos, pero será imposible permanecer en donde estamos. El choque actual se inició entre el presente y una salvaje opresión del pasado, pero le ha abierto camino al futuro.

Si nos resistimos a marchar hacia adelante, el choque posterior será entre el presente y el porvenir.

"A menos —dice el Vicepresidente Wallace— que las democracias occidentales y Rusia lleguen a un entendimiento satisfactorio antes de que termine la contienda actual, abrigo serios temores de que la guerra mundial número tres sea inevitable. Sin un entendimiento íntimo y real entre Rusia y los Estados Unidos, existe la grave posibilidad de que Rusia y Alemania hagan causa común, más pronto o más tarde".

El eminente estadista expresó en seguida que "el bienestar del mundo depende de diversas circunstancias que permitan saber si es posible que convivan el marxismo tal como existe en Rusia, donde va siendo modificado gradualmente, y la democracia, tal como estamos adoptándola a las condiciones de nuestro siglo".

PUNTO DE CONVERGENCIA

Con certera visión, el señor Wallace proclama la necesidad de buscar un punto de convergencia entre la democracia y el marxismo, insinuando que no puede buscarse hacia atrás, sino hacia adelante. Prácticamente ese punto se ha encontrado ya; es la Carta del Atlántico, aceptada y firmada por la Unión Soviética.

En ese documento, lealmente interpretado y aplicado, está la clave de una más libre, pacífica y progresista organización de las relaciones humanas.

Pero hay una ruda y sistemática oposición a la Carta del Atlántico. Se la hacen aquellos que la han declarado una utopía y que, tendenciosamente, sostienen que el desempleo y la miseria no son consecuencia de una injusta organización del mundo, sino de la pereza y de la fatalidad.

Es claro que esos "intereses fascistas manejados principalmente por el sentimiento antirruso" se apoderan de los gobiernos de las potencias democráticas.

"Aislamiento y odio a otras naciones" pueden provocar, por natural reacción defensiva, un acercamiento entre los pueblos de los países escogidos como víctimas, por más profundas que sean sus diferencias, y en este caso ya no sería posible "evitar —así lo prevé el señor Wallace— que la civilización se desgarre en una serie de guerras y revoluciones mucho más terribles que cualquier cosa que haya soportado".

No sólo eso, sino que en ellas naufragarían totalmente los privilegios y la vida misma de los remisos.

Una perspectiva como ésta impone a todo hombre y a todo grupo que sinceramente lucha por la felicidad y el progreso del mundo la obligación de combatir toda clase de propaganda capaz de provocar la suspicacia y la rivalidad entre Rusia y las democracias occidentales.

La guerra está liquidando las actuales relaciones de convivencia para restablecer otras más avanzadas, acordes con "las condiciones de nuestro siglo", y nuestro deber no es combatir la marcha de la historia, sino impulsarla. Toda tentativa de atajar el destino del hombre implica una catástrofe.

La advertencia de Wallace no es esencialmente la de un político o de un estadista descollante. Es la voz y la experiencia de la historia que ilumina el acento de los hombres que tienen la entereza y la comprensión requerida para acogerse oportunamente al dinamismo de la historia.

EL POPULAR, marzo 10, 1943.

PRIMAVERA AVERGONZADA

Ha venido la primavera con mañanas y tardes grises en las que hay entreactos de sol y de lluvia, y un vientecillo mordaz se empeña en intimidarnos con reminiscencias de invierno.

Húmeda opacidad y retazos luminosos nos ha traído esta primavera avergonzada. Bajo ella, conduce el obrero su angustia embebida para sacarla a trechos en los ratos de sol; los desocupados rumian sus ayunos en vacaciones forzadas e irretribuidas, sobre las que pesan la soledad y la incertidumbre; los infelices atenúan sus perpetuas vigilias devorando, en suicidio lento, los detritus de los botes de basura; las familias de exiguos ingresos racionan sus escaseces para no perecer ante la blitzkrieg desatada de los precios prohibidos y, entre tanto, sobre esta ansiedad famélica, los improvisadores de fortunas, unidos a los viejos chacales de la codicia, exhiben con insolencia sus millones y demandan, en nombre de la conformidad, el sacrificio resignado de sus víctimas, como epílogo a la tragedia que ellos mismos han creado.

La primavera rehuye hacerse cómplice de esta crueldad y regatea su opulencia de luz porque siente vergüenza de exhibir a sol entero, en dramático contraste, la suntuosidad de sus flores, la alegría de sus cantos y el espléndido conjunto de sus maravillosos matices frente a la mugre sin pan, a la enfermedad sin medicinas, a los salarios de inanición, a los ancianos y a la niñez sin amparo.

El fruto de la tierra luce abundante y variado, sin embargo, en la mesa de parásitos, pero está vacía la mesa del que produce. Sobre la albura de los ricos manteles y entre la policromía de los ramos de flores, las frutas más caras, las carnes más supremas, las legumbres más frescas y finas, los mejores pescados y mariscos, los exquisitos vinos, cuanto puede concebir el apetito más refinado, constituyen la dieta de los millonarios relámpagos; y en cambio, quienes trabajan tienen que enfermarse con la angustia de las mesas desoladas o apenas abastecidas por los escasos mendrugos que el irracional costo de la vida les ha permitido adquirir.

Así vivimos. Esa ha sido y es todavía la tragedia feudo-hispanista que la Revolución ha querido liquidar, y que el pasado quiere convertir —como si ya se hubiese olvidado la historia de nuestras miserias— en efecto de la Revolución.

Lo saben los campesinos de México, en quienes la generosidad del "nuevo orden" caduco de un cristianismo latifundista, traidor a Cristo y a sus discípulos, puso marco de ignorancia, de tortillas con chile, de harapos y de intemperie.

Lo saben nuestros obreros mal pagados, mal comidos y mal vestidos, contra quienes embiste enardecida la jauría "no cristiana" nazianarquista, los mercaderes enquistados en las filas de la Revolución, los especuladores y sus voceros, cada vez que las víctimas de su avaricia exigen una remuneración que las salve de ser sacrificadas por el criminal ascenso de las subsistencias.

Lo sabe nuestra llamada clase media, sector social desorientado, vanidoso e indefenso, contra quien rebotan las marejadas de la lucha que libran opresores y oprimidos.

Lo sabe la nación entera, cuyas privaciones y penalidades son hijas del grupo de intermediarios privilegiados y voraces que llaman negocio y trabajo al desalojo que hacen de los raquíticos salarios del pueblo, vendiéndole por un peso aquello que al productor necesitado le quitaron con cinco centavos.

LA NUEVA HUMANIDAD

Pero ha de venir una vida nueva, ha de llegar una vida mejor. Para eso, el Presidente de la República, leal a la historia y al porvenir de México, quiso que su pueblo ocupara el puesto que le corresponde en la mayor batalla por la victoria de la justicia que haya librado la Humanidad.

No debemos acobardarnos. Jornada tras jornada hemos venido liquidando las fuerzas oscuras, nacionales y extrañas, que han impedido nuestra redención. Hemos ajusticiado usurpadores y derrocado dictaduras, hemos exhibido y expulsado oportunistas y prevaricadores, hemos reivindicado algunas de nuestras mejores riquezas, hemos conquistado y estabilizado muchos derechos. No es condición mexicana capitular ante la desgracia y la iniquidad. A pesar de nuestras miserias y traiciones, a pesar de todas las fuerzas regresivas, seguimos en el combate, vamos adelante, y ganaremos la batalla.

Entonces no existirá la desocupación forzada, ni los salarios de ayuno, ni las mesas sin pan, ni las familias sin techo y en harapos. No veremos enfermos sin médico ni medicinas, niños sin escuela, ni invalidez sin amparo.

No habrá, como hoy, millonarios "cristianos" que, burlando a Jesús, poseen lo superfluo, se entregan al despilfarro de riquezas mal habidas y quitan las migajas al que nada tiene.

Será un mundo sin zánganos, en el que todos podremos vivir con nuestro propio esfuerzo de trabajo, libres de incertidumbres y de iniquidades, y la primavera no se sentirá avergonzada de iluminar a sol entero, exhibiendo su riqueza de cantos, de rosas y de colores, a la nueva humanidad.

EL VIAJE DE WALLACE

Cupo a México la suerte de recibir la primera visita del Vicepresidente Wallace a tierras latinoamericanas. Llegaba un apóstol auténtico de la fraternidad universal, un defensor esforzado del progreso y la justicia en el mundo, y México no le acogió con la simple cortesía de las ceremonias oficiales, sino con la ancha y cálida expresión de simpatía nacional que los pueblos reservan para los verdaderos demócratas. Las puertas se abrieron espontáneas y plenas, invitándole a pasar adelante, y sin duda él sintió que en la casa mexicana no era sólo un buen vecino, sino un amigo permanente.

Wallace vio lo que México es, y pudo percatarse de lo que ha sido y de lo que quiere ser. Posiblemente la oportunidad de haber reconocido y palpado el sentimiento y las aspiraciones del pueblo mexicano le haya impulsado a realizar por la América Latina el viaje que hoy emprende.

El eminente viajero arribó a Costa Rica, dejando atrás —como si fuesen tierras de cuarentena— a varias repúblicas centroamericanas. En la pequeña democracia tica dio a la prensa este mensaje, que es toda una promesa de libertad para el porvenir de América y del mundo:

"Es nuestra esperanza que esta será la última guerra mundial. En el pasado, frecuentemente la Humanidad abrigó esa esperanza, pero quienes han hecho la paz fueron incapaces de cumplirla. Ahora el pueblo norteamericano está peleando para implantar en el mundo las cuatro libertades fundamentales proclamadas por el Presidente Roosevelt, y todo nuestro esfuerzo de la postguerra se dirigirá al propósito de asegurar que los agresores y tiranos hayan desaparecido de la tierra para siempre."

Wallace podrá ver toda la miseria, la opresión y la ignorancia que hay en la mayoría de los pueblos que va a recorrer, pero oirá también que, bajo el dolor secular, crepita viva y permanente la protesta de los pueblos. No hay renunciamiento ni conformidad en las infortunadas naciones latinoamericanas, sino espera atormentada, ceniza de hambres y crueldades bajo las cuales arde el entusiasmo y la fe en una vida mejor.

La visita del apóstol norteamericano será un aliento para las víctimas de las tiranías y un motivo de escozor para los tiranos. Wallace no es sólo una esperanza, es una promesa autorizada y leal de que la paz del porvenir será expresión de la libertad y la justicia.

La presencia de Wallace y su palabra insospechable llevará al ánimo de los pueblos latinoamericanos la convicción de que, al final de esta catástrofe, ningún despotismo podrá quedar sobre la tierra afrentando la civilización y el derecho. Se pelea no para salvar ni modificar la tiranía, sino para destruirla definitivamente.

Seguridad semejante llevará a nuestros pueblos un incentivo más para redoblar sus esfuerzos en favor de la creciente unidad de América, que es esencial para robustecer la causa de las Naciones Unidas y salvar con su victoria el porvenir de la Humanidad.

No habrá un solo país indoespañol en donde Wallace no sea recibido por el pueblo con desbordada simpatía. En todos ellos, como en México, las puertas se abrirán espontáneas y plenas, invitándole a pasar adelante, y el eminente viajero tendrá oportunidad de constatar que la casa latinoamericana no sólo es un buen vecino, sino un amigo que jamás perecerá.

Mañana, cuando la nueva paz ponga fin a la esclavitud en la tierra y, bajo la nueva aurora de un mundo mejor, las campanas de la libertad repiquen en todos los pueblos, Wallace será, sin duda, en nuestras Américas y más allá de ellas, un símbolo de redención.

El Popular, marzo 23, 1943.

LOS INTELECTUALES CENTROAMERICANOS
ANTE LA GUERRA

A pesar de cuantas maniobras se pongan en juego para frustrar los principios contenidos en la Carta del Atlántico, la intelectualidad centroamericana confía en que la paz que organicen las Naciones Unidas después de la derrota del nazi-fascismo será la victoria de la unidad y la democracia en América y en el mundo.

Voluntariamente, los intelectuales de Centroamérica han levantado un gran cerco de silencio en torno a las dictaduras que oprimen a su pueblo. No hay olvido ni abandono de la lucha contra la tiranía, sino decisión de mantener sin grietas, mientras dure la guerra, el frente antitotalitario.

Se ha pedido al pueblo centroamericano que cargue con paciencia su cruz, sin apartarse del camino de su redención hasta el momento en que haya de celebrarse la conferencia de paz en la cual ha de reclamar la representación que le corresponde.

Y también se ha laborado en el seno del pueblo para convencerle de que la forma más eficaz de impedir que se discutan sus derechos es la de permanecer siempre listo para participar directamente en la guerra contra los agresores, a la hora en que las circunstancias lo demanden.

Antes de que la guerra hubiese llegado a América, la intelectualidad centroamericana estaba ya con la causa de todos los pueblos agredidos. La invasión de España, a la cual nos unen vínculos eternos, bastaba para fijar su postura frente al fascismo y al "Apaciguamiento"; pero cuando la agresión afectó a nuestro continente, desapareció toda duda —si es que la hubo— de que estábamos ante la acometida de una máquina de guerra deliberadamente forjada para esclavizar al mundo. Y en ese momento, al culto por la justicia y a los lazos de la sangre, se unió el derecho de legítima defensa.

No ha sido difícil para los intelectuales centroamericanos llevar adelante su labor antifascista, porque nuestro pueblo, pese a su cárcel secular de miseria, de aislamiento y de ignorancia, se ha situado siempre, con certero instinto, en las rutas del derecho, que son las de la unidad y la libertad.

Morazán deja ardiendo, con llama inextinta, el ideal de la Unión de Centroamérica, y en plena noche feudal inflama las conciencias con los principios de un liberalismo avanzado.

José Cecilio del Valle extiende la mirada más allá de las fronteras morazánicas y proclama, libre de prejuicios de credos y de razas, con vidente sentido de integración humana, la unidad de América.

Hay mucha semilla de redención popular en los surcos de Centroamérica; hay una juventud a quien las tiranías no han podido impedir que busque, leal a la ancha visión de sus próceres, la solución de sus problemas locales en la solución general de los problemas del mundo; y persiste, batallando en la sombra, en un fervor unánime de rebeldía contra la injusticia, que necesariamente habrá de manifestarse a la hora de las decisiones fundamentales.

Conscientes de esta realidad inexorable, los dictadores, absurda pero convencionalmente afiliados a los enemigos de sus ideas y métodos, no cesan de perseguir, encarcelar, torturar y asesinar al pueblo, con la mira de fomentar en él odio a la causa de las democracias, inclinarle hacia el fascismo y quedarse en el poder al finalizar la guerra; pero los intelectuales han impedido que se le desoriente, revelándole esta maniobra artera, y el pueblo continúa firme en su fe democrática y seguro de que el triunfo de las Naciones Unidas no significará la perpetuación, sino la muerte de las tiranías.

De esta manera han contribuido y seguirán contribuyendo los intelectuales centroamericanos a la lucha contra el nazi-fascismo. No podemos estar con un régimen que preconiza la tiranía, porque la hemos sufrido y conocemos las consecuencias de su barbarie.

No podíamos estar con una doctrina que sustenta la superioridad racial, porque somos mestizos y creemos, además, en la unidad de la especie humana.

Tal ha sido y será nuestra actitud ante la guerra. Puede que haya excepciones, pero seguramente serán pocas, mediocres e intencionadas.

Ha habido, hay y habrá motivos de inquietud y de duda sobre el porvenir como resultado de este conflicto; pero hasta hoy ninguno de ellos ha podido debilitar nuestro entusiasmo ni nuestra convicción de que nos esperan días mejores.

Tenemos fe en que el "sudor, la sangre y las lágrimas" de la raza humana en esta contienda salvarán el destino del mundo.

El Popular, abril 14, 1943.

DEMOCRACIA Y ALTERNABILIDAD

Asociados a la lucha por la democracia en Centroamérica existen elementos que concentran sus esfuerzos en la sustitución individual de los detentadores del poder. Basta —a su juicio— cambiar la persona del dictador por otro no dictatorial para que la dictadura desaparezca en las naciones que la sufren.

Pero consolarse con la ilusión de que, excluido el nombre, permanece el sistema, equivale a subordinar la historia a la actitud del individuo y caer en el absurdo de que el estado económico y social, base del político, es expresión de la persona que gobierna y no ésta de aquél.

No es posible negar, naturalmente, que el hombre por sí solo es factor apreciable para impulsar las aspiraciones colectivas por rutas redentoras o para desviarlas hacia cauces de opresión; pero se impone reconocer también que el simple esfuerzo individual es impotente para dar permanencia a un régimen de esclavitud o de libertad en donde no existen las bases teóricas y materiales para sustentar el uno y el otro. Ni la democracia ni la tiranía se han establecido jamás por resoluciones individuales, sino sobre el terreno histórico adecuado a su existencia.

Puede haber alternabilidad, aun cuando haya sido reelecta la persona que gobierna; pero la alternabilidad solo vivirá en la apariencia si se limita a una simple remoción de personas. Ningún principio democrático se viola cuando la libre determinación de un pueblo reelige a sus gobernantes, sino que se rinde respeto a la esencia misma de un régimen que funda su razón de ser en la voluntad de las mayorías; pero es antidemocrático prohibir la reelección de quienes gobiernan si el pueblo quiere que continúen gobernándole.

El ataque y la burla a la democracia no están en que los pueblos reelijan a sus mandatarios, sino en que estos se perpetúen en su mandato sin consultar la voluntad popular o imponiéndose a ella. La democracia no se transforma en tiranía porque los pueblos decidan libremente conservar a sus gobernantes, ni la tiranía se convierte en democracia con solo sustituir por otra la persona que la ejerce. La no reelección de las personas no es esencial a la forma democrática de gobierno.

Nada ganarían los pueblos centroamericanos con que cayesen mañana los actuales detentadores del poder, si ha de quedar viviendo la estructura que sustenta la tiranía. Y tampoco perderían nada si el sistema democrático vive y, conforme a él, se ha hecho la reelección del gobernante. La eliminación debe ser de causas, no de efectos.

Crear intereses sirviendo sin reservas a la causa de la libertad en el mundo y permanecer organizados para defenderla en las horas de la paz es la manera como los pueblos centroamericanos pueden modificar el sistema sobre el cual viven los despotismos que los oprimen.

Hay quienes alegan, sin embargo, que es un sueño esperar que lo que no se consiga ahora se conseguirá mañana, y que como ningún paso efectivo se da para suprimir las tiranías mientras la guerra se desarrolla, la única arma eficaz de liberación es la violencia. Desde luego, los soñadores son ellos, porque en la hora presente la violencia afirmaría el despotismo y, si triunfara, sería transitoria, porque nunca se ha construido sobre el vacío el edificio del porvenir.

Recientemente, el embajador soviético Litvinov declaró en La Habana que "las condiciones de los pueblos en la posguerra dependerán, sobre todo, de las disposiciones de cada pueblo". Y declaró la verdad, porque la única forma de ser libre es disponerse a crear las condiciones de libertad, que no se crean, como lo hemos expresado ya, con la simple conquista del poder para remover personas, sino para eliminar estructuras.

Hay que demostrar que podemos servir a la causa antinazifascista con mejor eficacia que los dictadores convencionalmente incrustados en sus filas. La táctica de protestar contra las Naciones Unidas porque los utilizan para la lucha contra el Eje totalitario y de mantenerse en continua y enconada grita contra los déspotas, mientras ellos se defienden sirviéndolas, es táctica negativa, para no darle otro calificativo. La defensa del porvenir exige actitudes positivas. Solo así podrán salvarse e imponerse los principios consignados en la Carta del Atlántico.

EL POPULAR, 5 de mayo de 1943.

EL DIVISIONISMO EN CENTROAMÉRICA

La unidad de los pueblos y gobiernos en cada uno de los países que forman el frente de las Naciones Unidas ha sido siempre condición necesaria para combatir con más segura eficacia al fascismo internacional; pero hoy que la guerra ha entrado en su fase decisiva, esa condición es impostergable porque ha de exigir de todos la máxima cooperación.

Independientemente del número de habitantes, de la extensión territorial y de la riqueza de un país, la separación del gobernante y sus gobernados lesiona el esfuerzo bélico general, resta prestigio a la causa por la que se pelea, entrega argumentos a la propaganda enemiga y contribuye a prolongar la guerra, con la pérdida adicional de vidas, con la destrucción, los sacrificios y todas las calamidades que esta impone.

Uno de los hechos que más han perjudicado y perjudican la solidaridad continental, tan imperiosa en el presente y en el porvenir, es la situación de Centroamérica. Figura entre los máximos argumentos de los quintacolumnistas para afirmar que el decidido impulso que la política del Buen Vecino ha impreso a la fraternidad de América es puramente circunstancial, y que ni la libertad ni la justicia son objetivos de la guerra contra los agresores. Y como, aparte de una general ignorancia de los imperativos históricos del mundo, queda todavía en Centroamérica una subconciencia intervencionista, resulta que no solo hay quien niegue a la política de Franklin Delano Roosevelt su obra ingente en el acercamiento interamericano, sino que le atribuya responsabilidad en el afianzamiento de las dictaduras, que precisamente se propone destruir.

A grandes líneas, esa es la contribución negativa con que el divisionismo centroamericano ayuda a conducir esta gran contienda contra el Eje totalitario. Veamos ahora cuál sería su concurso en la posguerra.

Sin unidad interior, los Estados débiles —pocos o ningunos lo son tanto como los de Centroamérica— no podrían uniformar sus aspiraciones para concurrir con un programa común a la asamblea universal de la paz; pero sí estarían en posibilidad de provocar, con perjuicio de la futura concordia del mundo, conflictos capaces de abrir grietas profundas en la unidad internacional. La división colocaría de un lado a los gobiernos y del otro a los pueblos, restando a Centroamérica posibilidades de incorporarse al gran avance que la victoria de las Naciones Unidas ha de imprimir al progreso de la raza humana.

En trascendental mensaje a su pueblo, conmemorando el primer aniversario de la entrada de México en la guerra, el Presidente de esta República, general de división Manuel Ávila Camacho, hizo la siguiente declaración que honra y engrandece a la democracia universal:

"Durante el año de guerra que hemos vivido, podrán haberse modificado algunos aspectos de nuestra economía y algunas peculiaridades de nuestra existencia, pero no se ha alterado ninguna de nuestras aspiraciones fundamentales. Nuestro régimen no ha incurrido en persecuciones arbitrarias o en medidas drásticas de violencia. Nuestras instituciones no han padecido el agravio de una desviación de las normas políticas que las rigen. Nadie puede presentarse aquí como ejemplo de un abuso de autoridad. El decreto de suspensión de garantías no ha sido empleado en detrimento de ningún interés legítimo. No hemos aprobado ninguna disposición que innecesariamente coarte la libertad de conciencia y de pensamiento. La prensa no está censurada. Toda expresión sincera de la opinión es escuchada con claridad".

Y luego, refiriéndose a la organización de la paz, el gobernante mexicano tuvo estas palabras edificantes: "Por experiencia sabemos que no hay sociedad de naciones capaz de existir si en su seno coinciden los representantes de los Estados libres y los delegados de los déspotas absolutos. Un sistema democrático internacional no logrará nunca fundarse sino sobre un sistema de regímenes democráticos nacionales".

La conservación de los derechos fundamentales del hombre y la organización de una paz que sea expresión libre de las aspiraciones de los pueblos es condición imprescindible para desterrar la guerra y promover la felicidad humana. Así piensa el Presidente de México, y con él, los gobernantes de los pueblos que luchan en el frente de batalla contra la tiranía nazifascista.

En la actualidad no hay un solo gobierno latinoamericano de los que integran el frente antinazifascista que pueda invocar válidamente la amenaza de una guerra civil como justificación para privar de la libertad, por razones políticas, a los hijos del país; y en cambio, cabe afirmar enfáticamente que jamás es posible en nación alguna establecer la unidad del pueblo y del gobierno, mientras este mantenga en las cárceles a simples ciudadanos o a líderes de filiación democrática, como sucede con todos los presos políticos que hay en Centroamérica. Tampoco es realizable esa unidad cuando las libertades, derechos y garantías del ciudadano no tienen otra existencia que la verbalista de los textos legales.

La represalia política y la negación de la libertad nunca han sido condición de paz efectiva. Todo sosiego que se funda sobre ellas es aparente y, bajo su apariencia, vive, lista a encenderse y estallar, la dinamita del odio.

Son muy graves las responsabilidades de la división. Urge, por eso, poner término, desde hoy y para siempre, a las venganzas y persecuciones políticas, para identificar en una sola aspiración a gobernantes y gobernados. Si así no se hace, Centroamérica no podrá cooperar de modo apreciable a la lucha contra los agresores, retardando, por otra parte, su progreso, su reconstrucción en una sola Patria y ofreciendo un obstáculo constante a la unidad permanente y necesaria de América.

La libertad de todos los presos políticos y la restauración, cuando menos, de los derechos esenciales del hombre en Centroamérica son impostergables.

EL POPULAR, 2 de junio de 1943.

EL PAVOR INTENSIFICA LA CRUELDAD

Por terreno minado se mueve el régimen que, según Hitler, estaba forjando una alianza de las naciones europeas contra las plutocracias anglonorteamericanas. No hay un solo sitio de Europa en donde el "nuevo orden" no tenga la planta sobre una bomba de dinamita. Rebeldía, odio, sed inapagable de venganza es la cosecha del exterminio y la crueldad.

Creyeron los nazis que el crimen sin vacilación y sin medida es instrumento eficaz para dominar, unificar y pacificar pueblos. Imaginaron que el asesinato por medio del plomo, la bayoneta, la horca, las torturas, el hambre, es capaz de apagar el ardor combativo de la libertad y convertir a las naciones en lagos de aceite sobre los cuales puede navegar a sus anchas la barca de la tiranía. Se equivocaron los nazis. Las "superiores", que nunca se equivocan, han exhibido y están sufriendo todas las consecuencias de su trágico desconocimiento de la naturaleza humana. Seguramente lo saben ya, pero esta no es hora de volver atrás.

Los nazis tendrán que seguir matando hasta el último momento. No podrán atenuar su crueldad, sino excavarla. La única diferencia es que ahora el crimen, elevado a sus formas más monstruosas, no lo perpetran con la esperanza de que les servirá de instrumento para subyugar al mundo. Esa alucinación pasó a la historia. Hoy fusilan, acuchillan, ahorcan, arrojan patriotas a las hogueras, les compelen al suicidio y les hacen perecer en las forzadas peregrinaciones hacia lejanos campos de concentración —centros de muerte— no porque sueñen todavía con la conquista del mundo, sino porque están convencidos de su derrota y quieren aplazar el castigo destruyendo implacablemente todo elemento que estimen capaz de ser útil a la hora de la revancha. Los "invencibles" no luchan actualmente por la victoria, sino para retardar la visita de la muerte.

LA REBELIÓN EN MARSELLA

Ejemplo de ese pavor criminal es el caso de Marsella. Los nazis ordenaron a Vichy que ordenara la evacuación y destrucción de una zona habitada por más de cuarenta mil personas. En defensa de sus hogares, los marselleses se hicieron fuertes en sus casas y principalmente combatieron contra los nazis, quienes emplearon tanques y artillería contra una población prácticamente inerme.

Procedente de Londres, un mensaje de la UO, publicado ayer, dice que "las tropas alemanas lograron acabar con todos los centros de resistencia en el barrio viejo del puerto de Marsella después de matar a más de 300 hombres y mujeres que se rebelaron contra la orden de los nazis de evacuar esa parte de la ciudad, según noticias recibidas hoy".

Agrega el mensaje que "gran número de habitantes, de los 40,000 que fueron arrojados a la fuerza de sus casas frente al mar, murieron durante la pesada caminata de 35 kilómetros hasta el campo de concentración de Fréjus, a donde fueron enviados. Otras 17 personas se suicidaron antes de abandonar sus casas".

Termina el corresponsal revelando que para lograr destruir la resistencia de los apaches, "los alemanes pusieron fuego a gran número de casas con la artillería emplazada para sofocar la resistencia de los residentes del barrio, cuyas únicas armas eran rifles y pistolas".

Como sucede siempre con cada crimen, los nazis y sus lacayos sostienen que la captura en masa realizada en Marsella se hacía indispensable para limpiar el puerto de "judíos", "comunistas", "degaullistas", "delincuentes internacionales", "personas con antecedentes dudosos" que amenazaban la "seguridad del Estado".

Pero todo eso es música. La realidad es que dentro del "nuevo orden", todos los ciudadanos son judíos, comunistas, degaullistas, en una palabra, patriotas, y que los incontrastables invasores de ayer, temerosos de ser invadidos, tratan de prolongar su agonía circundando el continente europeo con una muralla de fortificaciones.

De la conquista del mundo a la conformidad de un encierro en Europa, buscando en la prolongación de la guerra una paz negociada. De la ofensiva a la defensiva. De la invasión de Inglaterra al pavor de ser invadidos por Inglaterra. De la destrucción de la URSS en seis semanas, al grito de socorro que pretende asustar al mundo con la amenaza del bolchevismo. En esa situación ridícula ha quedado el mayor de los socios del Eje, el infalible, el providencial, el que representa la suprema encarnación del arianismo.

Lo que importa ahora es golpearle pronto, tanto para evitar mayores pérdidas, como ocurriría dejándole que cubra de fortificaciones el continente, como para llegar cuanto antes a salvar de la muerte a los pueblos ocupados. Y parece que es eso lo que se acordó en la Conferencia de Casablanca, Marruecos francés.

El Popular, 1943.

"POR QUÉ LUCHA CENTROAMÉRICA"

Suscrito por Unión Democrática Centroamericana, organización de ideario conocido en el continente, está circulando un pequeño libro que se titula "POR QUÉ LUCHA CENTROAMÉRICA". En la página 48 de tan interesante publicación, encontramos datos impresionantes sobre las condiciones del pueblo centroamericano. Los reproducimos enseguida, a fin de que los hombres libres de todas partes, pero especialmente los de América, no regateen su concurso en la obra que los hijos de Centroamérica han emprendido por borrar de su patria un panorama de miseria, de atraso y de esclavitud que afrenta a nuestro hemisferio y a la civilización. Copiemos:

"Más del 90 por ciento de la población centroamericana carece de propiedad inmueble."

"El 73 por ciento, salvo Costa Rica, es analfabeta."

"El 92 por ciento va descalza y desnutrida."

"Solo una sexta parte del total de niños en edad escolar asiste a las aulas."

"El 91½ por ciento de las defunciones ocurren sin asistencia médica."

"El 56 por ciento de la mortalidad infantil tiene lugar antes de cumplir los nueve años."

"Menos del 2 por ciento de la población lee periódicos, como consecuencia de la miseria y de la presión política ejercida por las dictaduras."

"Exceptuando Costa Rica, los demás gobiernos de Centroamérica no han querido reconocer el derecho de asociación de los trabajadores, con objeto de mejorar sus condiciones de vida y su bienestar personal."

Al final de la página se hace el siguiente comentario:

Aspiraciones tan justas y humanas las toman y persiguen implacablemente los tiranos, respaldados por las fuerzas reaccionarias, como "brotes de comunismo".

No existe ningún dato sobre salarios, pero por las condiciones apuntadas puede inferirse que no son simplemente de hambre, sino de miseria.

Esa es la tiniebla de inanición, de ignorancia y de despotismo que pesa sobre el pueblo de Centroamérica.

PROGRAMA MÍNIMO

Se ha dicho que América es el continente de la libertad, de la prosperidad y de la felicidad; pero el pueblo centroamericano y otros más de la América Latina, gemelos de su suerte en su carne y en su esperanza, sufren las crueldades del despotismo y no comparten afirmación tan optimista.

No hay democracia ni bienestar en la mayoría de los pueblos de América. Lo que hay son cadenas, cárceles, ejecuciones, destierros, miseria, enfermedades, ignorancia, explotación injusta. Necesitamos acabar definitivamente con este escenario de tragedia, para que nadie ponga en duda nuestra sinceridad y tengamos derecho de afirmar que estamos luchando por la destrucción del totalitarismo y no para disputarle a Hitler el privilegio de imponerlo.

Para atenuar esa situación afrentosa, que provoca escalofríos de horror, la UDC propone la unificación de los pueblos y gobiernos centroamericanos, a base de un programa modesto que apenas constituye —así lo hace ver la Asociación— "una parte mínima de lo que se ofrece a la humanidad en la Carta del Atlántico". Es el siguiente:

"Restauración efectiva de las libertades y de los derechos fundamentales del ciudadano."

"Libertad inmediata de todos los presos políticos."

"Garantía positiva de libertad electoral."

"Abolición de todo continuismo y de cualquier reforma constitucional que tienda a legalizarlo, antes o después de la guerra."

"Integración de los gobiernos con elementos de insospechable y probada filiación democrática."

Si esta guerra se pelea para conquistar la permanencia de la paz, salvando a los pueblos de la opresión y la necesidad, no se explica que las naciones que no han sido ocupadas por el agresor y forman parte del frente de las Naciones Unidas, se hallen bajo el yugo de tiranías nazidemocráticas. Y, sin embargo, es el caso de Centroamérica.

A pesar de este absurdo, el pueblo centroamericano, temeroso de ocasionar perjuicios a la causa democrática mundial, ha reprimido su rebeldía y sobrellevado con estoicismo, pero sin claudicación, la afrenta de verse oficialmente representado, en una lucha que tiene como finalidad defender la libertad, la civilización y la justicia, precisamente por quienes son, dentro de su patria, los más encarnizados enemigos de los derechos del hombre. Ha faltado, naturalmente, al pueblo el entusiasmo y el vigor que da la unidad de gobernantes y gobernados, y ya no cabe aplazarla.

Pasó ya la etapa del peligro porque ha muerto para el Eje toda esperanza de victoria. Ningún motivo subsiste para que la Carta del Atlántico, siquiera en cuanto se relaciona con los derechos esenciales del ser humano, no principie a funcionar en América.

EL POPULAR, septiembre 11, 1943.

CAMINO DE LA LIBERTAD

Es siempre difícil que se comprenda una posición de lucha que no preconiza la violencia como factor primordial para abolir el despotismo. Gran número de luchadores creen que en las batallas por la libertad lo único práctico es el rifle, como si el rifle destruyera por sí mismo las causas que alimentan la tiranía y creara las condiciones sobre las cuales necesita sustentarse el derecho para adquirir carta de permanencia.

En determinados momentos, cuando se ha construido la base sobre la cual ha de levantarse el edificio de la libertad, las armas pueden ser elemento indispensable. Antes de que ese requisito se haya cumplido, su empleo, aun resultando victorioso, podrá cambiarle representante a la tiranía, pero no destruirla, porque los elementos en que descansa no sólo seguirán viviendo, sino que serán siempre la fuerza dominante, y su derrota, necesariamente transitoria, no les privará de la capacidad de reaccionar y de imponerse.

Cuando la violencia por sí sola arroja del solio a los tiranos, no puede hacer otra cosa que reemplazarlos por otros. Aunque las personas que los hayan sustituido sean apóstoles de la libertad, si la base sobre la que deben actuar es la misma que sostuvo a la tiranía, toda nueva y avanzada estructura política que intenten erigir tendrá que desmoronarse, y a los apóstoles no les quedará otro camino que rendirse ante la imposición de la realidad imperante, transformándose en dictadores, o caer expulsados por esa misma imposición. A este fenómeno se debe que en varios países —los de Centroamérica, por ejemplo—, pese a la noble intención de algunos de sus gobernantes, la libertad no haya vivido sino a manera de relámpagos esporádicos que hieren la noche de la tiranía.

Pero si los sistemas de gobierno no mueren como consecuencia de la acción armada sin que previamente el medio haya perdido las condiciones que los sustentan, quiere decir que para que las victorias de las armas sean perdurables es imprescindible preparar primero el terreno que ha de nutrir los ideales por los que se lucha.

Esencialmente, el origen de la esclavitud política en varios países de nuestra América Latina es económico. De manera que si no removemos la causa que nos impide ser libres, continuaremos siendo esclavos, independientemente del éxito de las armas.

Todos los pueblos necesitan de la unidad nacional para servir la libertad e imponerla; pero para los débiles esa condición es imprescindible. Divididos, nunca tendrán fuerza para escapar de la cárcel económica en que viven.

Hace pocos días, hablando en la sesión extraordinaria del XXIII Consejo Nacional de la Confederación de Trabajadores de México, decía Lombardo Toledano que los golpes de Estado no van a engendrar la democracia en la América Latina, sino a crear la posibilidad de que las dictaduras de tipo personal afiliadas a la causa de las Naciones Unidas sean reemplazadas por "regímenes con una teoría fascista al servicio de los intereses del Eje".

"Yo sé bien —expresó— que existe una aspiración legítima en tantos y tantos latinoamericanos, centroamericanos, exiliados en México hace mucho tiempo, que desearían cambiar la situación de su pueblo, pero no es este el momento, camaradas, hermanos de la América Central. No es este el momento. Ustedes, sus pueblos, han esperado cien años. Esperen unos años más. Tienen una centuria de estar esperando el advenimiento de la democracia. No le hagan el juego al fascismo. Esperen. Las dictaduras de tipo personal basadas en regímenes semifeudales, de latifundio, de ausencia de industria, desaparecerán en la postguerra. Desaparecerán, no porque nosotros lo deseamos desde el punto de vista de nuestro ideal, ni porque creamos que se vaya a crear un ambiente mental tan importante en el mundo que estos gobiernos se van a caer solos. No. Se van a caer, como se caen siempre los regímenes en la historia, por causas fundamentalmente económicas".

Precisó luego que las contradicciones internas creadas por el proceso económico en cada una de las naciones oprimidas, lo mismo que el aumento de las contradicciones de las fuerzas imperialistas, serán factores que ayudarán eficazmente a los pueblos coloniales y semicoloniales en la conquista de su independencia nacional. E insistió, acto seguido, en que debemos esperar y, entretanto, luchar contra el fascismo para acelerar el fin de la guerra, porque a medida que menos se prolongue, más pronto vendrá la etapa del ascenso a la vida democrática en nuestros países.

No ha variado, por eso, la consigna; sigue siendo la misma desde que nuestras naciones entraron a la guerra: Unidad Nacional para ganar la guerra; unidad mundial para ganar la guerra y para ganar la paz. Después del pacto de Teherán, no solo la guerra está asegurada en cuanto a que producirá la victoria de las Naciones Unidas, sino que también la paz está asegurada en cuanto a que producirá la victoria de los pueblos que se han sacrificado en esta contienda.

Todos los países podrán aprovechar este momento de liberación que les abre la marcha de la historia, menos, desde luego, y esta excepción la señaló el Presidente de la CTAL, aquellos que por su división interna y su impreparación representen focos de resistencia, antes que puntos de apoyo a la corriente de renovación que pasa por el mundo.

Seguramente muchos no estarán de acuerdo con la actitud de Lombardo Toledano, pero los hechos bastan para destruir todos sus argumentos. El gobierno dictatorial que presidía en la Argentina el doctor Ramón Castillo fue derrocado por un golpe de cuartel. Le sucedió el general Pedro Ramírez, y a pesar de las promesas democráticas hechas al pueblo, que salió a las calles a celebrar la caída del régimen fascistoide, Ramírez instauró una dictadura peor que la de Castillo.

La fuerza militar derrumbó también a Ramírez, y el general Farrell, que le sustituyó en el mando, ha superado a su antecesor en métodos opresores. En Bolivia, un golpe militar arrojó del poder al general Peñaranda, y la llamada Junta Revolucionaria que le ha sucedido en el ejercicio del poder nada tiene que pedirle al dictador depuesto.

Las dictaduras de Guatemala, de El Salvador y de Nicaragua son hijas de cuartelazos. Son numerosos los ejemplos para demostrar la improcedencia de los golpes de Estado, pero con los citados se podrá comprender que si ayer la violencia no fue el camino de la democracia, en las condiciones actuales del mundo no puede servir sino para quitar a los pueblos la oportunidad de unificarse y aprovechar la hora de liberación que les ofrecerá el desenlace de esta guerra.

Es hora, pues, de que procedamos a luchar por la unificación nacional en nuestros países, como primer paso necesario para que la libertad no tenga entre nosotros otra existencia que la de esos relámpagos esporádicos que solo sirven para dejar más negra nuestra esclavitud.

El Popular, abril 18, 1944.

LAS MUJERES DE HONDURAS

Mensajes de prensa publicados en esta ciudad revelan que hubo en la capital de Honduras una manifestación de varios centenares de mujeres, encabezada por la señora Carlota de Valladares, viuda del doctor Paulino Valladares, uno de los más grandes editorialistas políticos hondureños; por la escritora argentina Díaz Lozano, ya de renombre continental; y por Visitación Padilla, la más fogosa e indomeñable defensora de las libertades públicas en nuestro país.

Noticias de origen privado informan también de la presencia en la manifestación de la señora Enma viuda de Bonilla, esposa del ex-Presidente de Honduras, doctor Policarpo Bonilla, bajo cuyo gobierno se emitió la Constitución más liberal y avanzada de su tiempo en Centroamérica, la cual provocó una verdadera revolución política en Honduras. En defensa de los principios de esa Constitución, el pueblo hondureño ha ido varias veces a la guerra, y el general Carías debe recordar que él figuró entonces entre sus defensores.

Integrada por elementos de todas las filiaciones políticas, la manifestación desfiló por las calles de Tegucigalpa bajo las banderas de Honduras y de Estados Unidos, hasta llegar a la Casa Presidencial, para pedir al gobernante la libertad de los presos políticos, una amnistía general y elecciones libres.

Informa una exclusiva de The New York Times, fechada en Panamá, que la respuesta del dictador a las manifestantes fue que celebraran todas las manifestaciones que quisieran; pero que él daría a conocer por medio de la prensa las razones que le asisten para no liberar a los presos políticos, a fin de que el pueblo hondureño juzgue su conducta.

Ninguna agencia de información ha dicho hasta hoy que se haya publicado la prometida exposición de motivos y, en cambio, varias han comunicado que el presidente Carías, contrariando la autorización para celebrar manifestaciones hecha a las peticionarias, decretó una rígida Ley Marcial, que prohíbe el estacionamiento de más de tres personas en la vía pública.

Esperamos que el Ejecutivo hondureño cumpla su promesa. Sería realmente interesante que el general Carías publicara las causas en que se funda para mantener en las cárceles, por largos años y sin forma ni figura de juicio, a centenares de hondureños que, amparados en las propias leyes de su país y en las normas de convivencia que rigen a la sociedad civilizada, cometieron el "delito" de adversar a una dictadura que ha suprimido todos los derechos humanos.

Aunque el pueblo hondureño ha emitido su fallo sobre la injusticia de los encarcelamientos, una publicación que contuviera los motivos por los cuales las cárceles de Honduras viven llenas de prisioneros políticos serviría para que las naciones democráticas, que en esta guerra pelean por abolir todo vestigio de tiranía a lo largo y ancho del globo, conociesen por la propia boca oficial de ese país los métodos empleados para destruir la libertad del pueblo.

¿Qué habría ocurrido si la manifestación, en vez de ser integrada por mujeres, lo hubiese sido por hombres? La respuesta puede darla cualquiera: todos ellos estarían en las cárceles, comprendidos en las razones que el gobernante tiene para no libertar a los presos políticos y para conservarse indefinidamente, sin elecciones y contra la voluntad de su pueblo, en la Presidencia de la República.

¿Puede ese fenómeno ocurrir en una democracia? ¿Qué delito cometen entonces los que luchan por restaurar en su patria el orden constitucional destrozado por una dictadura? ¿Quién es el delincuente: el que viola la ley o el que exige su aplicación?

El Popular, mayo 1944.

DESCOMPOSICIÓN DE LAS DICTADURAS CENTROAMERICANAS

Se están pudriendo los despotismos centroamericanos. Su descomposición avanza de modo tan rápido e intenso que la pestilencia traspasa las fronteras, se difunde por todas partes y empieza a volverse intolerable para el continente y para el mundo. Pese a todas las sulfas que los dictadores emplean para combatir la infección, pese a todos los desinfectantes con que pretendan purificar la atmósfera, el pus chorrea incesante y copioso del cuerpo de la tiranía y el aire no pierde sus condiciones mefíticas.

Organismos cargados de gusanos, las satrapías de Centroamérica sufren la fatalidad de su desmoronamiento, mientras a la distancia los pueblos libres palpan complacidos el proceso de su desintegración.

En el silencio y en la sombra los pueblos centroamericanos se agitan. Los dictadores advierten que crepita el andamiaje que sustenta su salvajismo, se alarman, amenazan, encarcelan y asesinan; pero desfallecen al darse cuenta de que las fuerzas que los minan continúan imperturbables laborando para derrumbarlos. Están allí, circundando su propio organismo, gastando sus centros viales y sin embargo, no pueden localizarlas. Son fuerzas invisibles, movidas por la voluntad nacional.

Lo único que consuela a las dictaduras istmeñas es el pasajero alivio de la política de partido. Es la única medicina que las galvaniza ofreciéndoles la esperanza de seguir viviendo. Si no fuera eso, hace tiempo que habrían entrado en el reino de los difuntos.

Pero la intuición de los pueblos centroamericanos, con mayores alcances que la mayoría de sus líderes, marcha hacia la unidad. Los pueblos han sentido que la división engendra la impotencia y no quieren continuar divididos.

Largos años de tiranía les han enseñado que deben unificarse, que pueden unificarse y están decididos a realizar la unificación. Se unirán, indudablemente, porque la unidad, bajo el común infortunio, no es privilegio de ningún pueblo en particular, sino condición de la humanidad.

A medida que la unidad crece, más se exacerba la suspicacia y el temor de los dictadores. El grupo que los rodea disminuye constantemente por causa de sus propias rivalidades, hace crecer la mutua desconfianza, intensifica el aislamiento y vuelve cada vez más difícil descubrir los trabajos de las fuerzas populares.

Pero la corriente unitaria de los pueblos de la América Central no es obra exclusiva del infortunio. Es repercusión de las finalidades de esta guerra, es necesidad instintiva de contribuir a que la paz se sustente sobre una organización mundial capaz de hacer triunfar en todas las partes de la tierra los derechos del hombre y afirmar el sosiego general de la humanidad.

Después de la experiencia de 1914 y de la que estamos sufriendo ahora, existe la posibilidad de que no vuelva a repetirse una conflagración mundial, si la victoria contra el nazifascismo logra establecer una convivencia que elimine la inseguridad en el trabajo, la remuneración adecuada e iguales oportunidades de salud y de cultura para todos. Bastará que se realice esta superación elemental de la justicia para que la libertad alcance en todos los pueblos uno de sus máximos florecimientos y quizás para que las necesarias transformaciones que impondrá la marcha del progreso, se lleven a cabo sin sacudidas sangrientas de carácter universal.

No es natural que una época se liquide sin lucha, pero la actual ha tenido, aparte de los de orden parcial, dos baños mundiales de sangre. ¡Y qué baños! ¡Han sido océanos de ese líquido vital los que la raza humana ha derramado buscando la paz y la justicia, el progreso y la libertad! No es infundada, por eso, la esperanza de que en el porvenir las guerras se localicen, convirtiéndose en simples guerras civiles, especialmente si la política de no intervención se practica lealmente.

TORPEZA DE LOS SÁTRAPAS

Los pueblos centroamericanos, enemigos de la tiranía como todos los pueblos, habían decidido permanecer en paz mientras el nazifascismo no hubiese sido definitivamente derrotado. Esa era su determinación porque, conscientes de su pequeñez, han querido contribuir, siquiera sea con la conservación de la paz, al esfuerzo bélico de las Naciones Unidas; pero los dictadores los han provocado. Interpretan como incapacidad para la lucha la voluntaria actitud popular, y en vez de aprovecharla para entrar lealmente en la corriente democrática que pasa por el mundo y a la cual manifiestan reforzar, exacerbaron su despotismo seguros de que si en el curso de la guerra nada podría derrumbarlos, al final de la misma se presentarían circunstancias favorables a la prolongación de sus satrapías.

La torpeza de los déspotas es la responsable de la alteración de la paz; pero tal vez lo que ha ocurrido sea lo mejor. Es indudable que las guerras civiles, por ínfimo que sea el país en donde estallen, siempre constituyen un perjuicio al esfuerzo bélico antifascista; y también es cierto que si han de estallar inmediatamente después de obtenida la victoria militar contra la agresión, dañarían sensiblemente la organización de la paz. Sin embargo, es universal el pensamiento de que la guerra nunca se habría ganado si perdiéramos la paz.

Aunque el ataque a la "muralla del Atlántico" parece inminente, tal vez habría oportunidad de liquidar el despotismo en Centroamérica antes de que el Segundo Frente se estableciera. Si eso fuese posible, se evitarían los perjuicios que la guerra civil en estos países pudiera ocasionar al esfuerzo de guerra de las Naciones Unidas y a la organización de la paz.

EL POPULAR, junio 1, 1944.

EL AMOR A LA PAZ

El General Carías ha dicho siempre que él es un defensor inquebrantable de la paz y que solo su profundo amor a la paz le arrastró al establecimiento de la dictadura. Aunque ningún hombre libre puede justificar los procedimientos empleados por el Presidente Carías para mantener la paz, aceptemos su explicación. Convengamos en que su régimen dictatorial fue necesario para llevar a la mente de los hondureños la convicción de que deben unirse para restaurar sus instituciones democráticas. Pero esa finalidad está cumplida. Ahora la inmensa mayoría de nuestros compatriotas adversan la dictadura y, a excepción de unos pocos, todos comprenden que la unidad es la única forma que puede salvarlos. Ninguna duda que la defensa de los intereses nacionales y su desarrollo, que la prolongación de la paz —si la paz ha sido la impuesta por el General Carías— tiene que fundarse en el respeto al derecho de todos.

La hora es decisiva. Si el Carías es un sincero amigo de la paz y todavía puede evitar la guerra, vamos, y el único medio de que nos precipitemos en ella es restaurar el orden constitucional, libertar a los presos políticos, decretar una amplia amnistía y garantizar la libertad del sufragio, como la pidieron las valerosas mujeres manifestantes, interpretando el sentimiento unánime del pueblo hondureño.

La corriente democrática ha llegado a la América Latina con fuerza incontenible. Pretender contenerla sería ahogarse en ella sin evitar que continúe su marcha. El Salvador y Ecuador son ejemplos palpables. Todavía es posible lograr en Honduras una evolución pacífica; pero para eso es imprescindible que el gobernante ponga fin a la dictadura. De ahí depende la paz y la restauración del proceso democrático en nuestro país. Corresponde al General Carías decidir si la alternabilidad en el poder debe resolverse en la lucha cívica o en la guerra.

Ojalá que el gobernante hondureño comprenda la hora que vive el mundo y quiera salvar a su patria de una catástrofe. Así lo esperamos todos aquellos que, excluyendo los designios del odio, deseamos la vida libre, armoniosa y progresiva de Honduras y de sus hijos.

El Popular, junio 6, 1944.

EL MOVIMIENTO POPULAR EN HONDURAS

Prosigue la agitación del pueblo hondureño. A la manifestación de mujeres, que culminó integrada por gran número de hombres, han sucedido las más grandes en la ciudad de Tegucigalpa, en todas al general Carías Andino que renuncie a la Presidencia de la República.

El movimiento popular ha pasado de la capital a varias zonas del país y tiende a generalizarse en toda la extensión del territorio nacional. En las ciudades de Choluteca, La Paz, San Pedro Sula y Ocotepeque se han organizado manifestaciones con el mismo objeto que las habidas en Tegucigalpa.

Las manifestaciones departamentales han dejado un lamentable saldo de muertos y heridos. Esos trágicos resultados están aumentando la fuga de hondureños hacia los países vecinos, multiplican los odios, enardecen los ánimos y propician el estallido de una guerra civil. Del Departamento de Ocotepeque es constante el éxodo de compatriotas a la República hermana de El Salvador. Y según informaciones privadas, muchos hondureños han cruzado también las fronteras de Guatemala y Nicaragua.

El General Carías y algunos de sus amigos han querido contrarrestar la agitación popular organizando manifestaciones en favor del gobierno. Con ese fin se efectuó recientemente una manifestación en Tegucigalpa, en la que se exhortó al pueblo a la conservación de la paz. No creemos que el procedimiento empleado conduzca a esa finalidad. Precisamente lo contrario puede lograrse con una táctica que indudablemente será estimada por el pueblo como un desafío a su determinación por cambiar el orden de cosas existentes.

A propósito de esta manifestación, la Prensa Asociada comunica desde Tegucigalpa: "Se dice que los manifestantes excitaron al Presidente Carías para que continúe en el poder hasta que termine su período". Si el "se dice" empleado por el corresponsal no expresa sino un deseo personal suyo, la excitativa puede ser tomada como una provocación a la guerra, porque la protesta general del pueblo en este momento es precisamente contra el continuismo.

Lo que el pueblo hondureño desea es que se dé una amplia amnistía, que se restauren los derechos y garantías individuales y se convoque a elecciones dentro de un plazo racional. Si esto no se hace, juzgamos imposible impedir que se produzca el choque violento entre el gobierno y el pueblo y veamos dentro de poco ensangrentado el país.

Para cumplir estas condiciones, el general Carías puede seguir el curso de la Constitución que él y sus amigos consideran vigente. Comprendemos que sería inútil tratar de convencerle de que entregue el mando a un miembro de la oposición. Si esa fuese nuestra finalidad, llegaríamos a un punto en que toda solución pacífica fallaría.

SOLUCIÓN DEMOCRÁTICA

Pocos —si es que los hay— serán los hondureños que desean resolver a tiros el problema nacional. La mayoría quiere una solución democrática, y podría realizarse si el general Carías y quienes le aconsejan que se perpetúe en el poder pueden apreciar la imposibilidad de salvar al continuismo.

En 1924 —el general Carías debe recordarlo— el autor de este escrito trabajó para que el problema electoral tuviera una solución pacífica y hasta se llegó a un arreglo que fue roto por la intransigencia incomprensiva. Vino la guerra, y el resultado fue prácticamente el mismo que dos de los candidatos a la Presidencia —el doctor Juan Ángel Arias y el propio general Carías— habían concertado.

Aunque no se trata esta vez de una lucha electoral, el caso presente tiene sus semejanzas con el de 1924. Si los partidarios del continuismo se empeñan en mantenerla, provocarán la guerra para despertar mañana, después de ensangrentar el país, frente a la realidad de que fueron inútiles sus esfuerzos para frustrar la determinación popular. ¿Cuál puede ser entonces el objeto de arrastrar la Nación al desastre, para ensayar la conquista de ambiciones que no podrán realizarse?

No hay derecho para derramar sangre tras una finalidad no sólo antidemocrática, sino imposible de alcanzar. Dado el estado de agitación en que se encuentra el país, desde ahora puede preverse que serán inútiles todas las combinaciones que se hagan para impedir la renovación del poder. Esto lo puede comprender cualquiera que no cierre deliberadamente los ojos ante la realidad circundante. Por eso es deber de todo hondureño, ya sea amigo del gobierno o miembro de la oposición, esforzarse porque ese cambio se opere dentro de la paz y mediante procedimientos democráticos.

Una solución pacífica apagaría la generalidad de los odios, abriría al nuevo gobierno caminos para encauzar la conciliación nacional e impulsar sobre la unidad de todos el progreso económico y político del país.

Hay que dominar el egoísmo —personal y de grupo—. Hay que dominar el odio y la vanidad. Hay que tomar fuerza para sobreponerse a todas las tentaciones continuistas y ceder el paso a la marcha democrática de la Nación. Inclinarse ante los reclamos de la justicia y la libertad es la mayor valentía del hombre. Y de esto sí puede vivirse orgulloso.

No como adversarios, no con finalidades mezquinas, sino como hondureños y para el bien de Honduras, queremos excitar al general Carías para que evite a nuestra patria los horrores, las miserias, la sangre y el dolor de la guerra civil.

Nuestro deseo es que nos oiga, porque si se aferra a la conservación del poder, nada podrá impedir una solución sangrienta y quién sabe cuál vaya a ser la suerte de Honduras el día en que la cólera del pueblo se derrame por nuestros campos. No queremos pensar siquiera en las consecuencias de una lucha armada entre hermanos después de doce años de dictadura. Sería el galopar de los jinetes del odio sembrando por todas partes la devastación y la muerte.

EL POPULAR, julio 13, 1944.

LA GUERRA CIVIL EN HONDURAS

Por diversos caminos y de rumbos diversos afluye actualmente la población de Honduras al pequeño y superpoblado territorio de El Salvador. La república vecina y hermana se ha convertido en el punto de cita de los nuevos y los antiguos exiliados políticos hondureños. Y como el número de fugitivos de la dictadura aumenta todos los días paralelamente al incremento de la represión, los recién llegados encuentran cada vez más escasas las oportunidades de trabajo para satisfacer sus necesidades. Se está creando, si no se ha creado ya, un serio problema de subsistencia para la emigración. En esas condiciones la guerra civil será más que la consecuencia lógica de la congregación de los desinteresados en el mismo sitio, el impulso mecánico de imperativos vitales. A la guerra, que es campo de muerte, se irá buscando la oportunidad de vivir.

Derrotar la dictadura es meta común de la oposición; pero en ella subsisten los intereses personales y banderizos. No se ha podido integrar un frente nacional que tenga como objetivo la unidad militar, para la lucha armada contra el despotismo, y la unidad política, para hacer surgir de su seno el futuro candidato a la Presidencia de Honduras.

Cada grupo entrará a la pelea sin disolverse en la unificación general. Si cae la dictadura, al final de la lucha habrá dos grupos armados que seguramente se pondrían de acuerdo en la designación de un Presidente interino, pero no en desunirse ni en presentar un candidato común. Bajo esas circunstancias se desarrollaría una lucha electoral.

En un país de tradicional funcionamiento democrático, no habría razón de inquietarse por esta actitud de los grupos de oposición; pero como en Honduras, por libres que hayan sido las elecciones, el grupo derrotado, inconforme con su derrota, alega generalmente que hubo imposición o acude a la violencia, lo más probable es que el acto electoral resultará inútil y hubiese que decidir en una nueva carnicería cuál de las facciones ha de quedarse en el poder.

Las probabilidades de triunfar en esta segunda matanza las tendría el grupo mejor armado y, como consecuencia, pudiera suceder que el vencedor en la guerra fuese precisamente el vencido en los comicios.

Sobra decir que el gobierno que así surgiera no representaría la voluntad popular y otra vez habríamos caído en la dictadura. ¿Alguien desea asumir la responsabilidad de sacrificar vidas o destruir riquezas para volver al pasado?

No creemos que sea patriótico ni humano que las fuerzas contrarias a la tiranía vayan a la guerra y lleguen a la victoria subordinadas a intereses de facción. Al menos eso nos revelan los peligros que hemos señalado.

FRENTE NACIONAL

Tanto para derrocar la dictadura como para estabilizar en seguida la paz, se impone el frente nacional. Es necesario crear ese frente para instaurar un gobierno que pueda dejar al pueblo en libertad de manifestarse en sus efectivas aspiraciones y tendencias. Hacen falta partidos en nuestro país, y este es el momento de organizarlos. Los primitivos tuvieron su momento creador, pero se hundieron más tarde en el estancamiento, en el absurdo y en la incapacidad.

Siempre que en Honduras ha habido elecciones libres o semilibres, la mayoría de la Nación ha votado contra los candidatos del partido gobernante. La constancia de este fenómeno es indicio claro de que el pueblo se ha sentido continuamente defraudado, y careciendo, por razones obvias, de posibilidades para enfrentarse en las viejas maquinarias políticas, no ha tenido otro medio de reprobar su gestión gubernativa que derrotarla cada cuatro años, en las luchas por la renovación del poder.

De un bando a otro ha oscilado periódicamente en Honduras la marcha electoral, sin resultado, desde luego, porque el nuevo gobierno ha dejado igual o peor la situación de miseria, de ignorancia y de insalubridad prevaleciente. Largo y penoso ha sido el viacrucis de los hondureños bajo la acción de los viejos partidos, pero cada vez se ha hecho más ostensible, frente a la repetición de los fracasos, la necesidad de liquidarlos.

La dictadura, uniendo a los fracasos tradicionales su irresponsabilidad y sus crueldades, ha intensificado este sentido en nuestros compatriotas. Hoy la inmensa mayoría anhela un régimen que elimine los errores y las miserias del pasado; pero es claro que si se va a la lucha enarbolando banderas de facción, un gran número de hondureños que adversan la dictadura, pero que votaron por la planilla cariísta en las elecciones presidenciales de 1932, rodearán al dictador no por disciplina ni por amor al partido, sino por instinto de conservación. Temerán que se les considere solidarios con la tiranía y la defenderán a pesar de repudiarla.

Esta circunstancia impondrá mayores sacrificios para derrocar el despotismo y frustrará la oportunidad de unificar al pueblo en un gran frente mayoritario, condición necesaria en un país débil y de

378

población minúscula para estabilizar un régimen democrático y dar impulso eficaz al progreso nacional.

Cualquiera de los aspirantes a la Presidencia en el seno de la oposición que contara con mayoría en el frente nacional podría ser candidato, y le apoyaríamos todos. Desde luego, el autor de este artículo se excluye de toda aspiración presidencial.

Aunque al principio surgieran muchas aspiraciones, al final las divisiones internas desaparecerían porque la opinión liquida a los candidatos de minoría para unificarse en torno del candidato mayoritario. Sucede así porque generalmente nadie quiere perder disgregándose, y quienes lo hacen son siempre tan pocos que su disgregación no destruye la unidad general.

Dentro de una solución de esta índole, ninguno de los que luchan y están resueltos a luchar contra la dictadura quedaría mañana contra su voluntad como vencido. Esta consideración es fundamental, porque hoy el pueblo hondureño adversa en masa a la dictadura y no tenemos derecho a dividirlo pensando en otro partido que no sea el que integre la oposición.

¿Es imposible que nos decidamos a dar a Honduras la oportunidad de obtener una victoria tan real, tan entera y tan justa como jamás la ha tenido a lo largo de su historia?

EL POPULAR, agosto 17, 1944.

PUEBLOS Y USURPADORES

Si la soberanía reside esencialmente en el pueblo, las resoluciones internacionales en que intervengan representantes de gobiernos usurpadores no pueden crear a sus países obligaciones legítimas, por más que los representantes de los otros Estados les concedan capacidad jurídica para contratar.

Ningún pueblo puede considerarse legalmente obligado cuando la represión de una tiranía le priva de la oportunidad de ser oído a través de sus auténticos representantes, aunque un convencional derecho de gentes acepte como actos soberanos de las naciones los realizados por detentadores del poder exteriormente reconocidos como mandatarios legítimos.

Calificar la legalidad de un gobierno es atribución primordial y privativa de la soberanía y, de esa suerte, todo reconocimiento exterior debe fundarse, antes que en consideraciones prescriptivas de orden temporal que presuman la legitimidad, en el consenso popular, libre y expreso, sobre el régimen establecido.

Debe ser así tanto porque la soberanía es imprescriptible, como porque de otra manera no serían los pueblos, sino los extraños quienes rigiesen sus destinos, y el derecho de autodeterminación continuaría siendo, después de esta guerra por la victoria de la democracia, el derecho teórico que siempre ha sido.

Si la victoria contra el totalitarismo ha de constituir una victoria de la justicia, sería un atentado contra la soberanía aceptar como representantes de los pueblos en las conferencias internacionales a los delegados de la usurpación y el despotismo.

Surgido de un golpe militar, existe en Argentina un régimen opresor al que no reconocen la mayoría de las repúblicas de América. No puede reprocharse esta actitud americana hacia un gobierno que, traicionando la causa de las Naciones Unidas y la de su propio pueblo, ignora las obligaciones interamericanas, falsea la solidaridad continental y, en esta gran lucha por la salvación y difusión de la democracia en el mundo, exhibe el designio de convertir a su patria en el refugio donde el nazifascismo pueda continuar viviendo después de su derrota.

Tampoco es censurable el aislamiento diplomático impuesto al régimen nazifascistizante del general Edelmiro Farrell; pero no estimamos justo que esa medida se haga extensiva al pueblo argentino, cuya filiación democrática, reconocida de uno a otro extremo de América, no permite que se le confunda con el usurpador. Imponer a la víctima la misma responsabilidad y el mismo castigo que al victimario no parece un derecho adecuado para fundar sobre la justicia la futura convivencia humana.

Pero hay en la América Latina gobiernos semejantes al de Farrell sobre los cuales no pesa el aislamiento diplomático. A pesar de ser regímenes usurpadores, a pesar de hallarse nacionalmente repudiados y aborrecidos, a pesar de que sus pueblos son sinceramente antitotalitarios, a pesar de falsear la unidad americana con sus métodos represivos de barbarie y de crimen, a pesar de traicionar la causa de las Naciones Unidas provocando una permanente agitación popular que repercute contra el esfuerzo bélico general, a pesar de su odio cavernario a la democracia y de su amor secreto pero indeclinable al nazifascismo, se les reconoce como gobiernos legítimos con derecho a participar en la gran asamblea para la futura organización de la paz y la seguridad del mundo.

Los delegados de tales satrapías serán los representantes de un totalitarismo primitivo y bestial, pero nunca de la voluntad ni de las aspiraciones nacionales. Por caminos distintos, el resultado es el mismo: la exclusión de los pueblos. En el caso argentino, porque no se reconoce como gobierno legítimo a la usurpación, y en los otros, porque se la reconoce.

Confundir al pueblo argentino con el régimen de Farrell tiende a convertir la exclusión en un caso de honor nacional y a dar a la usurpación la oportunidad de conquistar el apoyo popular de que carece.

Y en el caso inverso, incluir al pueblo tiende a fomentar el resentimiento nacional contra las Naciones Unidas y a desatar peligrosas dudas sobre las verdaderas finalidades de esta guerra.

Todas estas contradicciones deben abolirse, generalizando desde ahora el funcionamiento de las instituciones democráticas en América o buscando el medio de que los pueblos estén auténticamente representados. Lo procedente es excluir a los usurpadores y no a las naciones.

Porque ni con exclusiones absolutas, ni con representaciones bastardas se sirve a la libre determinación popular, sin cuya eficacia no será posible levantar la perdurable estructura de una paz que tenga como pilares fundamentales la libertad y la justicia.

Hay que contar con una norma internacional concreta que garantice en todas partes los derechos humanos, y esa norma no puede forjarse sin oír previamente la voz legítima de los pueblos.

Hay que crear un Tribunal de Justicia mundial integrado por representantes de los pueblos y no de sus verdugos. Un Tribunal a donde los pueblos puedan llevar sus quejas y sus reclamaciones. Un Tribunal con facultades para fallar contra los transgresores de los principios por cuyo imperio el mundo se viene sacrificando en esta gran conflagración y con capacidad para imponer el funcionamiento de estos mismos principios.

Si se trata de coordinar fuerzas para mantener la paz y la seguridad del mundo, no hay razón que impida hacer lo mismo para hacer efectivo el derecho a lo largo y a lo ancho de la tierra.

El Popular, septiembre 6, 1944.

LA GUERRA IRREGULAR: EL DÉBIL CONTRA EL FUERTE

Hay una forma especial de lucha bélica a que los pueblos han acudido numerosas veces, desde la antigüedad hasta nuestros días, para expulsar de su territorio al invasor extraño o para derrocar tiranías internas: es la guerra irregular, pequeña guerra, guerra de paisanos o guerrilla, como habitualmente se la llama.

Guerra de grupos, en su mayoría civiles con equipo escaso y heterogéneo, contra fuerzas superiores en número y en elementos, la guerrilla tiene como características esenciales la movilidad, la tenacidad, la astucia y la osadía, estimuladas por la pasión y la libertad. Sin imaginación, sin agilidad en el pensamiento y en la acción, sin empeño terco e intrepidez serena, no hay guerrillero.

En la lucha del débil contra el fuerte, la sorpresa es condición imprescindible. La guerrilla ha de dar golpes súbitos al enemigo cuando se estaciona desprevenido; ha de preparar emboscadas para atacar las cabezas de columna de las formaciones en marcha, retirándose antes de que sean reforzadas; ha de realizar incursiones en la retaguardia, las comunicaciones y depósitos de abastecimientos; ha de idear celadas y estratagemas para engañar al adversario y batirle con facilidad; ha de atacar convoyes; en suma, la guerrilla ha de fraguar y aprovechar todas las oportunidades que se le presenten para hostilizar y debilitar al enemigo sin comprometerse a fondo, sino en aquellos casos en que sus fuerzas puedan ventajosamente batir al enemigo.

La noche debe ser compañera y cómplice de la guerra irregular. Bajo sus sombras es posible provocar la confusión en las formaciones enemigas y realizar fácilmente la retirada. Ella protege la marcha del guerrillero a través de los bosques y veredas, que le son familiares y que el adversario desconoce. Ella favorece el secreto de los movimientos rebeldes, garantía necesaria de su seguridad. Actividad nocturna y descanso diurno ha de ser la consigna general del guerrillero. La noche es alma y escudo de la pequeña guerra.

Resistencia, disciplina y sobriedad son también condiciones inherentes al éxito del guerrillero. La debilidad física es adversa al heroísmo del rebelde e impide la celeridad de la acción. Y la indisciplina y los excesos desarticulan y desacreditan el movimiento, engendrando pugnas interiores, destruyendo la cooperación popular e impidiendo el reconocimiento internacional, condiciones esenciales para alcanzar la meta perseguida.

Aunque la organización y el entrenamiento previos no han sido bases imprescindibles en una guerra de guerrillas, todo cuanto se haga para lograrlas redundará en beneficio de quienes los emprendan. Porque la guerra de paisanos, si bien puede surgir sin conexión establecida y sin preparación anticipada entre los grupos que la integren, no puede alcanzar un desarrollo eficaz en tanto estos grupos no se vinculen en forma que les permita poseer la necesaria elasticidad para dispersarse y reunirse en las horas requeridas.

Por sus propias modalidades, la guerrilla no es en sí misma una forma decisiva de lucha. Su misión es gastar y fatigar al enemigo y forzar sus filas con los elementos que al mismo arrebata, con los que el propio movimiento obtiene de otras fuentes y con la incorporación de nuevos guerrilleros, a fin de pasar más tarde, tan luego como sus fuerzas sean superiores a las del adversario o hayan, cuando menos, logrado equipararse a ellas, a la guerra regular, que es la que puede darle el éxito decisivo.

Pero, al pesar y medir su propia fuerza y la del enemigo, el guerrillero debe dominar todo entusiasmo u optimismo exagerado. Ha de proceder con espíritu sereno, porque son numerosos los ejemplos en que el fracaso fue la resultante de aquellos que, embriagados con sus triunfos, sobreestimaron su poderío.

Prácticamente, el guerrillero es un constructor. Su ingenio y su audacia construyen las bases de la victoria. Con ellas conquista, forja e improvisa los medios de combate. Sus actos de heroísmo, su propaganda inteligente y persistente, su obstinación indomeñable, su fina astucia fomentan la admiración nacional y extranjera, prestigian su causa, hacen resaltar su justicia y promueven un constante flujo de nuevos y valiosos recursos.

En la batalla por redimir a su patria de huestes extrañas o de tiranías interiores, el guerrillero es el porvenir de la libertad. De la indiferencia y del miedo, construye el entusiasmo y la heroicidad. De la duda hace nacer la fe. Transforma la dispersión en unidad y la debilidad en poderío.

Sobre todas las calumnias y las infamias que presentan las guerrillas como hordas de bandidos, sobre todas las privaciones, las miserias y los sacrificios, sobre las defecciones y las traiciones, el guerrillero forja los cimientos de la victoria. Sus hazañas constituyen una sucesión de epopeyas y el mejor tributo que el hombre libre puede rendir a la justicia.

Nunca es posible, naturalmente, ser un auténtico guerrillero cuando la lucha se emprende con objetivos distintos de las grandes aspiraciones que mueven la conciencia del hombre. La ambición menuda y el odio deletéreo no son capaces de construir en ningún pueblo inerme y oprimido los elementos de la victoria.

Hay que alentar finalidades amplias, decisivas e inconfundibles para provocar el alzamiento general de un pueblo contra sus opresores. Y las banderas del egoísmo y de la división no pueden ser alma ni acicate en las rebeliones masivas de los pueblos.

La bandera de los laureles está hecha de unidad y justicia.

EL POPULAR, octubre 5, 1944.

CAMPO PROPICIO

Territorios extensos y montañosos, con deficientes vías de comunicación y escaso número de habitantes, son los que ofrecen mayores posibilidades a la guerra irregular. En la selva apretada, abundante de sorpresas, y en la montaña poblada de precipicios, desfiladeros y hondonadas, se refugia el guerrillero; y de la selva y de la montaña sale bajo las sombras a perpetuar sus asaltos.

Sus arremetidas poseen la eficacia de esos huracanes repentinos y fugaces, agresores inesperados que siembran el espanto y la muerte en la tierra sorprendida y pasan sin dejar la oportunidad de contrarrestarlos.

Por doquiera, la alevosía valerosa e impenitente del guerrillero cae a manera de pequeño e insospechado cataclismo en las filas enemigas para confundirlas, sangrarlas y desalentarlas.

Perseguidor y perseguido, este insurrecto, que siguiendo rutas inconcebibles y directas, traspone cumbres y abismos, aparece en todas partes sin que pueda localizársele en ninguna. El ritmo de relámpago de sus marchas, para presentarse hoy en un sitio y mañana en otro, da la impresión de que posee el don de ubicuidad. Y sobra decir que esta virtud de omnipresencia es uno de los grandes factores en la efectividad de sus acometidas.

Atacar y huir llevándose todo lo que puede y le es útil, pero destruyendo cuanto le es dable y puede servir al enemigo, es la táctica necesaria del guerrillero.

El enemigo recibe el golpe y cuando, libre ya de la confusión de la sorpresa, se dispone a combatir, el atacante —disuelto en la dispersión y la fuga— ha desaparecido. Las fuerzas regulares se enfrentan entonces al vacío y, pese a la superioridad de su número y de sus elementos, resultan impotentes para llevar a cabo el desquite.

Todos los obstáculos naturales bien escogidos y aprovechados facilitan la acción del guerrillero; pero pueden también serle adversos, si no actúa con la discreción, la rapidez y la oportunidad requeridas.

Aunque la guerra irregular no es en sí misma una guerra decisiva, en países pobres, carentes de ejército, es capaz, sin embargo, de conducir un despotismo a la bancarrota económica y derribarle en un plazo relativamente corto, sin librar una sola acción. La simple movilidad y el amago constante, la destrucción e interrupción de las vías de comunicación, la destrucción y el ocultamiento de las subsistencias pueden dar a la guerrilla una victoria que, salvo pérdidas accidentales y mínimas, pudiera llamarse una guerra blanca.

ARMAS DEL GUERRILLERO

Son armas del guerrillero las pocas y disímiles que ha logrado reunir, las que construye e inventa su ingenio y las que aporta su osadía.

Armas ligeras y rápidas, de alta potencia destructora, que no menoscaben la agilidad de sus movimientos, son las que necesita la guerra irregular, aunque también le sirven algunas, en sí mismas relativamente inofensivas, que por su gran volumen de fuego llevan al enemigo la impresión de un poderío mayor.

Pero el guerrillero hace milagros. Forzado por la necesidad, aguijoneado por su devoción a la libertad, descubre medios de combate en todas partes y en todas las cosas. A veces, una enorme roca o un inmenso bloque de montaña, próximos a derrumbarse en las orillas de un camino, los hace caer sobre las filas enemigas, desarticulando su marcha, paralizándolas, confundiéndolas e infligiéndoles bajas apreciables sin perjuicio de atacarlas en el momento mismo de su confusión y de su parálisis.

De la nada saca el guerrillero medios de lucha. Nadie es capaz de concebir todas las armas que puede inventar la libertad perseguida y resuelta a vencer o a morir.

FE ABSOLUTA

Aquellos que, por su incomprensión, por cobardía o porque les falta el estímulo de un ideal elevado, dudan de la eficacia de la guerra irregular, no deben intentarla. Esta clase de guerra demanda una fe absoluta de parte de quienes la emprenden, porque sólo de esa fe surgen la resolución osada, el ingenio, la astucia, la terquedad y todas las virtudes que son imprescindibles para mantener al guerrillero firme y sereno ante los reveses.

Los escépticos, careciendo, como carecen, de la resistencia requerida para las luchas largas y penosas, pronto desesperan de la dispersión y se agrupan para marchar siempre juntos con la mira de acortar la lucha presentando acciones regulares. Decididos a capturar plazas y a retenerlas, incurren en el error mortal de fijarse y, dada la superioridad del enemigo, pronto agotan sus elementos, llegan a ser envueltos y su fin es el fracaso irremediable, muchas veces sin haber antes sufrido una sola derrota.

El ideal de la lucha, cuyos objetivos deben contenerse en un programa al que ha de darse la mayor circulación posible, es algo indispensable. Sin una meta decorosa y justa, limpia de particularismos egoístas, la guerra irregular no unifica, sino que divide la población civil. Y con la falta de esa unidad, que resta cooperación a la rebeldía y favorece, en cambio, al invasor extranjero o a la tiranía doméstica, no es posible triunfar.

Pequeña fuerza decidida a engrandecerse mediante la audacia calculadora e inagotable, a la par que por la altura de sus finalidades; lucha clandestina que no se precipita ni se duerme, que no se amilana ni se engríe, y que, llevando por norma la defensiva, anda, sin embargo, como acecho temerario y permanente en torno del enemigo preparando la oportunidad de agredirle, es la guerrilla. Y, naturalmente, los tímidos y los desesperados, los escépticos y los superoptimistas, los divisionistas y losególatras, los viciosos y los indisciplinados, los incapaces de resistir los rigores de la naturaleza y las amarguras de los reveses, esos no tienen madera de guerrilleros.

EL POPULAR, octubre 19, 1944.

LA GUERRA IRREGULAR: GRANDES GUERRILLEROS

Son milenarias las luchas del hombre contra el hombre para imponer su imperio sobre determinados sitios de la tierra, para arrebatar a sus semejantes los bienes poseídos o para explotar su fuerza de trabajo como esclavos.

Los grupos más numerosos se han lanzado contra los grupos menores para despojarlos y subyugarlos. Y de estas pugnas desiguales surgió para el débil la necesidad de buscar medios defensivos contra el fuerte.

En la propia etapa del pastoreo trashumante, el hombre defendía contra el hombre sus ganados y los sitios donde pastaban.

En la edad agrícola tuvo que luchar contra el asalto de quienes se congregaban para arrebatarle las tierras en que se había establecido. Y más tarde, cuando el progreso de los medios de producción le permitió producir en cantidad mayor a la necesaria para la propia satisfacción de sus necesidades, se inaugura el esclavismo y con él las guerras de conquista para reducirle a la condición de siervo.

La edad industrial, no obstante la abolición del esclavismo primitivo y de los grandes progresos realizados por el derecho y por las distintas manifestaciones de la actividad humana, no ha conseguido poner fin a la batalla de la fuerza contra la debilidad, de la justicia contra la inequidad, y en ella nos debatimos aún por encontrar una forma de convivencia que liquide la rapiña y haga posible que el progreso se desenvuelva al amparo de la cooperación de todos y fuera de la histórica tragedia que viene ahogando la justicia y encadenando la libertad.

La guerra irregular ha sido uno de los métodos defensivos con que el débil se ha enfrentado al asalto y a la opresión del poderoso. Grandes guerrilleros ha tenido el mundo. Antes de Jesucristo, en su lucha contra la dominación romana, la vieja Iberia tuvo a Viriato, héroe legendario cuya estatua, indemne a los azares del tiempo, vive permanente en la conciencia del hombre libre.

Cuando la invasión napoleónica, la España de la época moderna tuvo a Juan Martín Díaz, "El Empecinado", y a Francisco Javier Mina, quien no fue solamente un héroe español, sino un combatiente cuyo amor a la libertad no reconocía fronteras. De ahí que diera su vida por la independencia de México.

En nuestro continente, los Estados Unidos tuvieron a Washington; la América del Sur, a Bolívar, a San Martín, a O'Higgins y a cien más; México tuvo a Hidalgo, a Morelos, a Juárez, a Villa, a Zapata; y Centroamérica, a Sandino.

En la campaña contra Bonaparte, la vieja Rusia tuvo sus cosacos. Y más tarde, la Unión Soviética, en su lucha revolucionaria, tuvo a Budionni, a Tchapáiev, a Iegórov y a tantos otros.

Generalmente, se ha dado a los guerrilleros el sobrenombre de bandidos o, cuando menos, el de aventureros. Pero estos bandidos llenan la historia y la iluminan con el eterno resplandor de su heroísmo y de su culto, algunas veces contradictorio, pero siempre sincero, por la libertad y la justicia.

La contribución del guerrillero genuino a la independencia y el derecho de los pueblos, pese a los errores en que pudieran, por falta de apreciación o de visión, haber incurrido en determinados momentos, es tan evidente y tan viva que las fuerzas empeñadas en perpetuar la esclavitud del mundo nunca han podido mantenerla indefinidamente ensombrecida. Esa aportación ha surgido siempre, sobre todas las calumnias y sobre todas las infamias, más vigorosa y rutilante.

SUPERACIÓN DE LA GUERRILLA

Era opinión de la mayoría que, con el enorme progreso de los medios de combate, la guerra irregular representaba una forma de lucha liquidada. No había posibilidades para la guerra de pequeños grupos. El avance de la técnica había matado a la guerrilla.

Se creyó que los aviones y los tanques eran armas decisivas contra la guerra irregular. Pero la aviación es impotente para aniquilar grupos de hombres que marchan bajo las sombras de la noche y durante el día se refugian en los bosques.

Nada puede tampoco contra grupos que se dispersan con la celeridad del relámpago y se reúnen más tarde, en lugares previamente convenidos.

Y los tanques no son efectivos en selvas intrincadas y en terrenos abruptos. Su persecución a los guerrilleros por esta clase de campos, antes bien, los expondría a ser destruidos y hasta capturados.

La técnica no ha matado, sino fomentado y acrecentado las posibilidades de la guerrilla. China ha tenido una legión de guerrilleros en su larga lucha contra la invasión japonesa. La cooperación de los maquis en la liberación de Francia ha sido estupenda, y lo mismo la de los griegos y los belgas.

Los guerrilleros yugoslavos, bajo el mando del mariscal Tito, golpearon incansablemente y eficazmente a los fascistas alemanes e italianos y llegaron a constituir un ejército poderoso con el cual hicieron morder el polvo a los nazis en múltiples combates y se baten hoy, al lado del Ejército Rojo, expulsando de su suelo a los invasores.

En la Unión Soviética, la preparación militar del pueblo, sin limitaciones de edades ni de sexos, proveyéndolo de armas, enseñándole su manejo y estableciendo un enlace directo entre ese mismo pueblo y el ejército, produjo una cooperación tan efectiva entre las fuerzas regulares y las populares que, en la hora de la lucha contra el invasor, no fue solamente el ejército el que se enfrentó al enemigo, sino la nación entera.

Mediante esa combinación estrecha entre el ejército y el pueblo, la guerrilla no fue ya una simple actitud de paisanos desorganizados y mal armados contra un enemigo superior, sino la acción total, inteligente y coordinada de la nación contra el invasor.

Se comprende que la guerrilla, lucha con aliento de pueblo, en vez de morir, tiene ya muchas de las características de la guerra regular.

EL POPULAR, octubre 28, 1944.

LA HORA DE LA DEMOCRACIA

Solamente un extremismo pueril podría pretender socializar a los países latinoamericanos. Intentar la realización de semejante designio sería trastornar inútilmente su natural desarrollo, retardar el advenimiento de la democracia y abrirle oportunidades a la estabilidad de las tiranías.

Ni teórica ni prácticamente es admisible en nuestros pueblos cualquier propósito de liquidar el sistema liberal. Las naciones latinoamericanas, poco desarrolladas algunas y atrasadas la mayoría, necesitan entrar en la corriente del progreso modernizando su agricultura y llevando a cabo, paralelamente, una intensa labor sanitaria y de rápida desanalfabetización.

La conquista de estos objetivos es básica para superar la producción, mejorar el nivel de vida general, estabilizar la paz, acrecentar el número de habitantes disminuyendo el índice de mortalidad y provocando la afluencia migratoria, construir un sistema técnico de vitalidad y promover el desarrollo industrial.

El porvenir no se improvisa. Se construye con trabajo, tiempo y organización. No se sale del pasado con la simple emisión de leyes avanzadas, sino creando la realidad necesaria para que las leyes puedan vivir y sean eficaces. Y la realidad que a nuestro estado semicolonial le hace falta es la de forjar las condiciones indispensables para establecer la democracia y darle efectivo funcionamiento.

Casi todos los países iberoamericanos tienen legislaciones democráticas; pero la mayoría no han vivido la democracia. La lucha natural, por lo mismo, ha de concretarse en que la democracia sea, cuando termine esta guerra, forma real de gobierno.

Para lograr esta finalidad existen compromisos internacionales como la Carta del Atlántico y los acuerdos de Moscú y de Teherán, que la ratifican y la amplían. Hay también el necesario ambiente popular de uno a otro extremo del planeta, aparte de los imperativos del propio desarrollo económico del mundo. En cambio, no prevalecen generalmente esas condiciones para la abolición del sistema liberal.

Al inaugurarse recientemente en Cali, Colombia, el III Congreso de la Confederación de Trabajadores de América Latina, declaró Lombardo Toledano: "No ha llegado aún para América la hora del socialismo. Pero sí ha llegado ya la hora de la democracia real y verdadera, alejada de la demagogia".

Por todos los rumbos del globo, los pueblos antifascistas sienten un vivo entusiasmo y una profunda determinación para conquistar la democracia, vivirla y hacerla perdurar. Ninguno quiere ya, eso sí, democracia de palabras, sino democracia que estimule el progreso en todas sus formas, garantice el derecho y ofrezca oportunidad de superar sus condiciones de vida mediante trabajo seguro y adecuadamente remunerado.

Esa tiene que ser la obra de la nueva paz que se establezca, y en cuya organización cabe esperar que colaboren, por razón de su propia conveniencia, todos los intereses económicos capaces de apreciar y de medir el escenario histórico en que nos ha tocado ser actores.

Toda actitud extremista es reprobable, ya se proponga adelantar el progreso más allá de las posibilidades reinantes o retrocederlo. Tanto el extremismo de izquierda como el derechista harían imposible el establecimiento de una organización mundial apta para conservar la paz; y el estallido de una nueva conflagración o la transformación del carácter mismo de la presente podrían ocurrir en un plazo más corto del que las mentes menos optimistas llegaran a sospechar.

Tan nocivo es el extremismo progresista como el reaccionario. Ambos actúan fuera de la realidad, estorban la marcha del porvenir y no pueden, consecuentemente, obtener otros resultados que la provocación, el fracaso y la guerra.

Para asumir cualquiera de estas actitudes extremas, se necesita poseer una u otra de las siguientes condiciones o todas a la vez: ignorancia, inexperiencia, torpeza o deliberado empeño de frustrar el avance del mundo. Pero esta última es actitud exclusiva de los nazifascistas confesos o disfrazados.

Ni extremismo, ni regresión, ni parálisis piden los pueblos latinoamericanos. Lo que reclaman es democracia, ejercicio y respeto efectivos de sus derechos, para afirmar la solidaridad de América e impulsar su desarrollo económico y político.

En la marcha hacia el porvenir estamos asociados a las grandes naciones que dirigen esta guerra, y a pesar de los detalles adversos que de tarde en tarde parecieran empeñarse en la perpetuación del pasado, conservamos viva la esperanza de que saldremos victoriosos.

Lo único que pudiera dejarnos hundidos en el pasado es la división interna; pero los pueblos avanzan todos los días en la comprensión de que la unidad es imprescindible para el logro de sus aspiraciones, y es de esperar que podrán conquistarla oportunamente eliminando los obstáculos que la impidan.

El Popular, diciembre 13, 1944

LA DEMOCRACIA EN CENTROAMÉRICA

Hay en estos momentos dos regímenes democráticos en Centroamérica: uno en el sur, Costa Rica, y otro en el norte, Guatemala.

En Costa Rica, el candidato presidencial derrotado, licenciado León Cortés, calificando de "fraudulenta" la elección de su adversario, el licenciado Teodoro Picado, declaró que su partido no podía aceptarla "como un hecho consumado".

Dijo que "ni en lo político ni en un régimen de orden civil las acciones delictuosas pueden ser fuentes de derecho", y con ruda franqueza expresó que su "inconformidad" y la de su partido "ante la más flagrante de las violaciones del sufragio" sería "actitud decisiva y constante", sin perjuicio "de poner en juego toda suerte de expedientes en el camino legal para reparar, no el agravio a los políticos personales intereses, sino al prestigio de la República".

Reveló que "en la asamblea de la Plaza González Víquez el Partido Demócrata ahí conglomerado juró defender sus derechos, si éstos eran vulnerados", y sacó esta conclusión: "Esa promesa no puede haber sido vana expresión que el viento se llevó, y una obligación moral nos compele a decir que hemos de estar en el lugar que ese mismo pueblo nos señale".

Hubo unos días en que se esperaba una rebelión contra el gobierno de Picado; pero parece que la denuncia pública hecha entonces por organizaciones y elementos democráticos de la América Latina, unida a la popularidad del nuevo régimen y a la naturaleza pacífica del pueblo costarricense, frustraron el movimiento que se fraguaba.

A estas horas, prevalece la creencia de que la oposición ha perdido toda oportunidad de alterar la paz y que la promesa del licenciado Cortés y de su partido se convirtió, como él no lo creyera, en una "vana expresión que el viento se llevó". No por eso, sin embargo, debe el sueño de la confianza ciega considerar definitivamente descartada la posibilidad de una acción rebelde en Costa Rica.

En Guatemala, el doctor Juan José Arévalo obtuvo 256,514 votos para Presidente de la República, contra un total de 38,000, más o menos, que recibieron sus oponentes combinados: doctor Adrián

Recinos, señor Manuel María Herrera, coronel Guillermo Flores y abogado Teodoro Díaz Medrano.

Con el triunfo del doctor Arévalo, dentro de una amplia y auténtica libertad electoral, según nos informan testigos oculares, se espera que la democracia guatemalteca, si la presión de los acontecimientos centroamericanos y las maniobras subversivas del ubiquismo no comprometen su marcha, podrá alcanzar su estabilización.

Contamos, pues, con dos puntales democráticos en Centroamérica y debemos cuidarlos, asumiendo hacia ellos una actitud que tienda a eliminar los peligros que actualmente los amenacen y los que más tarde pudieran surgir, porque de su conservación y de los procedimientos empleados para llevar adelante la lucha por la abolición de la tiranía en nuestros países depende que logremos ver en ellos, próximamente, gobiernos populares.

Si subestimamos la fuerza de los dictadores, y desorganizados y dispersos actuamos festinadamente, sugestionados por el fervor del entusiasmo, o si nos dormimos soñando en el advenimiento de las transformaciones fatalistas, lo único que nos espera es el derrumbe de los dos puntales en que ahora podemos apoyarnos para instaurar la democracia en cada república centroamericana; y el resultado final quizás sería la reintegración del viejo bloque de las dictaduras.

Ni el apresuramiento, ni la tardanza, ni la subestimación del enemigo, ni la deficiencia de organización y de unidad son factores de victoria. La eficacia de una lucha consiste en desarrollarla sin precipitaciones que comprometan su prestigio y sus finalidades, vigilando serenamente la hora precisa para actuar dentro de ella conforme a un plan previamente concebido y estudiado, teniendo presente en su aplicación las variaciones que puedan imponerle todas las contingencias previsibles.

Cuando se prepara la acción completándola con suposiciones sobre lo que esperamos que ocurra, se marcha poco menos que en brazos del azar y hay el peligro de que, si las suposiciones fallan, todo termine en el fracaso. Los planes deben fundarse en realidades; si las esperanzas se materializan, tanto mejor, porque serán factores que refuercen y contribuyan al aceleramiento de la victoria.

Si los reveses sufridos han de aprovecharse para sacar de ellos los verdaderos métodos de lucha que han de seguirse, creemos que es tiempo ya de poner sobre las precipitaciones del entusiasmo fervoroso la serenidad de la reflexión, que pesa y mide los hechos sin dejarse arrastrar por el halago de las esperanzas.

Un examen frío de la verdad nos parece necesario para lograr una preparación capaz de dar al movimiento popular centroamericano la oportunidad y los medios de vencer.

Entre tanto, debemos cuidar a Guatemala y a Costa Rica, cuidarlas con la conducta ponderada y comprensiva de quienes desean servirlas, vigorizarlas y defenderlas.

Cuidemos con empeño juicioso y decidido a las dos repúblicas hermanas, conscientes de que, al fomentar su seguridad y la de sus actuales instituciones, trabajamos de manera fecunda por salvar y acelerar el porvenir democrático de Centroamérica.

El Popular, diciembre 1944.

LA DEMOCRACIA EN GUATEMALA

Estrada Cabrera no fue sino una prolongación diabólica del despotismo tradicional. Ningún sentimiento, ninguna ambición dominó en él la fuerza del odio y la sed de poder. Jamás —que yo sepa— su fría crueldad se vio perturbada por un gesto de grandeza. Nunca se sorprende en sus actos un destello de clemencia iluminando su alma tenebrosa.

Nada que revelara un vínculo, por más débil que fuese, con la justicia existió en aquel ser aparentemente manso, pero íntimamente feroz. Tirano implacable, acudió a todas las formas de la tortura y del horror para dominar a los hombres, y lo mismo se libraba de sus enemigos arrojándolos al olvido en las catacumbas de las cárceles, que convirtiéndolos en despreciables guiñapos morales o sepultándolos en la paz sin esperanza de los cementerios.

Esa era la Guatemala que yo había dejado. Es explicable, por eso, que cuando regresé varios años después, bajo el gobierno de don Carlos Herrera, la amplia libertad reinante me diese la sensación de encontrarme en una tierra desconocida. No podía convencerme de que aquel país, largamente sepultado en un pesado silencio de esclavitud y transformado de súbito en una democracia, fuera el mismo en que yo había vivido.

Todo en Guatemala se me antojaba diferente. El espacio parecía haberse dilatado, la atmósfera, ligera y amable, se respiraba con satisfacción, las gentes se movían con holgura, y el ingenio guatemalteco, confiado ayer a la íntima penumbra de los hogares y al sigilo cauteloso de las conspiraciones, chisporroteaba a plena luz y a toda voz.

Pero el pueblo y sus dirigentes creyeron que la caída del tirano significaba la muerte de la tiranía, y, satisfechos y confiados bajo el ambiente de la libertad, no se preocuparon por dictar medidas efectivas e inmediatas para impedir la vuelta del pasado. Las armas se dejaron en manos de los propios opresores cuando todavía perduraba en los guatemaltecos el prejuicio del partidarismo caduco y se hacía difícil unificar y encauzar las aspiraciones nacionales hacia metas de superación.

No existía ninguna fuerza popular organizada, ni se intentaba construirla. La lucha por el porvenir se desenvolvía al calor de un infantil romanticismo político, mientras la reacción acechaba el momento para asestar el golpe que debía restaurar su imperio.

Propiamente, la dictadura cabrerista se derrumbó ante la inexperiencia general y sin que existiera base alguna, interna ni exterior, capaz de consolidar la democracia. Por eso, el gobierno de don Carlos Herrera no pudo ser otra cosa que un efímero oasis de libertad en el desierto de la tiranía.

A Herrera le sucedió el general José María Orellana; a este, el general Lázaro Chacón, quien hizo un gobierno más inclinado a la libertad que a la dictadura. Muere Chacón y viene Baudilio Palma, "flor de un día" tronchada por un nuevo cuartelazo que coloca en la Presidencia de la República al general Manuel Orellana; pero este no pudo ser reconocido y entregó el mando al licenciado José María Reina Andrade, primer designado a la Presidencia. A este le sigue el general Jorge Ubico, quien, al decir de algunos, llegó al poder por aclamación popular, y según otros, en elecciones aparentemente legales. Nuevamente se abre el ciclo de la tiranía.

Más por vanidad que por patriotismo, tuvo Ubico cierta pasión por el progreso material. Hacía levantar edificios públicos suntuosos, rejuvenecía calles, le fascinaba la más estricta limpieza urbana, construía carreteras; pero todo a costa del trabajo forzado de un pueblo mal nutrido, descalzo y analfabeto.

Los palacios y los caminos construidos por la administración de Ubico constituyen una trágica ironía y son una acusación objetiva y permanente a su crueldad y a su soberbia.

Fue sanguinario como Cabrera, y como peste gobernó dominado por el odio y por la ambición desenfrenada de mando. Descendió a la intimidad de los hogares para imponer normas de conducta. En este y en otros sentidos fue todavía más autoritario e intolerante que don Manuel. Era el amo y el juez omnímodo de Guatemala.

Ante la creciente rebeldía popular, ya viejo y aborrecido, los militares de la vieja guardia le indicaron la conveniencia de renunciar al poder para salvar al despotismo mediante una falsa evolución política. Se retiró, dejando la Presidencia en un triunvirato militar encabezado por el general Federico Ponce, quien más tarde se hizo designar Presidente Provisional, pero como diera síntomas típicos de querer alzarse con el poder siguiendo los viejos métodos "plebiscitarios" de su predecesor, fue derrocado por la Revolución de octubre el año pasado.

El ambiente de libertad que reina hoy en Guatemala tiene semejanzas aparentes con el que había cuando gobernaba don Carlos Herrera; pero en el fondo hay entre ambos una profunda diferencia. Las condiciones internas del país y las internacionales no son las mismas; el movimiento de liberación provocado por esta guerra ha despertado en todos los pueblos, afirmándola e intensificándola, la conciencia de sus derechos; la Junta Revolucionaria de Gobierno, consciente de que la transformación política operada no puede perdurar sin construir las bases económicas y sociales pertinentes, las está construyendo; el pueblo busca las causas de su organización; el ejército ha sido depurado del pretorianismo tradicional, y las armas están en manos de militares jóvenes, leales y demócratas que, unidos al pueblo, realizaron el movimiento revolucionario; la experiencia del cuartelazo contra Herrera mantiene alertas al pueblo y a sus gobernantes para defender al régimen establecido contra las maquinaciones de la reacción, que son rápida y enérgicamente reprimidas; el doctor Juan José Arévalo, Presidente electo, es un hombre de ideas avanzadas, como lo habrán constatado nuestros lectores en la entrevista exclusiva que concedió a El Popular; Guatemala cuenta con la simpatía y el apoyo de todos los pueblos amantes de la libertad; en suma, el derrocamiento del ubiquismo no se llevó a cabo por una simple rebelión ambiciosa de poder, sino por un movimiento de raigambre popular y mundial que tiene las características esenciales de una verdadera revolución.

La reacción, en connivencia con las dictaduras vecinas, propaga infundios y siembra dudas con el designio de romper la unidad revolucionaria; pero solamente si las fuerzas democráticas, por impaciencias injustificadas en un país recién liberado de la tiranía, cometieran el error de dividirse haciéndole el juego a los enemigos, pudiera el pasado tener alguna oportunidad de organizar una contrarrevolución.

Apretar la unidad revolucionaria, no aislarse del régimen dejando el campo a la reacción, debe ser la consigna. Si eso se hace, y debemos esperarlo, no sólo está garantizado el porvenir de la democracia de Guatemala, sino que de Guatemala tendrá que ir, siguiendo los cauces tradicionales de nuestra historia, la corriente del progreso democrático a los demás países de Centroamérica. Y entonces sí será posible reconstruir, sobre cimientos perdurables, la magna estructura morazánica.

El Popular, febrero 14, 1945

TRES ÉPOCAS EN GUATEMALA

En la segunda mitad del año de 1913 llegué por primera vez a Guatemala. Era entonces un adolescente florecido de ver que paseaba su bohemia trashumante en compañía de quienes, como yo, enamorados de la gloria, se habían hecho un mundo de cariño amparados por la luminosa fraternidad de las estrellas.

Un año después llegó Ricardo Arenales (Porfirio Barba Jacob). Inmediatamente empezó a escribir un libro sobre Guatemala, sin haber tenido otra visión del país que la del paso del ferrocarril a la estación de la capital y de aquí a su cuarto del Hotel de España, donde se hospedaba. Pero aquella carencia estaba compensada con numerosos libros históricos sobre Guatemala, con datos que le daban los intelectuales amigos y con la formidable inteligencia del autor.

Casi diariamente escribía Arenales un capítulo de la obra, el cual se imprimía en el acto para enviarlo a Estrada Cabrera. Al tercero o cuarto capítulo, el dictador se había entusiasmado y mandó al hotel por la cuenta del escritor. El hotelero subió presuroso a la habitación del poeta para preguntarle si deseaba exagerar la cuenta, a fin de que le quedaran algunos dineros. Arenales se irguió indignado, exclamando: "¡Cómo quiere usted que engañe a un hombre dispuesto a servirme de manera tan generosa! Simplemente donde la cuenta es de licores, ponga usted alimentos o lo que le plazca. Y nada más".

Desde ese momento, el crédito del poeta en el hotel fue ilimitado. En su cuarto, convertido en una verdadera bodega, las botellas conteniendo los más finos licores o la endemoniada mezcla de Arenales —hecha de todos ellos y a la que daba el nombre de "arenalina"— se enfilaban junto a las paredes.

Frecuentemente, un grupo de intelectuales bebíamos y nos banqueteábamos invitados por el poeta, y desde el crepúsculo a la amanecida nos reuníamos en su aposento a leer y recitar poemas. El ruido de aquellas veladas líricas era tremendo y, naturalmente, no dejaban dormir a los demás huéspedes del hotel. Pero no se quejaban, o si lo hicieron no lo supimos porque jamás se nos llamó la atención. Estrada Cabrera era uno de esos tiranos a quienes no preocupaban los escándalos de los devotos de la poesía. Al contrario, los fomentaba. Su tolerancia en este sentido era una hábil manera de dar a los intelectuales una puerta de escape al despotismo y mantenerlos alejados de toda actividad política.

Entretanto, bajo aquella tormenta lírica, el poeta seguía adelante. Un día, sin embargo, Arenales escribió que el Cuartel de Artillería de la ciudad de Guatemala lo principió el gobierno del general José María Reina Barrios y lo terminó el de Estrada Cabrera. El capítulo fue devuelto con una carta diciendo que el autor estaba equivocado porque el cuartel se había construido desde sus cimientos bajo la administración de don Manuel. Arenales contestó que el dato lo había obtenido en varias obras históricas consultadas, pero que se enmendaría el error. A pesar de todo, desde ese momento el tirano se refugió en un imperturbable silencio, no pagó la cuenta del hotel que había pedido y quebraron, como consecuencia, el hotelero y el editor de Las tierras de Canaán, que tal era, si mal no recuerdo, el título del libro. Arenales quedó en la miseria y, abrumado de deudas, salió algunos días más tarde rumbo a La Habana, ayudado económicamente por varios amigos.

A principios de 1915 salí yo para Nueva York y regresé a Guatemala casi siete años después, en diciembre de 1921. Ya en esa época mi fiebre lírica se había atenuado e hice entonces labor periodística como Jefe de Redacción de Diario Nuevo y más tarde como Director de la misma publicación. Era presidente de la República don Carlos Herrera, y había libertades. Pero al año, más o menos, el gobernante fue derrocado por un cuartelazo y, a poco, con la excusa de que "la ola revolucionaria amenazaba allende el Suchiate", fue suprimida toda la prensa independiente. Nada de eso había en realidad. Era solamente que un empréstito, que figuraba entre las tres condiciones para el reconocimiento del régimen de facto, fue desechado en la Cámara, debido a la firme oposición de la prensa libre.

Nos reunimos para protestar por el atropello y se me comisionó para redactar la protesta. Una vez leída, Federico Hernández de León, destacado periodista guatemalteco y uno de mis nobles amigos, me preguntó: "¿Te han tenido varios años en la cárcel? ¿Alguna vez te han dado de palos?" Contesté que no. "Pues a mí sí", repuso Federico, "pero voy a firmar". Acto seguido firmamos todos, y la protesta se envió a la Cámara.

Sin posibilidades ya de hacer una labor independiente en la prensa, salí de Guatemala a fines de 1922, para no regresar sino hasta principios del mes pasado.

He visto a Guatemala en distintas épocas. La he visto en mi adolescencia, bajo la tiranía de Manuel Estrada Cabrera. La he visto en mi juventud, bajo el relámpago de libertad de don Carlos Herrera, y he vuelto a verla ya viejo, bajo el régimen actual. La visión de esas tres épocas me permite, mediante un examen comparativo, formarme un juicio, siquiera sea somero, sobre el porvenir de la democracia que acaba de inaugurarse en la hermana república de Centroamérica. Tal será el tema del próximo artículo.

El Popular, febrero 7, 1945.

LA INCONFORMIDAD DEL HOMBRE

I

Es condición del hombre que llega a la madurez hacer la revisión de su vida para ver en la trayectoria de su desarrollo el desfile de sus aciertos y de sus errores e imaginar, al mismo tiempo, frente al balance obtenido, ese otro desfile de lo que pudo ser, si hubiese ensayado actividades distintas, orientadas a la conquista de metas diferentes.

Sin duda, esta necesidad de revisión no haya sido en los primeros hombres sino remembranza narrativa, para convertirse más tarde, por el progreso del conocimiento, en una actitud crítica y filosófica; pero de todas maneras, revisar el pasado es imperativo vital del hombre, como que la propia naturaleza intensifica en el viejo la capacidad de recordar los sucesos fenecidos y disminuye su retentiva para los que se producen en el presente. Se ve que si en el viejo no se extingue radicalmente el anhelo de crear, más le hostiga la nostalgia de lo que pudo haber creado y el afán de extraer de su experiencia las enseñanzas que aplicaría a su desarrollo si volviera a empezar la vida. El joven, en cambio, no mira el pasado, sino el porvenir. No vuelve la mirada hacia el ocaso, sino hacia la aurora.

Si se pudieran fotografiar las concepciones de nuestra mente, nada sería tan interesante, tan instructivo y tan dramático, como la contemplación objetiva de las diversas revisiones individuales. Veríamos entonces algo que nunca hemos podido ver: la verdad entera del hombre. Este es el gran mérito de las autobiografías cuando no son verdades convencionales y exhiben con un máximo de sinceridad la trayectoria de una vida.

Seguramente nos sentimos satisfechos de muchos de nuestros actos; aprobamos, sin arrepentimientos, algunos que la generalidad podría condenar o que infaliblemente condenaría; otros nos sonrojan o nos empequeñecen, varios nos son indiferentes, pero el balance, aunque resulte favorable, no logra convencernos de que nada más ni mejor hubiésemos podido hacer. Siempre creemos que han existido en nosotros potencias creadoras que no supimos descubrir, explotar ni encauzar o que sólo conseguimos sorprender cuando ya nos faltaban el tiempo y las fuerzas requeridas para tornarlas fecundas.

El hombre no es un juez severo de sí mismo, y si bien es capaz de reconocer un número apreciable de sus errores y darse cuenta de muchas de sus limitaciones, generalmente —y casi siempre con razón— atribuye sus deficiencias y sus desaciertos a circunstancias especiales que estorbaron o torcieron su camino, y también a causas ajenas a su voluntad que le impidieron actuar libre de los prejuicios y de los obstáculos circundantes. Nunca se declara incapaz ni vencido y pocas veces culpable. De ahí que no podamos encontrar hombres que íntimamente no crean que pudieron ser más de lo que ya son. Y precisamente aquí radica la mayor de las virtudes humanas: el afán y la seguridad de superación.

No falta el ingeniero o el médico que se sienta un pintor defraudado; ni es raro encontrar artistas con pretensiones de hombres de negocios; ni avaros que lamenten no haber sido generosos; ni santos a quienes no inquieten las licencias del impuro. Aun el hombre de genio encuentra pequeño el caudal de sus realizaciones y muere pensando que se van con él ideas portentosas.

No son pocos, es verdad, aquellos que trabajan con cariño y constancia en su profesión y están seguros de que para ella nacieron; pero cualquiera que sea el campo de nuestras actividades, cualesquiera nuestras obras y la forma en que hemos vivido y luchado, la verdad es que todos hemos de bajar a la tumba insatisfechos, creyendo que si hubiésemos actuado de manera diferente, inspirados por estímulos distintos y con métodos y dirección más adecuados, habríamos alcanzado metas mejores o vivido con menos desaciertos y caídas.

Nadie cree haber extraído todos los tesoros sepultos en la propia mina. Todos sentimos que algo valioso se ha quedado en sus entrañas. Y además, como si las ideas aprisionadas perdieran la fuerza y el fulgor que les atribuimos al concebirlas, no podemos sustraernos al dolor de ver que se empequeñecen y se opacan a poco de concretarse en la realidad de la obra.

Destellos y tinieblas, triunfos y caídas, miserias y grandezas, la dicha alternando con la decepción y la tragedia, todo cuanto la vida tiene de risueña y de lúgubre, de creadora y destructora, hay en este ser excepcional y contradictorio que es el hombre.

II
REVISIÓN TOTAL

Pero junto a las revisiones parciales que hace el hombre-individuo, está la revisión total del hombre-humanidad.

También la humanidad revisa su trayectoria. También ella se entrega a contemplar el desfile real de su desarrollo, lo mismo que a la función imaginativa de juzgar lo que pudo ser si hubiese caminado por otras rutas, libre de impulsos dispersos y de actitudes egoístas, hacia metas diferentes.

En el panorama retrospectivo, que se extiende ante sus ojos poblado de estrellas y de lodo, de santidad y de inmundicia, de heroísmo y de cobardías, de amor y de sangre, de excelsitudes y de bajezas, puede ver cómo se confunden la traición y la lealtad, la victoria y la derrota, el infortunio y la dicha, la opulencia y la inopia.

Y en el panorama imaginativo —que es en el hombre remanente inmortal de juventud y de porvenir— sorprende cómo, mediante algunos estímulos y rectificaciones, con obstáculos menos poderosos y con prejuicios menores, al amparo, en fin, de especiales oportunidades y fuera de circunstancias hostiles, lo que ha sido una obra trunca o una vida frustrada quizá pudo convertirse en una obra o una vida plena de perfección.

Hemos perfeccionado los métodos de cultivo. Las máquinas han disminuido enormemente los costos de producción y aumentado el rendimiento de las cosechas; pero hemos limitado en escasa medida el esfuerzo de trabajo; el pan de cada día escasea en millones de hogares y hasta en pueblos enteros, y el agotamiento físico, intensificado por el hambre, mata cifras aterradoras de nuestros semejantes.

Hemos construido ciudades gigantescas, cuyas habitaciones vuelven acogedoras y confortables su adecuada distribución, su decorado exquisito, su cómodo mobiliario y hasta la facilidad de regular la temperatura de acuerdo con nuestros hábitos y necesidades. Desde estas habitaciones, sin necesidad de salir de ellas, podemos estar en comunicación con el mundo e impartir nuestras órdenes sobre las cosas más grandes y más ínfimas; pero todavía una impresionante cantidad de seres humanos vive a la intemperie o en condiciones casi cavernarias.

Hemos construido grandes fábricas, de donde salen a los mercados del mundo las más ricas y variadas telas, en cantidades capaces de vestir adecuadamente a todos los seres humanos. Sin embargo, todavía hay sobre la tierra gentes sin posibilidades siquiera mínimas de existencia civilizada, que viven semidesnudas, sufren las inclemencias del frío y perecen desamparadas ante el silencio indiferente de quienes arrojan las telas —dizque por falta de consumidores— al fondo de las llamas y de los mares.

La ciencia médica ha logrado progresos admirables. Hemos superado la medicina preventiva y los métodos curativos. Casi todas las enfermedades infecciosas se combaten eficazmente. Sin embargo, son incontables las vidas que perecen por falta de higiene, de médico y de medicinas.

Hemos construido escuelas y universidades, acrecentado el personal que difunde la enseñanza y perfeccionado los métodos educativos; pero una gran masa de la población del globo vive en la ignorancia y es arrastrada a las guerras, sirviendo intereses inconfesables, bajo banderas de fanatismo, de arrogancia y de codicia.

Podemos sostener conversaciones de uno a otro extremo del planeta, oír música, escuchar oradores y actores desde todas partes y en todas partes; aun es ya posible estar viendo, a través de la distancia, a los mismos que conversan, tocan, peroran y actúan; en unos cuantos minutos, frente a una pantalla cinematográfica, podemos ver pasar todos los países de la tierra, con sus mares y sus ríos, con sus llanuras y sus montañas, con sus ciudades y sus villorios, con sus bellezas y sus inmundicias; en un esfuerzo hacia la inmortalidad, hemos logrado objetivizar el recuerdo de los que ya murieron, perpetuando sus figuras, sus movimientos, sus gestos, su voz, verles, en fin, como cuando eran vivos; hemos transformado las plantas en tamaño y en belleza y hasta hemos creado nuevas especies; el mismo día podemos estar en sitios a los que antes sólo nos era dable trasladarnos en meses y aun en años; hemos logrado, mediante el deporte, darle hermosura y vigor a nuestros cuerpos; poseemos avanzadas instituciones políticas; la riqueza acumulada alcanza cifras astronómicas; contamos con instituciones de beneficencia y existen gentes caritativas que prestan su contribución en favor de los necesitados.

Todo esto significa que la velocidad —que empequeñece al espacio y al tiempo— se halla bajo nuestro imperio; que poseemos la sabiduría y los medios para perfeccionar nuestra existencia y dotarla de libertad y de justicia; en suma, que la técnica y la cultura han podido hacer la vida más libre, más cómoda, más alegre, más agradable, más digna. Sin embargo, el problema está en pie.

Para millares y millares de hombres, las distancias siguen siendo las mismas; recorren los caminos del mundo con la lentitud de sus propios pies, bajo los resisteros y las lluvias, encorvados por pesos que los deforman y los abaten, mientras ven pasar los aviones, los ferrocarriles, los automóviles y los barcos. Y luego, los registros aduanales, los pasaportes y demás requisitos impuestos al que viaja menoscaban y casi anulan las facilidades de la velocidad, favorecen el aislamiento del hombre e impiden una mayor compenetración entre los pueblos.

Con nuestro progreso y nuestra sabiduría, no hemos conquistado el pan; no hemos conquistado nuestra liberación económica y política; no hemos conquistado el amparo de un techo; no hemos conquistado la salud; no hemos liquidado el analfabetismo. Más de la mitad de la raza humana padece de hambre, vive en covachas o a la intemperie, peor vestida, semidesnuda, enferma, ignorante, esclavizada por tiranías de toda índole, acobardada, embrutecida por todos los temores y por todos los dolores. Este es el panorama que se extiende ante nuestra mirada, a lo largo del espacio y del tiempo. El bienestar del hombre es todavía una esperanza.

III
REVOLUCIÓN MUNDIAL

Pero estamos dentro de una revolución mundial. Ha sido creada por nuestro progreso, nuestra angustia y nuestra batalla. No podemos eludirla ni ignorarla. Y de esa revolución no están excluidos los pueblos centroamericanos. Oprimidos y pobres, atrasados y débiles, jamás han capitulado. No somos ajenos a la inquietud del mundo. Nos han sacudido su dinámica y su sed de redención, con todo su heroísmo y con toda su tragedia.

Los centroamericanos no nacemos sobre la superficie de la tierra, sino debajo de la tierra. Tenemos que gastar tiempo, lucha y sangre para romper la pesada costra que nos cubre al nacer, a fin de darnos cuenta de que existe la luz. Nuestro esfuerzo es más difícil, más doloroso e intenso que el de pueblos afortunados que nacen en contacto con los progresos de la técnica, con las conquistas de la cultura y cuentan con oportunidades que nosotros nunca hemos tenido.

No somos incapaces ni perezosos. Lo que nos falta son estímulos, horas propicias, cooperación y no inteligencia ni voluntad de superarnos. Pero ya empezamos a horadar el sepulcro, ya entrevemos el alba y el día llegará en que el mundo nos verá caminando, unidos y resueltos, hacia la conquista de nuestros derechos y aspiraciones.

No estamos conformes en la dispersión y aspiramos a reintegrar nuestra patria grande. No estamos conformes con nuestra miseria y aspiramos a vivir libres de las torturas del hambre, de la semidesnudez y de la intemperie. No estamos conformes con nuestra ignorancia y aspiramos a ser factores en las tareas del progreso y de la cultura. No estamos conformes con nuestra insalubridad y aspiramos a liquidar el asedio de las enfermedades que nos diezman, para conquistar el vigor, la alegría y el entusiasmo fecundos de la salud. No estamos conformes con el anacronismo bárbaro de las dictaduras que todavía quedan en algunos de nuestros Estados y aspiramos a vivir de uno a otro extremo de nuestras fronteras, bajo un sistema popular de gobierno. No estamos conformes con la hostilidad ostensible hacia los pocos regímenes democráticos que poseemos, mientras el silencio de la tolerancia y hasta la voz de la aprobación y del elogio se emplean para tratar a las tiranías.

Nuestra revolución —la revolución centroamericana— es hija de la revolución mundial. Hay quienes no la ven o pretenden no verla, porque tienen de nosotros un concepto tan ínfimo, tan deplorable, que no nos conceden beligerancia. Ni siquiera están seguros de que somos parte del mundo. Hay otros que juzgan posible frustrar nuestra lucha, en vez de apresurarse, para su bien, a estimularla y dirigirla.

Los obstáculos que necesitamos vencer son múltiples y poderosos. De un lado están los intereses creados y de otro los prejuicios y las ambiciones menudas. Si nuestra juventud no se agrupa en una fuerza solidaria y comprensiva, para poner sus mejores virtudes al servicio del unionismo, del progreso y de la democracia, sin regateos ni vacilaciones y sobre bases que distan mucho de los fanatismos políticos caducos, intransigentes y violentos que han normado tradicionalmente nuestras luchas, los días oscuros del egoísmo y de la dispersión seguirán viviendo. Para que la juventud centroamericana pueda ser una fuerza decisiva en los destinos de Centroamérica y vivir su hora de sol, necesita interpretar los reclamos de la intuición popular e incorporarse a las grandes corrientes de renovación que en todos los países, desde los más grandes hasta los más humildes, exigen que la democracia impere como expresión legítima de todos los derechos y de todos los beneficios que su régimen, si se cumplen efectivamente sus postulados, puede dar a los pueblos.

Y también es necesidad inaplazable que nuestros hombres de negocios se constituyan en un gran bloque, unidos al pueblo, para cooperar mutuamente al desarrollo de la patria común.

De otro modo, aunque Centroamérica no esté en las mismas condiciones de ayer, aunque hayamos horadado el sepulcro y entrevisto la luz, aunque contemos con algunas fuerzas conscientes de la lucha en que nos encontramos comprometidos, de nada servirá que en estos momentos no quede un solo país americano en donde las organizaciones democráticas no reconozcan la justicia de nuestra causa y se dispongan a prestarnos su estímulo y su apoyo.

Para no quedarnos solos en la batalla, para no condenarnos al atraso y a la opresión indefinidos, para que la victoria contra la tiranía que acaba de lograr el mundo no sea para nosotros una derrota, necesitamos liquidar nuestras anticuadas formas de lucha. Debemos convencernos de que la violencia sólo es fecunda, sólo produce frutos perdurables, cuando previamente se han creado las bases sobre las cuales edificar el porvenir.

Ni la democracia, ni la libertad, ni la liberación económica son hijas de la improvisación. Son obras del esfuerzo perseverante y organizado. Y para que Centroamérica pueda aprovechar las posibilidades democráticas que el desarrollo de esta guerra ha hecho nacer, es necesario que preste su apoyo, decidido y firme, a la consolidación del movimiento revolucionario guatemalteco, recordando que en él radica actualmente la mayor fuerza con que contamos para redimirnos, sobre todo si se toma en cuenta que raras veces, aun en los países más avanzados, llegan al poder hombres que, como Juan José Arévalo, batallan con sinceridad por hacer efectivos los derechos de sus pueblos, escriben libros, fundan instituciones de cultura y figuran ellos mismos entre sus más distinguidos mentores.

Nuestra actitud, para ser fecunda, debe ser consciente y organizada.

Pero hagamos una recapitulación de nuestras ideas y preguntémonos si no habría medio de que la revisión individual y total que hace el hombre no fuese tan dramática, empleando los medios y la sabiduría que poseemos.

Si estableciéramos una convivencia más justa, sería posible que la ciencia y las oportunidades no dejaran ignoradas ni perdidas las vocaciones y las aptitudes, siquiera fuesen fundamentales, del hombre. Cada ser humano podría saber, con mayores posibilidades de acierto, para qué sirve mejor y contar, a su vez, con los medios y la dirección necesarios para encauzar debidamente sus virtudes, cultivarlas y hacerlas florecer.

Nunca podríamos suprimir, desde luego, la queja de haber nacido con dotes inferiores o distintas de las que hubiéramos deseado poseer; pero fuera de esta limitación consubstancial, el balance de cada una de nuestras vidas estaría más acorde con sus propias posibilidades, las revisiones individuales y colectivas serían menos impresionantes y nuestros reproches estarían dirigidos más contra el destino que contra nosotros mismos y contra los obstáculos, prejuicios e injusticias que impiden el avance solidario de la humanidad.

Sin embargo, de uno o de otro modo, dentro de la justicia y de la injusticia, por causas naturales o extrañas a nuestras verdaderas inclinaciones y aptitudes, la fuente de la inconformidad bulle en la conciencia del hombre, dinámica impulsiva y persistente, siempre resuelta a despejar rutas y señalar metas superiores a su angustia batalladora y progresiva. El hombre es la historia y es el destino.

La inconformidad nos ha dado conquistas portentosas. Nos ha elevado a una gigantesca torre desde la cual podemos evocar las miserias, las debilidades y las penalidades del hombre primitivo, el cual hoy, a la distancia de los milenios, nos parece tan mínimo, tan inerme, tan atribulado por las fuerzas y los acechos hostiles de la naturaleza, que nos cuesta comprender cómo pudo sobrevivir y engrandecerse en proporciones tan magnas que le han convertido en el ser más poderoso de la creación. Hoy el hombre compite con la naturaleza, se enfrenta a sus fuerzas más ingentes, le ha arrebatado muchos de sus secretos que parecían impenetrables y múltiples veces la domina.

Podíamos estar orgullosos de nuestra trayectoria. De nuestro punto de partida a lo que somos, el ascenso tiene todos los perfiles del prodigio y del milagro. No obstante, en todas partes la humanidad descubre y siente que sus miserias apagan el fulgor de sus conquistas. No está satisfecha de su balance y no sólo sueña en lo que pudo ser, sino en lo que puede ser antes de cerrar el último capítulo de su historia.

No somos felices. Y ahora que el dominio de la fuerza atómica involucra el imperativo de una revolución industrial que apresuraría la revolución mundial, provocando la organización de una vida mejor, reduciendo al mínimo los esfuerzos materiales, eliminando la incertidumbre, distribuyendo la abundancia, creando el bienestar de todos para elevar a planos de excelsitud las conquistas del espíritu y robustecer nuestro sentido moral, nos sobrecoge de espanto pensar que esta fuerza redentora también puede destruir no sólo al género humano, sino a la tierra misma, convirtiéndola en un invisible grano de polvo que rueda perdido en la inmensidad del universo, y no sabemos si utilizarla o conservarla ignorada, paralizando el progreso. Después de haber vivido toda nuestra historia bajo el suplicio de Tántalo, cuando la felicidad se pone al alcance de nuestras manos, no nos atrevemos a cogerla.

¿Será que el dominio de la energía cósmica marca el límite de nuestra ascensión? ¿Está en ella el secreto de nuestra felicidad, y si la conquistamos pereceremos? ¿Es que la vida, para ser grande y amable, para ser dinámica y progresiva, necesita ser luz y fango, cima y abismo, justicia e inequidad? ¿Siempre hemos de vivir bajo la pugna de fuerzas, actitudes, ideas y emociones contradictorias? ¿Es esta la tragedia del hombre?

Ciertamente no podemos encadenar el destino. Tántalo tiene que llevar sus manos al manantial y al árbol, tomar el agua y cortar el fruto, para aplacar su sed y mitigar su hambre. Prometeo tiene que encontrar siempre quien lo libere, y la civilización seguir adelante. No es posible que la humanidad cierre su historia sin antes conceder a los pueblos infortunados, a los pueblos esclavos, a los que nunca han vivido, la oportunidad de vivir. También ellos padecen la angustia y el rigor de la inconformidad. Confiemos en el porvenir. El hombre sabe que no se ha fugado ni ha perdido la esperanza.

Bendigamos la inconformidad, pero no la inconformidad negativa, que reniega del progreso y aspira al conformismo de paralizar la marcha de la vida, sino la inconformidad positiva, que estimula y magnifica las aspiraciones humanas, que es esencia creadora del hombre y no cesa de buscar nuevas rutas y nuevas esperanzas para la realización de la paz, de la libertad y de la justicia en el mundo.

Bendigamos la inconformidad que no admite la inercia ni la capitulación. Ella es acicate del destino. Por ella canta la alondra y tendrá que ser voz de libertad el iris silencioso del quetzal. Por ella, después de esta catástrofe, existe un reclamo de justicia en cada escombro y arde una estrella de redención en cada horizonte.

Fuente: Revista de la Universidad de San Carlos No. 1. Revista Ariel No. 169, noviembre 1965, págs. 1-5. Guatemala, 1945.

EL PROBLEMA DE HONDURAS

Antes de inaugurarse este año el Congreso Nacional de Honduras, el Presidente de esa República, General Tiburcio Carías Andino, puso en libertad a un buen número de ciudadanos que permanecieron por varios años en las cárceles del país, la mayoría sin forma ni figura de juicio y sin otro delito que el de sus convicciones políticas contrarias a la dictadura imperante; otros, sin embargo, continúan todavía presos.

Una vez inaugurado el Congreso, el Poder Ejecutivo, pensando quizás en la necesidad de poner fin al continuismo reinante, sugirió en su mensaje anual la conveniencia de que se decretara una amnistía, con la mira de provocar, cabe suponerlo, el retorno general de los exiliados; pero el decreto no se ha emitido, que sepamos, y los emigrados que se aventuren a regresar —algunos han vuelto— se amparan solamente en una declaración verbal de garantías que les hace a cada rato el Poder Ejecutivo por boca, según se dice, de sus representantes en el exterior.

La libertad de prensa, radicalmente abolida casi a raíz de que el General Carías iniciara su gobierno, empieza a renacer; pero hay noticias de haberse emitido una ley que deja a las autoridades la oportunidad de suprimir cualquier periódico adversario, sin más excusa que calificarlo de "comunista" o de "fascista", según la víctima, y se teme que un arma cuya arbitrariedad coloca a los periodistas ante la diaria amenaza de dormirse sin culpas en la paz de sus hogares, para despertar delincuentes a la sombra nauseabunda de una celda carcelaria, vuelva nugatoria la libre emisión del pensamiento.

Parece haber terminado la franca censura de tiempos de guerra, pero ha dado paso a la censura clandestina, que ha sido norma del presente régimen desde su inauguración.

Las restricciones al derecho de locomoción actualmente son menos rígidas que lo han sido en los otros años de este gobierno, aunque no tanto como para negar que existe una anormal libertad de movimiento.

La intolerancia asustadiza del pequeño círculo gobernante —bien armado y adicto a los métodos represivos— frente a la reacción unánime de las fuerzas populares —inermes y faltas de una orientación adecuada— son extremos que agravan el problema político hondureño y complican su solución.

PACTO DE GARANTÍAS

Evidentemente, los actos positivos anotados, si se toman en cuenta las limitaciones a que se hallan sujetos, distan mucho de constituir una restauración de los derechos, libertades y garantías esenciales al ser humano; pero no puede negarse que la situación ha cambiado y que sería posible preparar, ya con todos los hondureños en casa, unas elecciones libres y, acto seguido, llevar a cabo la transmisión pacífica del poder, si se procede a unificar en un bloque nacional todas las fuerzas democráticas del país y concertar con el presente régimen un pacto de garantías que excluya toda tendencia a juzgar preferentemente con criterio jurídico los actos de la dictadura; que provea una reorganización del gobierno capaz de eliminar todo peligro impositor y que garantice la elaboración de censos que pongan la función electoral a cubierto de las maniobras del fraude.

Ni mediante la emisión de leyes expresamente confeccionadas para frustrar la libertad, ni fragmentando en facciones de partido las filas democráticas, ni proclamando un rigorismo legista para definir las responsabilidades, se puede resolver el grave problema de Honduras. En todos los campos, pero particularmente en el político, la dispersión es fuerza convulsiva y la escueta aplicación de la ley suele degenerar en una forma de venganza. Si se insiste en marchar por esos caminos, sólo cabe esperar la guerra civil, con todas las pavorosas consecuencias que es capaz de acarrear cuando se desata en un país que ha permanecido esclavizado por cerca de tres lustros de dictadura.

No con criterio de jurista, sino fundamentalmente con aquilatamiento histórico, hay que estudiar las causas de la opresión que padece Honduras, y luego promover sin tardanzas ni vacilaciones, echando por la borda egoísmos y odios, incomprensiones y prejuicios, la unificación general de sus fuerzas dinámicas, si se quiere liquidar la etapa que le mantiene en la retaguardia del derecho, del progreso y de la cultura.

EL MEJOR NEGOCIO

Ayer las condiciones del mundo favorecieron la estabilidad de la dictadura hondureña. Hoy esas mismas condiciones tienden a desquiciarla. En Honduras, como en todos los países, alienta la llama de la renovación. Pretender apagarla significa estimular su crecimiento.

Esa llama es la misma que ha ardido en las grandes batallas contra el nazifascismo y está ardiendo en los reclamos redentores de todos los pueblos.

Esa llama puede ser la antorcha que ilumine las rutas de la evolución pacífica o el incendio que todo lo destruye. En Honduras, uno u otro resultado dependerá de la aptitud que muestren la minoría gobernante y las fuerzas de la oposición para comprender que el mejor negocio de ambas está en su capacidad para liquidar el pasado y encauzar y regular, dentro de un régimen de unificación nacional, los impulsos renovadores.

Esta es la forma mejor de que el pueblo, el gobierno y el capital puedan crear una situación de equilibrio que los unifique en la tarea común de salvar la paz y de promover, a su amparo, con beneficio para todos, el desarrollo fecundo de la riqueza nacional y la resurrección y estabilidad de las libertades democráticas.

EL POPULAR, mayo 4, 1946.

EL PROBLEMA DE HONDURAS

El día 4 de mayo, bajo el mismo título de este artículo, hice un recuento de los cambios operados en la situación política hondureña. Expresé entonces que esos cambios, por su naturaleza restringida, están lejos de constituir una plena restauración de los derechos del ser humano; pero que no por eso dejan de ser aprovechables para unir las fuerzas democráticas y preparar una elección libre, si la amnistía proyectada no se queda en una simple declaración de garantías hecha en cada caso a los desterrados, por representantes del Poder Ejecutivo; si se lleva a cabo una reorganización del gobierno capaz de eliminar todo peligro de imposición y se elaboran oportunamente los censos electorales, de manera que pongan el sufragio a cubierto de maniobras fraudulentas. Se trata de un mínimo de hechos cuya existencia previa estimé necesaria para lograr la libre determinación del pueblo hondureño.

El 17 del propio mes, en la "Sección Editorial" de EL POPULAR, alguien escribió que "lejos de haber llegado el momento de transar con la dictadura, como piensa el señor Guillén Zelaya, es ocasión para fortalecer la lucha contra ella y acelerar su derrumbamiento por medio de la acción unificada del pueblo y en especial de los trabajadores. No son 'promesas' —agregó— sino hechos concretos y objetivos los que determinan el viraje de la dictadura personalista al régimen democrático; y hasta este momento no hay ninguna señal de estos hechos en Honduras".

Veamos lo que ocurre:

La dictadura hondureña ha puesto en libertad a la mayor parte de los presos políticos; contrariamente a su política anterior de impedir toda prensa de oposición, permitió que se publiquen varios periódicos que la atacan; las restricciones a la libertad de viajar dentro de la República y para salir de ella son menos severas; han surgido nuevos partidos políticos; los ciudadanos comentan en público los actos de la dictadura; en suma, hay cierta libertad y cierto reconocimiento del espíritu popular en donde, hasta hace poco, tras las represiones sangrientas y los encarcelamientos constantes, injustos e indefinidos, la protesta se había refugiado en las conciencias.

El general Tiburcio Carías no desea salir de Honduras. Por su avanzada edad —pasa de los setenta años— como por su imposibilidad de vivir fuera de la tierra natal, puede anticiparse que no omitirá medidas para quedarse en ella los años que le faltan. Hay en el general Carías tan fuerte apego campesino a la tierra que quién sabe si en la obstinación con que se ha aferrado al poder no haya influido el temor de verse precisado a salir al destierro —para él una sentencia de muerte— después de entregarlo.

Y luego, epilogar el drama de una dictadura transmitiendo pacíficamente el poder al ciudadano escogido por el pueblo después de una elección libre que el propio dictador hubiese garantizado, sería uno de esos actos que han servido para convertir en salvadores de la democracia y de la autonomía a quienes antes fueron héroes de la dictadura y del entreguismo. Hay ejemplos.

Lástima que no pueda yo, sin exponerme a lesionar los intereses de mi pueblo, entrar en otras consideraciones que aclararían más todavía la naturaleza especial del problema hondureño.

Los hechos anotados representan las causas visibles del cambio. No son "promesas". No constituyen una gracia de la dictadura, enterada de la conveniencia de explorar, como lo está haciendo, por medio de una restauración dosificada de las libertades constitucionales, los designios de sus adversarios, antes de aventurarse a garantizar las soluciones democráticas que temió le impondrían sus compromisos de guerra, las condiciones del mundo y el reclamo general de los pueblos.

Es diáfano el origen del viraje y de la presentación exploratoria. Pero ante las complicaciones de la situación internacional, que más defrauda que garantiza el derecho de los pueblos y las finalidades por que se ha peleado; ante la forma asimismo con que el despertar de nuestros compatriotas orienta la lucha contra la dictadura, no pocos hondureños comprendimos que podía malograrse la oportunidad de hacer algo constructivo por la libertad de Honduras, y estuvimos de acuerdo todos en que garantizar al dictador, con garantía verdadera, en su persona y en sus bienes cuando descienda del poder, a cambio no sólo de que mantenga sino amplíe la democratización hasta consumirla, sería un precio mínimo pagado por un pueblo, sobre todo cuando no ha de pagarlo mientras no haya recibido lo que demanda.

Porque es claro que si no se garantiza al dictador ninguno de los hechos que han

Provocado su viraje, ni todos en conjunto podrían, por sí solos, compelerle a permitir que se manifieste la libre determinación popular. Aun para fracasar —habiendo, como hay en el mundo, un poderío reaccionario que protege a los enemigos de la libertad y la justicia— Carías jugaría su carta enfrentándose a todos esos hechos, ya fuese con la mira de perpetuarse personalmente en el mando, ya fuese resuelto a imponer, para sustituirle, por medio de una farsa electoral o de una represión sangrienta, a la persona de su confianza.

Nadie duda que esa determinación del dictador significaría la guerra civil. Y la mayoría de los hondureños deseamos evitar, hasta donde sea posible, que en Honduras se precipite una catástrofe —eso sería— cuyas consecuencias influirían adversamente en su evolución democrática y hasta pudieran, por pavorosas, falsear los cimientos de la nacionalidad.

Apegarse a una fórmula teórica en dondequiera que faltan elementos y las oportunidades para darle validez equivaldría a confiar en la eficacia de una receta cuando está errado el diagnóstico o se carece de los medicamentos prescritos para su preparación. Debe haber una esencial correspondencia entre el medio y la teoría, entre la enfermedad y la medicina, entre las posibilidades y lo que se prescribe, para no incurrir en lo que pudiéramos llamar un marxismo romántico.

Apoyarse en los trabajadores, sobre todo apoyarse especialmente en ellos, para derrumbar la dictadura de un país en donde la organización de las fuerzas del trabajo no pasa de ser una esperanza, sería refugiarse en un cuento de hadas.

El problema de Honduras no es igual al de cualquier otro país latinoamericano; ni siquiera lo es al de otros países de Centroamérica. En Honduras hay que crear primero la oportunidad de organizarse. Y el viejo concepto liberal de que la audacia improvisa los elementos del triunfo —a eso equivale apoyarse en lo que no existe— es una dulce ilusión, máxime cuando nos hallamos frente a una política internacional que desampara, por no decir hostiliza, a los pueblos débiles y fortalece con armas y dinero a sus opresores.

Parece claro ahora que el autor de este artículo no ha buscado "promesa" para transformar en democracia la dictadura "personalista" de Carías. Y parece claro también que no puede tomarse como simple "promesa" del dictador el mínimum dosificado de las libertades restauradas. En cuanto sucede en Honduras, "los hechos concretos y objetivos" andan del brazo de las decisiones. Son hechos los que han promovido el viraje de la dictadura, y son hechos, asimismo, los que pueden impelerla a retomar con mayor fuerza sus métodos despóticos.

Naturalmente, esta realidad no destruye, como concepción general, la tesis sustentada por el talentoso editorialista de EL POPULAR; pero evidencia, como lo dije antes, que las normas teóricas son ineficaces cuando no corresponden, aun siendo correctas en sí mismas, a la situación existente en el medio escogido para aplicarlas o cuando faltan las oportunidades y los elementos para darles validez, y no pueden, por eso, prescribirse como panaceas.

EL POPULAR, junio 10, 1946.

SOLIDARIDAD DEMOCRÁTICA

Va pasando el período de la literatura declamatoria y de la intransigencia cerrada en la lucha de las fuerzas democráticas centroamericanas contra el imperio de la tiranía. En el gran mitin de solidaridad con el pueblo salvadoreño, efectuado el 4 de este mes en el local del Sindicato de Telefonistas de esta ciudad, prevaleció un ancho espíritu de comprensión.

Pude observar allí con íntima complacencia que el absurdo de la dispersión cedía el paso a la cordura de la unidad. Unirse fue la consigna de esa noche. Y no simplemente se aspiró a unir las fuerzas nacionales de cada Estado centroamericano, sino las de Centroamérica toda, las de la América Latina y del Continente.

Todos comprenden ya que, sobre la ambición menuda de hombres y de grupos, debe levantarse el supremo interés de los pueblos y de los principios. Esto significa que la pelea va a tener desde ahora, si la actitud se conserva y las metas no se confunden, un alto sentido continental y humano.

Muchos mítines centroamericanos ha habido en México, pero en ninguno se ha destacado con mayor énfasis cuánto es imperioso para caminar con paso seguro hacia el porvenir. No fue la reunión del 4 una tromba de oratoria truculenta para cubrir de injurias a los enemigos de la libertad. Fue algo menos inútil y vacío. Fue la visión consciente de la inteligencia, y la sensatez trazando rutas y marcando rumbos.

ORGANIZACIÓN Y UNIDAD

Ya se sabe que las dictaduras no se derrumban con discursos explosivos, ni la democracia se construye sobre la dispersión de quienes por ella combaten. Esa clase de cimientos no sólo son deleznables, sino adversos. Para dar en tierra con las tiranías e imprimir a la libre determinación de los pueblos eficacia y permanencia, se impone organizar las fuerzas que deben ir a la batalla.

Pero la organización no se concibe sino en la unidad de los elementos que persiguen metas semejantes. Y sólo en la organización es posible definir lo que se quiere y saber cómo debe conquistarse.

Las victorias, cuando no son efímeras, nunca han sido ni pueden ser un presente del acaso.

Los pueblos centroamericanos no quieren ver rodar a sus verdugos de hoy, para sustituirles mañana con nuevos verdugos. Ningún luchador decente desea tomar parte en batallas que no merecen una sola gota de sangre ni el más ínfimo esfuerzo del último de nuestros conciudadanos. Y, desgraciadamente, por nobles que sean las intenciones, a forjar nuevos verdugos se llega en dondequiera que no existen bases, siquiera elementales, para defender los gobiernos populares contra la hostilidad disociadora de los intereses regresivos.

Organizarse es indispensable para estudiar nuestras economías, alentar el desarrollo de nuestras fuentes de riqueza, superar y estabilizar nuestras instituciones políticas. En todas partes, pero particularmente en los países pequeños y atrasados, es imposible defender en la disgregación los intereses nacionales y fortalecer y ensanchar las sendas democráticas.

La unidad es condición imprescindible para el avance integral de nuestros pueblos. Todo obstáculo a la unidad de la oposición al despotismo en cada país centroamericano y todo esfuerzo o maniobra para fragmentar esa unidad implican un ataque a su marcha democrática y una contribución, consciente o estúpida, a la permanencia de la tiranía.

El divisionismo es enemigo de la liberación individual de cada nación centroamericana; es enemigo de la Federación de Centroamérica; es enemigo de la solidaridad continental; es enemigo, como lógica consecuencia, del progreso y de la paz.

COOPERACIÓN CONTINENTAL

La Confederación de Trabajadores de América Latina, por medio de su presidente, Lombardo Toledano, ha prometido movilizar sus fuerzas para apoyar el movimiento democrático y unitario de los pueblos centroamericanos. Y, según informó en el mitin el escritor mexicano Enrique Ramírez y Ramírez, representando al líder de la CTAL, se está ya desarrollando una acción seria en ese sentido.

Es necesario e inaplazable obtener la cooperación de todas las organizaciones democráticas latinoamericanas para librar la batalla por el establecimiento de gobiernos populares en nuestros países y para dar impulso y esperanza al movimiento de unidad que se ha iniciado una vez más en Centroamérica.

Y no sólo ha de prevalecer esta decisión en cuanto se relaciona con las organizaciones democráticas de la América Latina, sino con las de Estados Unidos. A toda fuerza democrática que desee sumarse a nuestra lucha, debemos darle, sin vacilaciones, sin discriminaciones sectarias, la más sincera y cordial bienvenida.

La solidaridad democrática no debe ser un simple tema oratorio, sino una realidad viva y actuante.

EL POPULAR, octubre 10, 1941.

CARTA AL COMITÉ DEL PARTIDO DEMOCRÁTICO HONDUREÑO

México, D.F., a 20 de diciembre de 1946.

Señores:
Dr. Ramón Rosa Figueroa H.
Lic. Antonio Madrid H.
San Pedro Sula, Honduras, C.A.

Estimados amigos:

Oportunamente recibí su carta, la Declaración de Principios del Partido Democrático Hondureño y varios números de Vanguardia, patriótico semanario que he continuado recibiendo con el explicable retardo de la distancia.

No les había contestado antes porque en estos días de transición del poder en este país, ni los extranjeros nos hemos sustraído al contagio de júbilo popular y apenas si me ha quedado tiempo necesario para cumplir con obligaciones de prensa. Pero todo eso pasó ya, y les va mi respuesta, autorizándolos para que hagan de ella el uso que deseen.

Sin entrar, por innecesario, en un análisis específico de los principios que el PDH sustenta, daré a su Comité Directivo, de modo general, la opinión que me ha hecho el honor de solicitarme por el digno medio de ustedes.

Nada piden los principios del PDH que no sea derecho legislado y actuante en todas las naciones democráticas.

En nada se excede el ideario de ustedes. Cuanto en él se demanda me parece adaptable a las condiciones especiales de Honduras.

Por la unidad nacional de mi país vengo luchando desde hace más de veinte años. En la prensa hondureña, "La unidad de Honduras y el olvido del pasado" fue el lema de esa lucha. Fuera de Honduras he continuado trabajando por esa misma finalidad, y nada me complace tanto como constatar que la juventud de mi patria se organiza para librar la batalla contra el tradicionalismo divisionista de nuestras decrépitas facciones políticas.

La fe en el porvenir que la unidad de Honduras me inspira y el fervor con que la he cultivado constituyen en mi vida una convicción tan arraigada, que en una lucha por la Presidencia de esa República estaría con cualquier hondureño —no excluyo a ninguno— que fuera capaz, por "su actuación democrática bien probada", por su amplitud de miras y por su odio al divisionismo, de congregar en torno de su nombre a todos los sectores nacionales que creen en el "gobierno del pueblo, por el pueblo y para el pueblo".

Para una lucha de esa clase no vacilaría en regresar a Honduras oportunamente; pero para una disputa del faccionalismo sin ideales, puede anticiparse que no estaré yo ni muchos otros hondureños que no deseamos contribuir con nuestra presencia a justificar una farsa electoral ni asumir la responsabilidad de la hecatombe que se presentaría —no importa el plazo— como derivación consecuente. Aunque, debo declararles que hay en la mayoría de la emigración un profundo escepticismo respecto a la posibilidad de un simulacro siquiera de elección presidencial en ese país.

En ningún caso me sustraeré, eso sí, a continuar la pelea por la eliminación del sistema que hace posible el mantenimiento de regímenes tiránicos en Honduras. Seguiré de frente combatiendo —solo, si es necesario— para que a la actual dictadura no suceda otra igual o semejante, sino un gobierno de auténtica estructura democrática.

Ningún pueblo débil, y menos si a su debilidad se suman la pobreza, el atraso, la despoblación y la desorganización del nuestro, puede sustentar dividido sus intereses nacionales y sus libertades, ni impulsar su desenvolvimiento. Honduras, a mi juicio, necesita un gran partido mayoritario, integrado por todas sus fuerzas democráticas, para luchar con el mayor número de probabilidades a su favor por el restablecimiento de la paz como expresión legítima de la justicia, de la cultura y de la prosperidad.

La unidad democrática debe ser nuestro primer paso salvador. Y digo el primero porque la emancipación de un pueblo no se logra exclusivamente con soluciones políticas.

Los peones de la miseria serán siempre los esclavos de la ignorancia y de la servidumbre.

Lo anterior significa que, paralelamente a nuestra unificación democrática, hayamos de consagrarnos a construir las bases de nuestro desarrollo económico, si queremos dar eficacia y permanencia a la sucesión pacífica de gobiernos emanados de la libre determinación popular. Las leyes, por sí solas, no importa cuán avanzadas sean, jamás podrán cambiar la trágica realidad en que vivimos.

Es claro que Honduras no podrá aspirar a una evolución que no responda a las posibilidades de su desarrollo incipiente. Los infantilismos extremistas no pueden sustentarse en ningún movimiento serio para eliminar el sistema dictatorial que padecemos, sin exponer al país a una situación quizás peor de la que ahora sufre; pero los derechos fundamentales del hombre, tanto los relativos a la satisfacción adecuada de sus necesidades físicas, de las intelectuales y de todas aquellas inherentes a su condición humana, aparte de haber sido expresamente reconocidos por todas las naciones que pelearon por la libertad contra el totalitarismo nazifascista, no pueden negarse a ningún pueblo bajo ningún pretexto. El atraso nunca ha sido ni es argumento válido para perpetrar la iniquidad económica y política en ningún sitio de la tierra.

Nuestra Revolución tendrá que ser esencialmente democrática. Y su hora está por sonar, pese a los pesimismos y a todas las maniobras y designios de las fuerzas oscuras que pretendan impedirla. Bajo las nuevas condiciones que la última guerra ha creado, no podrán vivir, o tendrán vida efímera, los islotes de tiranía que manchan el mundo. Ninguno escapará a esta sentencia de la historia, en cuya corriente se hundirán todos los obstáculos deletéreos que nunca más volverán a entorpecer el destino del hombre.

Obstinarse, por eso, en negar al pueblo hondureño la oportunidad de vivir una vida democrática por los caminos de la paz, que son los de la libertad y la justicia, será tanto como abrirle las puertas a la violencia. Y desatada la violencia, que bajo la opresión podrá aplazarse, pero no impedirse, las vidas y las propiedades perecerán en una proporción sin precedente, envueltas en los remolinos del odio incontrolable. Nadie —ya que el país será la víctima fundamental— escapará a las consecuencias de la tragedia espeluznante, aunque sin duda ninguno las sufrirá con la tremenda intensidad de aquellos que la están provocando.

Declaro que no desearía ver a mi patria en escombros ni convertida en un matadero.

Repruebo la venganza como actitud política. No la considero un procedimiento fecundo para renovar pueblos. Creo, eso sí, en la justicia, aunque me parece difícil precisar dónde termina la primera y comienza la segunda, a raíz de la liquidación de una dictadura que por largos años ha suprimido todos los derechos humanos y durante cuya existencia la inmensa mayoría de los hondureños ha estado bajo las crueldades de la opresión y solamente un sector mínimo constituye los opresores. Donde las víctimas tienen que ser los jueces, se corre el riesgo de incurrir en los mismos o peores excesos que los victimarios, y la aplicación de la justicia —fácilmente— degenera, ya lo he dicho otras veces, en una forma de venganza.

No se crea que yo reclamo la impunidad de los esclavizadores de pueblos. Nada de eso. Es que, desgraciadamente, no existe hasta ahora un Tribunal Internacional capaz, por su propia constitución o independencia, de emitir fallos imparciales contra esta clase de delincuentes.

Agradezco profundamente la invitación que me hacen para colaborar en Vanguardia, prometiéndoles que lo haré gustoso con la frecuencia que me sea posible.

Cierro esta carta convencido de que están ustedes empeñados en una labor digna de la juventud en todo el país, y confío en que ella habrá de darles frutos magníficos para su propia satisfacción y el progreso de Honduras.

Que tengan ustedes una feliz Navidad y que el Año Nuevo les traiga horizontes mejores en la noble lucha en que se hallan comprometidos, son los deseos de su compatriota y amigo.

ACCIÓN ORGANIZADA EN CENTROAMÉRICA

LUCHA INDIVIDUAL

El destino hay que conquistarlo. Raras veces, si es que alguna, llega como improvisación o constituye un presente del azar. Frente al juego de las oportunidades, todo ser humano ha de construirlo luchando contra numerosas fuerzas hostiles, unas íntimas y otras externas. De esta lucha se puede salir derrotado, sin que esto niegue que a cada caso corresponde la tarea esencial en la edificación de sí mismo y se afirme que por deficiencias personales o por una incontrarrestable superioridad de los factores hubo de ser vencido.

Hay vidas que no quieren pelear contra sus negaciones internas ni contra los obstáculos exteriores, y hay otras que prefieren ignorarlo todo. En la mente de ambas se acomodan la indolencia, la duda de cuantos nacieron para someterse.

En el fondo del indolente, del escéptico, no hay sino capitulación y egolatría. Uno y otro rehúyen las contingencias de la lucha por no exponerse a sus heridas, como si para vivir ileso bastara permanecer con las manos en alto. Zánganos en cuya balanza jamás cayó un gramo de aventura creen que la existencia es demasiado corta para jugarla y prefieren vivir al margen del tumulto en que los antagonismos de la historia cruzan sus espadas.

No es que estos seres desprecien la felicidad. La recibirán jubilosamente si les llegara sin esfuerzo, sin dolor y sin peligro. Es que, para no exponerse, se resignan a vivir de cualquier modo y sólo aceptan la superación como una lotería y para sí mismos exclusivamente. Ignoran, porque no se deciden a la prueba, que la mayor y quizá la única dicha del hombre está en las propias contradictorias contingencias de la pelea constante, tanto para contribuir a su grandeza individual y a la de su patria, como para aportar un grano de arena a la pirámide del progreso humano.

La pasividad de la existencia, el renunciamiento a la victoria por miedo a las consecuencias que implica su conquista, es tedio y defunción. La vida sólo tiene colorido e incentivos creadores al paso de sus múltiples alternativas y preocupaciones. Sólo ellas impulsan a la historia y arrebatan trincheras al destino. En la trayectoria del luchador el fracaso es sólo un incidente cargado de promesas fecundas. Es una experiencia que robustece su brazo, amplía su visión del mundo y le prepara el camino del porvenir, que es fuente de juventud. Sólo el luchador no envejece. El que, perdida la fe y roto el impulso creador, halla marchita su esperanza, está decrépito o es un muerto.

El mundo vive y el progreso es posible porque sus fuerzas positivas aman la pelea y creen en la aurora. Pero pelear no es primordialmente el choque físico y prematuro con las fuerzas que nos hostilizan. Pelear es, antes bien, una actitud creadora que no destruye sino cuando ya tiene en el puño las simientes que ha de arrojar en los surcos del progreso. Como la vida, la auténtica lucha es toda previsión.

Pelear no significa el sacrificio estéril, y por lo mismo impone el estudio sereno y hondo de las propias deficiencias y capacidades como premisa esencial a la organización del propio esfuerzo, para luego proceder a la sustitución de lo negativo por aquello que corresponde a las necesidades y características de una realidad que habremos de superar.

LUCHA POPULAR

Pero una es la lucha de cada uno por su destino individual y colectivo, y otra la lucha de los pueblos por el destino común de la patria y de la especie.

Los pueblos con valentía creadora no pueden formar en las filas del escepticismo ni de la indolencia. Tampoco han de actuar como desesperados que retardan su liberación con incoherentes e intempestivas erupciones de violencia, ni refugiarse en un aislamiento suicida.

Sin que pueda acusársenos de perder el tiempo, los pueblos centroamericanos podemos desarrollar la lucha contra las dictaduras que todavía padecemos, dando estabilidad, con la cooperación de todos, a los regímenes democráticos que poseemos. Y no cabe desesperar. Si, geográfica, racial, espiritual y tradicionalmente, por esencia histórica, somos una sola entidad nacional, la acción pacífica puede organizar sus fuerzas en los espacios de territorio que controlan los gobiernos democráticos de este o aquel Estado, y ya se sabe que la organización —parte esencial y necesaria de toda lucha efectiva— no es un aplazamiento.

Hay que hacer cuanto nos sea dable para ir a la victoria armados de la capacidad requerida para no equivocarnos en la apreciación de las condiciones reales de nuestra vida nacional y del mundo, porque sólo de esa manera no fallaremos en la construcción de una estructura que imponga y consolide la unidad y la justicia en Centroamérica.

Hay que creer en nosotros mismos y prepararnos, empeñando la constancia bien dirigida que demandan las grandes luchas, a fin de reintegrarnos y redimirnos con la madura firmeza de quienes nunca más volverán a desesperarse ni a perder su libertad, y estarán listos para emprender, a su amparo, las subsiguientes batallas por la conquista de su destino. A las alucinaciones del romanticismo tradicional debe suceder el conocimiento claro de los hechos, la entereza consciente, la convicción invulnerable de que las victorias efectivas, las que no se conquistan por la mañana para ser fracaso al anochecer, sólo son posibles en el hombre y en los pueblos a través del esfuerzo tesonero, estudioso y organizado.

Esas son las condiciones principales que debemos cumplir —desde el poder, si estamos en él, o desde abajo, si estamos en la oposición— para eliminar las causas que hacen posible la vida de la tiranía en nuestros pueblos y establecer en seguida, sobre cimientos perdurables, sin espejismos ni precipitaciones, una verdadera arquitectura democrática.

Es imperioso consagrarse al estudio, al análisis de nuestra historia, fuera de prejuicios, de odios y de engaños, frente a las posibilidades que nos ofrece nuestro propio medio y el internacional. Sólo así podremos formular el plan de acción adecuado a nuestra vida libre y a nuestro progreso.

No debemos eludir esta forma de lucha si deseamos liquidar el pasado infeccioso y vivir como un pueblo políticamente sano. Eludirla sería empeñarnos en continuar como enfermos incurables, uncidos a la misma peste de la dispersión y de los errores ancestrales que nos mantienen siendo esclavos.

ACCIÓN ORGANIZADA

El estudio y el análisis interior, la organización de nuestras fuerzas, la observación cuidadosa e inteligente de la situación del mundo, no significan ni imponen un pacifismo incondicional. Nadie duda que, cuando el terror, la persecución y la inseguridad hacen imposible otra actitud pacífica que la de resignarse a la esclavitud y a la muerte, la violencia se torna en un imperativo de la libertad y de la vida, y a ella, desgraciadamente, ha de llegarse.

Lo que deseamos precisar es que la violencia no ha de convertirse en un instrumento que propicie victorias efímeras o remache cadenas para anticiparse a la acción organizada y oportuna en donde descansan las verdaderas evoluciones populares.

La unidad interior de cada Estado centroamericano y, seguidamente, la de todos ellos entre sí, es la ruta de nuestra liberación. La unidad es ideal que no puede ni debe morir. Sangre y destino de nuestra vida, ha de conservarse hecho conciencia por la devoción de cinco pueblos que, como centinelas permanentes, custodian su inmortalidad.

México, 1947.

CONTENIDO

www.ingramcontent.com/pod-product-compliance
Lightning Source LLC
Chambersburg PA
CBHW021658120626
46545CB00004B/1291